浅井伸彦・杉山 崇 編著
Nobuhiko Asai　Takashi Sugiyama

公認心理師ハンドブック

心理支援 編

The Certified Public Psychologist Guide
to psychological support

北大路書房

シリーズ「公認心理師ハンドブック」
刊行のことば

　本シリーズは，公認心理師の資格を取得し，心理職や，心理支援を行う対人支援職となって働く方，またそのカリキュラムに在籍中の方に“ハンドブック”として用いていただけることを目指したハンドブックシリーズです。本シリーズは全4巻から成り，「心理査定」・「心理支援」・「関係者への支援」・「こころの健康に関する知識の普及」という公認心理師の4大業務にそれぞれ対応しています。

　・心理アセスメント編

　・心理支援編

　・関係者への支援編

　・心理教育編

　従来の心理臨床に関するテキストとは異なる特徴として，独特な章の分類法があります。公認心理師という国家資格の成り立ちや運用のされ方，今後への展望などを考えて，大学学部や大学院でも教科書として使いやすいように，特定の学派や流派に偏りすぎず，できるだけ心理臨床に関するエッセンスが学びやすいように配慮しています。本書で学ばれた後に，特定の学派や心理検査，心理教育，アプローチに興味を持ち，そこを深めていこうとされる方もおられるでしょうし，あるいは「公認心理師による心理支援」として特定の学派や考え方にこだわらない折衷のあり方を模索していく方もおられるでしょう。

　昨今では，科学的であること（エビデンス・ベースド）のほか，個々人の文脈に沿った（ナラティヴ・ベースドな）支援，またそれだけでなく複数の心理療法の統合や折衷というあり方が求められるようになってきたと感じられます。心理療法の学派同士が争い合うのではなく，公認心理師の心理支援としてどうあるべきなのかが問われるこの時代において，どのようなテキストが必要とされるかということを考え，本シリーズの刊行を決めました。

　人間のこころは単純なものではなく，単に実験室の中で行われる結果に基づ

くことがエビデンス・ベースドとは言えませんし，また個々人の違いがあるからといって，エビデンスを無視することもすべきではありません。とはいえ，それらをすべて折衷すればよいかというと，折衷ということ自体が非常に難しい営みであると考えられます。ひとつひとつの学派の考え方やアプローチをマスターすることも難しい上に，それらをすべてマスターして，矛盾をも孕んだアプローチ同士をシチュエーションやクライエントに合わせて完璧に使い分けることは至難の業といえるでしょう。

　以上のことから，本シリーズの各巻は，折衷して学ぶためのひとつの「例」としてお示ししました。唯一の正しい学び方は存在しませんが，本シリーズによって，読者の皆さまにとっての新たな視点が得られ，それが初学者の学びや日々の臨床，今後の研鑽に少しでも貢献できることをお祈り申し上げます。

2024 年 4 月

編者を代表して　浅井伸彦

はしがき

　本書は，シリーズの中でも最も学派や流派に依存しやすいと思われる「心理支援」の巻です。

　これまでの心理療法の歴史の中では，様々な学派が立ち上がり，学派同士の対立や分断，あるいは学派の中でも専門家間の多くの対立が生み出されてきました。2015年に公認心理師法が成立・公布され，2017年に施行，また公認心理師の第一号が2019年に生まれました。その後，公認心理師取得者数は7万人を超え，公認心理師法の経過措置の期間を終えた現在は，日本の心理学の歴史の流れにおいて大きな転換期にあると考えられます。

　果たして公認心理師は「心理支援」をどのように学んでいくべきなのでしょうか。もちろん大学の学部，大学院における公認心理師カリキュラムは公認心理師法施行後すぐに始まっており，今はそのカリキュラムの中でよりよい教え方，学び方が模索されているプロセスの途中であるといえるでしょう。

　教える教員側の専門が何であっても，公認心理師が学ぶべきコアとなる部分については大きく変わらない，いや変わるべきでないのではないかと考えられます。もちろん学びの多様性はあって然るべきですが，公に認められる心理の専門家（師）である公認心理師が，学習中に迷子にならないように，テキストは，学習者にとってのマイルストーン（学習指標）であることが求められます。

　本シリーズにおける「心理支援」では，折衷か統合か，あるいは特定の学派か（序章）ということを考えるところに始まり，心理支援を行う上での基本的態度と方法，考え方（第1部），集団支援や緊急支援などの応用的心理支援（第2部）とを分けました。さらに，第1部では基本的態度（第1章），分析・見立て・介入（第2章～第4章），クライエントのリソースを活かす（第5章），クライエントの主体性を支持する（第6章），複数人に対する心理支援（第7章），包括的心理支援（第8章）という，これまでにあまり見当たらない特殊な分類を行いました。第2部は，緊急時における心理支援，スクールカウンセリング，集団心理療法，治療構造の再考，組織・集団の運営とマネジメントの支援といった形で，第1部に収まりきらない様々な心理支援の形について考える機会となっており，各分担執筆の先生方のご協力により，新しいタイプのテキスト，ある

いは公認心理師現任者にとってのハンドブックができたのではないかと思っています。

　本書を執筆するにあたって，北大路書房の若森さんにはたいへんご面倒・ご心配をおかけしましたが，このように無事に発刊できることを心より御礼申し上げます。本書，ひいては本シリーズが公認心理師になるための学びのテキストとして，また公認心理師となった人にとって帰っていくことのできるハンドブックとして機能し，少しでも読者の皆様のお役に立てることをお祈りいたしております。

2024 年 4 月

浅井伸彦

杉山　崇

目 次

第 1 部
心理支援を行う上での基本的態度と方法，考え方

第 2 部
集団支援や緊急支援などの応用的心理支援

序章 折衷か統合か，あるいは特定の学派か：
心理支援法実務者としての心得

　この本は心をよい状態に導く，またはよい状態を維持するための支援法，すなわち心理支援法を学ぶ本です。この序章は各アプローチを活用するために必要な態度について紹介し，読者の理解を支えるための章です。

　心理支援には精神分析的力動論や認知行動療法など様々な学派があります。学派は概ね理論と呼ばれる人間観と支援の方法論で構成されています。また医療や教育など様々な活用のフィールド（領域）があります。

　この章のタイトル，「折衷か統合か，あるいは特定の学派か」の答えのひとつを先に言ってしまうと，「特定の学派」にこだわった心理支援が現場で役立つことは限定的です。その限定された場面の代表例は，支援を求める人がその学派のファン，またはその心理支援者のファンである場合です。ただ，心理支援の実務において，そういう場面はほとんどないと言ってよいでしょう。

　そのため，ほとんどの実務において特定の学派にこだわると，私たちの人間観と方法論の幅は狭くなります。すると，領域や対象者の状況やニーズに合わない心理支援をすることになる可能性が高まります。状況やニーズに合わない心理支援は，役に立たない支援になりえます。

　場合によっては，役立たないどころか対象者を害する場合もあります。対象者を害するとは，少々強い言葉を使えば「虐待」となりえます（理論的虐待；Basseches, 1997a, 1997b）。

　すでに欧米の心理支援では，私たちが対象者を害する，すなわち虐待しうる可能性を考慮することが常識となっています（たとえば杉山，2021）。

　この章では，私たちの心理支援が「虐待」となるリスクを避けるために必要な考え方や配慮を学びましょう。その上で，学派とのよいつきあい方を学びます。ぜひ熟読して，序章を理解した上で第1章以降の各論を学んでください。

1 心理支援法を学び活用するための最初の心得

(1) 心理療法の目的

　まず，私たち心理支援法の実施者にとって最も大事なことは，心理支援法の目的を見失わないことです。心理支援法の最も重要な目的を言葉にすると，「対象者の福祉（幸せ）の向上に向けたよい変化を促す」となります。

　では，この目的のために大事なことは何でしょうか？　それは，「心理支援法とは学んだ通りに行えばよいというものではない」ということを知ることです。これから心理支援法をさらに深く学ぼうというあなたにこのようなことをいうのは奇妙に思えるかもしれません。ですが，実は先述したように心理支援が虐待になってしまうリスクを避けるためには非常に重要なことなのです。

(2) 症状や問題に注目しすぎずに人を理解する姿勢を

　たとえば不安障害に悩んでその軽減を求める対象者がいたとします。私たちは専門家として不安障害をよく知っておく必要があります。

　ただし，私たちが支援する対象は「人」です。「不安障害」ではないのです。不安障害に注目する前に，「人」を理解しなければなりません。まずは「人」に対して心理職としての興味を持ち，その理解に集中しましょう。

　心理職としての人への興味と理解を表す言葉として，よく「共感的理解」という用語が使われます。共感的理解にもいろいろありますが，大きく分けると2種類になります。

　どちらも対象者への積極的な関心と想像力が必要ですが，ひとつは「認知的共感」と呼ばれるものです。これは，状況や状態を情報として理解するもので「了解」ともいえます。もうひとつは「情緒的共感」と呼ばれるものです。この共感は認知ではなく私たち自身の感情を使います。想像の中で対象者と近い体験ができると，対象者と同じ感情を体験できることがあります。これを目指すのが情緒的共感です。

　なお，感情の反応のパターンは人それぞれの感性で異なります。対象者と私たちの感性が異なると，想像の中で近い体験ができても異なる感情を体験する場合もあります。そのため，対象者と自分の感性の異同も理解する姿勢が重要

です。

　これらの努力を通して，私たちは単なる「不安障害」を理解するのではなく，「その人の不安障害」について実感を持って理解することができるでしょう。

（3）マニュアルや前例に沿うだけでなく，自分で感じ，考える姿勢

　仮に，不安障害を軽減するというエビデンスのある心理支援法のマニュアルがあったとします。こんなとき，あなたはどうしたくなりますか？　マニュアルに沿った心理支援を進めたほうがよいと思う方も多いことでしょう。

　確かに，マニュアルは頼りになります。何をしたらよいのか迷う必要がなくなります。その通りにしたほうが安心かもしれません。

　ですが，先ほどの「人を理解する姿勢」を思い出してください。不安障害に悩む人はたくさんいるかもしれませんが，「その人（対象者）」は世界でただ一人です。マニュアルに沿った心理支援が役立つかどうか，あなた自身が感じている対象者像（臨床像）をもとに，あなた自身で考えなくてはなりません。

　実は，これが意外と難しいということをアメリカの心理職資格制度の父ともいえるロッター（Rotter, J.）が 1960 年代に指摘しています（Rotter, 1964）。アメリカでは心理職は基本的に博士号ホルダーの仕事です。自分で考える訓練を豊富に受けているはずです。なのに，現場に出ると先輩のやり方やこれまでのやり方に沿った仕事をするようになるとロッターは嘆いています。

　この原因は，ロッターによると創意工夫を盛り込むことによって，支援の結果に対する責任が発生することを恐れているからとされています。マニュアルや前例通りなら，どんな結果が出てもその責任が自分に集中することはないからです。

　しかし，このような前例やマニュアルに沿って自分で考えない姿勢が先述の理論的虐待を生んだといっても過言ではありません。私たちは学んだことを活用するときには，「本当にこの人に役立つのか」と自分で考える必要があるのです。

　前例やマニュアルがあったとしても，それを対象者に適用する判断の主体は私たちです。私たちにはマニュアルや前例に責任を押しつけない姿勢が必要なのです。

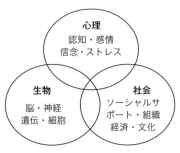

図 0-1　心理支援の BPS モデル（Engel, 1977 をもとに作成）

(4) 多面的に，BPS モデルで人を見る姿勢

　たとえば，ある場所に行くと不安障害の症状が強くなる一方で，別の場所で
は不安障害の症状が軽くなる人がいたとします。あなたならこの人をどのよう
に理解しますか？

　心理支援法には多くの学派がありますが，各学派はそれぞれの人間観を持っ
ています。そして各学派は，それぞれの人間観で対象者を理解しようとします。

　しかし，公認心理師としては学派の人間観で人を見る前に，するべきことが
あります。それは，人間の科学の基本モデルともいえる「生物 - 心理 - 社会
（bio-psycho-social）モデル」（Engel, 1977；以下，BPS モデル）に沿って考え
ることです（図 0-1）。

　まず最も外側の（客観的に観察ができる）「社会」から説明しましょう。人は
社会的な動物なので，どのような社会に身を置き，そこでどのような相互作用
をしているのか理解する必要があります。生活環境や生活習慣の全般もここに
該当します。

　そして，私たち人間は社会に対応するために，心を獲得しています。ある場
所に行くとリラックスできて，別の場所に行くと緊張感が高まるように，心と
社会は相互作用しています。

　最後に心は脳という器官の活動が基盤になっていますし，脳の活動も身体全
般の健全性の影響を受けます。この脳と身体の状態が生物学的側面です。生物
学的側面は心と相互作用し，また人の脳は社会脳といわれるほど社会的刺激へ
の反応が高く，身体も生活環境や生活習慣の影響を受けます。同時に，考える

ことが変われば脳の活動も変わりますし，感情や行動も身体活動に影響します。

　このように，「BPS」の各側面がどのようになっているか，それぞれの相互作用はどうなっているのか，考えていくことが公認心理師として最優先するべき人間観です。たとえば，症状が軽くなる場所には，その原因となる社会的刺激があり，その社会的刺激が社会脳に影響し，心の活動が変わり，それが症状の軽減に役立つ社会的刺激の増加につながり……といった，相互作用を理解する必要があります。

（5）人は常に変化する存在であると心得て，よりよい変化への仮説を持つこと

　人は常に変化し続ける存在です。同じ対象者であっても，BPSモデルの相互作用の中で日々，何かが変化しています。

　まず，人は生物として常に様々な刺激に反応しています。そして，心を持つ存在として，常にその内部では脳活動を基盤として感情反応も含めた情報処理活動を行っています。また，社会的存在として様々な社会的拡張物（仕事，家族，コミュニティ，経済状況など）との相互作用の中に存在しています。

　つまり，人とは生物としても，心を持つ存在としても，社会的存在としても，常にその状態が変化しているのです。この観点から心理支援の目的を言い換えるとしたら，「対象者の変化をより幸せな方向に向けること」ということができるでしょう。

　仮に変化が乏しい場合があったとしたら，その状況を維持する相互作用がどこかにあるのです。相互作用は「悪循環（負のスパイラル；negative spiral）」といわれることもあります。

　私たちは表層的な問題や症状にだけ目を向けるのではなく，時系列の中で複雑に絡まり合った相互作用に目を向け，その関連を見立て「仮説」を持つ必要があります。この仮説があるから，何をしたらよい変化が起こるのかという「支援仮説」を持つことができ，私たちは専門性を発揮できるのです。

　各学派を学ぶ意味は，この仮説の幅を広げるためです。BPSモデルは公認心理師の基本的な人間観であることは間違いありませんが，相互作用の大枠を捉えたモデルにすぎません。言い換えれば，各学派を包み込むアンブレラ（傘）のような概念です。表現が悪いですが，スカスカのモデルなのです。

ですが，スカスカであるからこそ，そこに各学派を収納して活用できるのです。各学派を学ぶ意味をここで確認しておきましょう。

2　BPSモデルにおける「P（心理）」担当の専門職であるために

（1）心理支援における「P（心理）」とは何か？

BPSモデルで職種を区分するとしたら，私たちは「心理」担当です。ちなみに「生物」担当の代表例は医師や看護師，「社会」担当の代表例は精神保健福祉士や社会保健福祉士で，法的な部分なら弁護士や社会保険労務士，お金に関してはファイナンシャルプランナーなどの専門職，教育領域なら教師，産業領域なら上司や人事担当者，また家族なども社会担当の支援者になりえます。

ただ，生物担当の支援者も，社会担当の支援者も，人に関わる以上は心に全く関わらないわけではありません。では，私たちが担当する「心理」とは何なのでしょうか？

一言で表現すると，「生物担当，社会担当の支援者にはわかりにくい心の領域」といえるでしょう。これを私たちの用語で言い換えると，概ね「無意識」に該当します。

心理支援の最終的な目的は対象者の福祉（幸せ）ですが，私たちの主な役割は他職種など心理の非専門家にはわかりにくい無意識の支援を通して対象者の福祉を目指すことといえます。つまり，心理支援とは言い換えれば，無意識を最適化する方法なのです。

（2）意識について

無意識を定義するためには，その反対にある「意識」を定義しなければなりません。ここで，少し意識とは何かを解説しましょう。

まず，意識は何のために獲得されたかご存知でしょうか？　現在最も有力な考え方は，「《期待通り》のモニタリング」のために獲得されたという説です（Damasio, 1999）。

「期待」とは過去に構成した展望です。展望どおりの現状であれば「安全・安泰」ですが，現状が展望と異なるのであれば「危険」または「損失リスクが潜んでいる」となります。

つまり，意識というのはリスクを避けるために期待と現状のギャップをモニタリングし，期待と現状が一致した安全な状態を求めるシステムなのです。ゆえに，意識に上るものは基本的にこの目的に沿った情報ということになります。

　また，意識が扱える情報量は脳が行っている情報処理の極めて限定的な一部にすぎません。意識は今日の心理学ではワーキングメモリを基盤とした活動とされていますが，ワーキングメモリの容量制限は心理学では「マジカルナンバー7」として有名です。ただ，環境統制がされていない生活場面では「4 ± 1」まで下がることが知られています。

　意識の容量制限は極めてシビアなのです。S・フロイト（Freud, S.）は心を氷山に見立て，水面上の氷山を意識，水面下の氷山を無意識にたとえましたが，実際には意識の割合はもっと狭いのです。

　容量が限られた意識にどのような情報をのせるかは，ワーキングメモリ実行機能（executive function）と感情の綱引きで行われることが知られています。このシステムも意識に上りにくいものなので無意識のひとつと考えられることが多いのですが，詳しくは杉山（2014a, 2014b, 2014c）をご覧ください。

（3）私たちは「P」を代表する専門家といえるのか？

　ここまで意識について現在確実と考えられている知見を紹介しましたが，ここからは無意識について考えてみましょう。結論からいうと，無意識の最も広い定義は意識に上らない脳内の情報処理（心的活動）のすべてといえます。つまり，非常に膨大な情報処理活動が無意識ということになります。

　ところでBPSモデルにおける「B（生物）」担当である医師は，基礎医学として毛細血管から末梢神経，生理・薬理に至るまで，身体の構造と機能を頭に叩き込むトレーニングを受けています。その上で，BPSモデルにおける「B」を代表する専門職とされています。「S（社会）」担当の一端である法律担当の弁護士も「法律」に関してはいわゆる六法を始めとした法律についての基本的な知識を叩き込まれて，法の専門家となっています。

　実態としては医師も弁護士もトレーニング段階で叩き込まれた知識を日々の実務ですべて活用しているわけではないことが多いです。それぞれの専門領域に沿って，必要に応じて活用しているのが現状です。しかし，前提として身体，または法律の全体像についての基礎学を徹底的に理解した上で，「B」や「S」

の法律面を代表する専門家となっているのです。

　私たち公認心理師が医師や弁護士と肩を並べるレベルの「P」を代表する専門職であるならば，私たちも無意識の構造と機能，その性質を頭に叩き込んで心理支援を行うべきでしょう。ただ，実態として，私たちは「無意識の全貌を理解している」といえるような基礎学を持っていません。私たちはこのような状況の中で「P」を代表する専門職を名乗ってよいのでしょうか？

（4）「P」の担当者としてあるために心がけたいこと

　実は上記のような考え方に沿って，私たちは心理臨床の基礎学（基礎臨床心理学）（杉山・前田・坂本，2007; 坂本・杉山・伊藤，2010）の構築を目指す活動を行ってきました。今日，基礎臨床心理学に最も近い体系といえるのは異常心理学かと思われます。

　しかし，異常心理学は症状の背景にある心理学的機序を扱うものです。必然的に症状に注目が偏る運用になりがちです。そのせいか，認知行動療法を除き，日本では異常心理学と心理支援法が接続されにくい状況が続いています。

　現在の心理学および認知神経科学は意識だけでなく，これまで無意識とされてきた心と脳の仕組みを解明し続けています。これは「P」担当の私たちにとって基礎学となる可能性のあるものです。しかし，今のところ日本の臨床心理学界はこのような研究知見に関心を向けていません。結果的に，私たちは「P」についての信頼できる「基礎学」を持たないまま，心理支援を行う状況に陥っています。

　そこで基礎学の代わりとして，今日の心理支援で活用されているものが各学派の人間観です。各学派の人間観は「B」担当を代表する医師の基礎医学や「S」の法律面を代表する弁護士の知識量と比べると，極めてシンプルなものです。私たちの担当である「P」の断片を覗き見る程度のものでしかなく，医師や弁護士が学んでいる基礎学には程遠いものです。

　したがって，私たちは「心を理解し尽くす」という専門職ではなく，「心は理解し尽くせないものである」ことをよく理解した専門職として，常により深い理解を追求する姿勢が重要です。だからこそ，特定の学派にこだわるのではなく，幅広く学び活用する必要があるのです。

3 学派の多様性，効果，優劣

(1) 学派の多様性，人の多面性

ここまでは，心理支援の実務者として必要な考え方や姿勢について説明してきましたが，ここからは皆さんがこれから学ぶ心理支援の全体像と，虐待を避けるために心がけるべき姿勢についてご紹介しましょう。

今日につながる近代的な心理支援の原点は識者によって諸説あることでしょう。しかし，フロイトが宗教やオカルトの要素を排除して科学的な考察に基づいた心理支援を志したことは，疑いの余地がありません。そこで，ここからはフロイトから近代的な心理支援が始まったと考えていきましょう。

フロイトからおよそ100年余の1990年代までに，本当に多様なアプローチが生まれました。アプローチは学派と呼ばれる場合もありますが，分け方の定義次第では200以上あるとも400以上あるともいわれています（杉山ら, 2007）。

なぜ，こんなにも多くのアプローチが生まれたのでしょうか？　その理由のひとつとして，人間が多面的存在だから，ということができるでしょう。実際，私たちの脳内では意識や目的意識を司る複数のシステムが競合しつつバランスをとっており，心は「つぎはぎだらけ」ともいわれます（Linden, 2007）。また，みんないくつかの社会的役割をマルチにこなしながら，それぞれの文脈における社会生活を営んでいます（Super, 1980）。このように多面性が強い人間の支援法ですので，心理支援が多彩なアプローチを持つことは必要なことといえるでしょう。

(2) 学派の4分類

ただし，むやみに分類しても，無駄に複雑にするだけです。近年では多彩なアプローチを4つに集約する考え方もあります（Cooper, 2008）。それぞれの無意識への態度は表0-1のようにまとめることができます（杉山, 2014c）。

まず，「力動論」はフロイトの精神分析に始まり，その長い歴史の中で多くの無意識への態度を包含していますが，フロイトは力動を知的に理解する洞察を重視し，無意識（多くは生存と生殖の本能から派生した欲動）に気づくことで統制（コントロール）することを目指しました。ユング（Jung, C.）も同じよう

表 0-1　心理支援の 4 大アプローチと無意識への態度（杉山, 2014c）

アプローチ	態度	主な学派
力動論	統制, 受容	精神分析, 分析心理学
認知行動	理解と対処	行動療法, 認知療法
人間性	信じる	クライエント中心療法, 論理情動療法, ゲシュタルト療法
システム論	――	家族療法, 対人関係療法

な無意識の存在に注目していましたが，無意識は内面から湧き上がってくる人の本質のようなものと考えました。社会との共生のために統制する必要もあるとしながらも，ひたすら統制するものではなく，無意識との共存の必要性も論じています。

「認知行動」は行動主義の心理学から始まり，心理的な問題の発生と変容の機序を科学的に理解し介入する「理解と対処」という態度を持っています。そして，行動，認知，感情の相互作用に注目し，ターゲットとなる問題を変容させるストラテジーをパッケージ化することを目指しています。EBM（evidence based medicine；実証に基づいた医療）など「医学モデル」とされる姿勢と相性がよく，相対的に医療領域で活用される傾向にあります。

「人間性」は当時の科学では捉えきれない人間の本質なるものが存在すると仮定して，その本質なるものが「善きもの」であることを信じる姿勢を重視しています。そして，各学派の創始者の人間観に沿って「人は斯く在るべし」という思想を論じています。そのため，医学モデルでは扱いにくい「生き方や生きがい（実存）」といった人生における価値観の問題に悩む対象者に役立つ場合が多い傾向があります。

なお，「システム論」はあえて無意識を考えないという姿勢を持っていますので，態度が空欄です。ただ，その原点とされる新フロイト派と呼ばれるサリヴァン（Sullivan, H. S.）は，社会的なシステム（家族や対人関係のダイナミクス）が無意識に強く影響することに注目していました。現代のシステム論ではあまり強調されていませんが，無意識への影響力が強い要因に注目するという形で，間接的に無意識を取り扱っているといえるでしょう。

このように，心理支援法は意識で思い通りにコントロールできない心理的現象や行動といった無意識をどのように扱うかをそれぞれの立場から検討してき

たものなのです。心理支援という試みは、基本的に無意識へのアプローチであ
ることを覚えておきましょう。

（3）学派の優劣を考えることに意味はあるのか？

　では、これらのアプローチ／学派には優劣はあるのでしょうか？　結論から
いえば、現在のところ様々な理由で学派の優劣をつける試みは「ドードー鳥の
裁定」に帰結すると考えられています（杉山, 2021）。この見解を最初に提案し
たとされているのはP-Fスタディの開発で有名なローゼンツァイク（Rosenzweig,
1936）ですが、まず「ドードー鳥の裁定」についてご紹介しましょう。
　「ドードー鳥の裁定」とはルイス・キャロルの『不思議の国のアリス』（1865）
に登場するエピソードです。とある事情で様々な動物たちがずぶ濡れになりま
した。そこで「身体を乾かすために走ろう!!」ということになりますが、「走る
なら競争を！　競争するなら賞品を！」となり、みんな「私が一番!!」と言い
出して大混乱になります。そんな中、ドードー鳥がみんなの身体が乾いたころ
にストップをかけてこう言いました。「みんな勝ったんだ！　みんな賞品をもら
わなきゃ！」。
　このエピソードでは、走ることの目的（身体を乾かす）が、いつの間にか競
争にすり替わってしまいました。しかし、みんなが身体を乾かすという当初の
目的は達成しています。この意味では、ドードー鳥の言うように「みんな勝っ
た!!」といえます。
　大事なことは、私たちは本来の目的を見失って競争にのめり込んでしまうこ
とがある……ということです。このエピソードは、意味もなく競いたがる人間
の性を表したものといえるでしょう。
　心理支援の学派に優劣をつけることも理由は様々ですが、結果的に似たよう
なものなのです。もともと、競うために始めたものではなく、本来の目的はほ
かにあるのです。仮に目的を共有しているのであれば、優劣を競うよりお互い
に参考にし合って目的をより高度に達成することを考えたほうがいいに決まっ
ています。
　心理支援の各学派も、もともと優劣を競うために始めたわけではなかったは
ずです。それが、いつの間にか優劣を競うようになってしまったのは人間の性
が反映されたものといえるのかもしれません。

（4）学派の優劣以前に，心理支援には効果があるのか？

　ドードー鳥の評定を紹介した後ではありますが，優劣がどのように検討されてきたのか，その歴史を知ることは心理支援を学ぶ上では必要になることもあるでしょう。そこで，この項からは代表的な議論のひとつである効果をめぐる議論をご紹介しましょう。

　効果研究の先駆けとされるのは，行動療法家として，そして徹底的な精神分析の批判者として有名なアイゼンク（Eysenck, H.）です。アイゼンクは24件の先行研究をレビューした結果として，心理支援（心理療法）を受けた人の治癒率よりも受けなかった人の治癒率（自然治癒率）のほうが勝っていたと結論づける論文を発表しました（Eysenck, 1952）。

　実はアイゼンク，残念ながら近年は論文捏造疑惑でも有名な人物です。今日であれば，この論文も懐疑的に捉えるべきなのですが，当時としては非常に権威のある心理学者の一人でした。その彼が，心理支援の効果を否定するという，衝撃的なデータを示したのです。結果的に，心理支援法の研究者コミュニティに効果研究の活性化を促す起爆剤となりました（杉山ら, 2007）。

　まずアイゼンクの研究の不備が徹底的に検討されました。その方法論的問題，何をもって「自然治癒」とするのかという定義の問題などに関して批判論文が公表されました（たとえばLuborsky, 1954; Bergin, 1971）。

　その中でも今日的に心理支援の効果を考える文脈で重要なものをいくつか挙げましょう。たとえば，スミスとグラスはメタ分析（meta-analysis）でアイゼンクの研究の問題点を改善した研究で，心理支援に効果があることを示唆しました（Smith & Glass, 1977）。また，バーギンとランバートはアイゼンクが用いた24件の研究を再分析し，心理支援には効果があるということ，一方で，学派の違いによる効果の違いはあまり見出されないということも示唆しました（Bergin & Lambert, 1978）。このようなアイゼンクの批判研究の積み重ねから，「心理支援は無駄ではない」という見解が定着していき今日に至っています。

（5）心理支援の効果要因は何か？

　この議論は1980年代から，効果要因の研究，すなわち「心理支援の何が効くのか」を検討する段階に入ります。たとえば,今日では共通要因アプローチと

呼ばれているランバートの議論（Lambert, 1992）が有名です。

　ランバートとその共同研究者たちは経験科学的な方法で以下の4つの要因の効果量を示唆する試みを行いました。それによると治療外要因（心理職が直接関与できない要因：対象者自身のリソース，変化への動機づけの強さ，サポーティブなリソース，偶然の出来事など）は40%，関係要因（心理職と対象者の協働関係，同盟関係，信頼関係の深さ）が30%，プラセボ要因（対象者の心理支援に対する期待の強さ）が15%，そして技法要因（今日的には技法と事例のマッチングとされる要因）が15%と示唆されました。

　ところでこの結果，少々奇異に思いませんか？　効果量が全体で100%となるのはともかく，実際に測定した数値が，40，30，15，15ときれいに分かれるものなのでしょうか。

　実はランバート（Lambert, 1992）が示した数字は科学的な測定で出された数字ではありません。専門家たちの経験科学的な見積もりなのです。専門家とはいえ，主観で構成されていることは間違いありません。当然，心理学という自然科学に基づく心理支援を志向する専門家たちは，このような試みに疑問を感じるのです。

（6）心理支援はマニュアル化された技法で完結できるのか？

　では，自然科学的な客観的測定に基づく効果の検討を志向する専門家たちはどのように効果を検討しようとしたのでしょうか？　彼らは心理職の個人的要因が強く関与する側面は，効果研究においては統制が難しいことに注目しました（なお，本項では以降，自然科学を志向する姿勢を「科学的」と表します）。

　つまり，心理学研究でいうところの「誤差変数」と考えるようになりました。そして，彼らの考える誤差変数が混入しにくい「マニュアル化された技法」の効果測定を試み始めます。

　このグループは今日では「EBMに倣った効果検証を志向するグループ」と呼ばれています。代表的な学術団体としてはアメリカ心理学会臨床心理学部会（ディビジョン12）などがあります。ここではEBMグループと呼びます。なお，前節で紹介した経験科学的な議論を志向したグループの代表的な学術団体としてはアメリカ心理学会心理療法部会（ディビジョン29）などがあります。ここでは経験科学グループと呼びます。

ここで注目していただきたいのは，両グループの姿勢の違いです。EBMグループは要因統制を重視して「マニュアル化された技法」以外は原則として誤差変数としました。一方で，経験科学グループは他方では誤差変数とされる関係要因を最大の効果要因と考えました。こうして，両グループはお互いにお互いを批判する，あるいは無視し合う展開となる時代が1990年代半ばまで続きました。

(7) EBMグループ：「科学」「効果」という絶対価値

　双方がどのような主張を展開したのか，心理支援を学ぶために重要と思われるものを抜粋して紹介しましょう。

　まず，EBMグループは，あたかも心理支援を向精神薬に代わるものとして捉えるEBMに倣った効果検討の仕組みづくりを目指しました（齊尾，2013）。ただ，ここでもアイゼンクの論文への批判と同じく「何をもって効果というべきか」という問題はつきまといます。彼らは，やはりEBMに倣って「症状の軽減」を効果指標としました。そして，相対的にマニュアル化しやすかった認知行動療法の技法が数多く「有効」と判定されました。

　彼らにしてみたら，科学という「絶対的な価値」のある研究方法で，「効果」という「絶対的な価値」を示したように思えたことでしょう。このような姿勢を特に顕著に示していたのはアメリカ心理学会におけるEST（empirically supported treatment）を志向する一派でしたが，彼らは認知行動療法関連の心理支援技法は「心理支援の統一」的な位置づけになると大いに期待していたといわれています（たとえばNathan & Gorman, 2002）。つまり，彼ら以外の心理支援の議論に対して強く優位性を主張したのです。

　では，経験科学グループは何を主張したのでしょうか。科学は客観的な指標，言い換えれば揺るがない根拠に基づいた議論ができます。根拠そのものはまぎれもない事実なので，これを否定することは困難です。

(8) 経験科学グループの主張：心理支援は向精神薬にあらず

　しかし，心理支援の効果研究が向精神薬の研究を真似する形で可能なのかどうかには疑問が残ります。経験科学グループはこの問題を主張しました。

　たとえば，心理療法が「人と人」が向き合う営みである以上は「技法（だけ）

の効果」を抽出するような要因統制はほぼ不可能と考えました。となると，EBM
グループの試みは科学的な研究方法の大前提となる根拠の価値が疑わしい（Gold
& Stricker, 2006; 齊尾, 2013）と主張できます。

　また，マニュアル化された技法の効果検討は，科学的な研究方法でいうとこ
ろの仮説演繹法です。仮説演繹法は，仮説の検証・反証はできますが，それ以
上の発展はありません。そこで経験科学グループは「EBMグループの試みは心
理支援の発展や進歩を促すものではないので，成果を出している実務者が実際
に何を行っているかを探索的に研究するべき」（Schottenbauer, Glass, & Arnkoff,
2007）という主張もしました。

　このような経験科学グループの主張もあり，結果的にEBMグループが期待し
たような「認知行動療法関連の心理支援技法による統一」は起こらなかったの
です。このように，アイゼンクに端を発した効果をめぐる議論は，心理支援に
おける「大統一理論」をもたらしえなかったという歴史をたどり今日に至って
います。

（9）対話の時代の幕開け

　EBMグループも経験科学グループも大統一を成しえなかったわけですが，彼
らの試みは無駄ではありませんでした。私たちが心理支援をどのように考える
べきか，その試行錯誤の歴史が残ったからです。

　この議論の歴史は，私たちが心理支援とは何かを考えるときに参考にするべ
きものです。この歴史をよく知っておくことで，私たちは，心理支援を発展さ
せるつもりで結果的に不毛な議論や，無駄な議論をしてしまうことを避けるこ
とができるでしょう。

　なお，両グループの中からは，「潰し合い」のような議論ではなく，対話を志
向する一派も1990年代の半ばから現れ始めました。彼らは，両グループを代
表する形で，心理支援の効果要因を探る合同委員会を構成しました。

　その中で，いくつかの効果要因が示唆されました（Norcross & Wampold,
2011）。主なものを今日的な言葉にすると，実務者による対象者への共感，両
者が同じ目的に向かっていく関係性（同盟）を組むこと，対象者からのフィー
ドバックをもらい実務者がそれを活用すること，目標を常に確認し合意がある
状態を維持することなどが挙げられています。

4 「自然科学 vs 経験科学」から対象者のための実学へ

(1) 心理支援に潜む価値観の問題

　ここまで，あたかも「原理 vs 原理」ともいえるような心理支援の発展の歴史を紹介してきました。主に海外における議論を紹介しましたが，日本の状況は2000年代に入って以降も「学派 vs 学派」の状況が続いています（杉山，2014c）。

　この状況の背景には，人は価値観を同じくする人たちがまとまりやすく，一度まとまるとその中で集団規範（集団心理）が生まれ同調圧力を受けやすくなり，その規範への帰依が社会的アイデンティティになっていくという人間の性があるといえます。私たちは人の心を支援するプロフェッショナルですが，人を支援する以前に，私たち自身も人間として人間の性の中で考え，判断し，行動する生き物である事実に目を向ける必要があるでしょう。

　特定の価値観にとらわれると視野狭窄を起こします。その結果として，対象者に合わない行いをしてしまうこと，すなわち理論的虐待は避けなければなりません。

　原理vs原理も，学派vs学派も，専門家たちの間での関心事にすぎず，心理支援の対象者にとってはどうでもいいことです。私たちはプロフェッショナルとして，心理支援に潜む価値観の問題との適切なつきあい方を身につけなければなりません。そこで，心理支援の中で働きやすい価値観の問題について整理しましょう。

(2) 科学が価値観に変わるとき

　先述のEBMグループのように，一部には「心理学は自然科学である」という姿勢を強調する考え方もあります。この考え方は，宗教やオカルトと私たちの心理支援を区別する立場としては正しいものです。私たちは原則としてこの考え方を蔑ろにしてはいけません。

　しかし，科学への志向性が相対的に弱いアプローチを卑下する姿勢は避けるべきです。科学は客観的であるべきなのですが，何かを卑下する姿勢を持った時点でそれは価値観に変わり，私たちを視野狭窄に導きます。科学的に実証された方法だけで支援をするのは対象者に提供できる支援の幅を狭める可能性も

あります。

　医療を参考に考えてみましょう。たとえば，ステロイド剤は強力な生物学的効果を持つことが知られています。しかし，その薬理はいまだ解決されていません。効果の個人差要因もよくわかっていません。しかし，経験科学的に効果が示唆されているから活用されているのです。

　このように必ずしも自然科学的に解明されていない知見が活用されている場合もあります。対象者によりよい変化をもたらすことが期待できるのであれば，幅広く活用する姿勢も重要なのです。

　特に国民の心の健康を担う公認心理師は，支援の幅を広く維持しておく必要があります。心理学は原則として科学ですので，私たちの支援も科学的に確かな知見に基づくことが望ましいことは間違いありません。ただ，EBMグループのように科学という価値観で学派の優劣を考える姿勢を強くしすぎることは，公認心理師の役割を考えると望ましくないといえるでしょう。科学的心理学第一主義のような姿勢には，慎重になる必要があるといえるでしょう。

（3）学派の人間観は価値観でもある

　先述したように，学派とは少なくとも人間観と方法論で構成されていると表現できます（中には，創始者の神格化が伴う学派もありますが，この問題は本書では割愛します）。

　方法論はさておき，人間観は価値観です。今日的な良識では，ある価値観が大量破壊など人と社会を害するものでない限り，その優劣をつけることはできません。科学をもってしても，価値観に優劣をつけることは困難なのです。

　本書では紙数の関係で各学派の人間観を紹介する試みは割愛し，4大アプローチという分類の中で各アプローチの無意識への態度を紹介するにとどめましたが，その優劣を競うことは心理支援という営みにおいては無意味だと心得ておいてください。あえて優劣をつけるとしたら，対象者や事例の必要性（文脈）に適しているかどうかが優劣の基準になると考えられています（杉山, 2021）。

　なお，心理支援法の人間観は厳密には科学とはいいがたい場合もあります。例外的に一部の認知行動療法は科学を志向していますが，特に人間性心理学などは科学的な心理学とは一線を画することを志向する場合もあります。

　この志向性は，科学を志向する心理学では捉えきれない人間の側面を考察す

るための試みだと理解してください。たとえば，欲求階層説（Maslow, 1943）で有名なマズロー（Maslow, A.）は行動主義の心理学研究者でした。科学で人を理解する試みに挑戦した人物が，伝記という人の実態・生態をもとに考察する試みですので，オカルトや超自然的思想など極端に非科学的な人間観に陥るリスクは低いと考えられます。実際，欲求階層説は人の欲求（意志）に関わる脳の構造との類似点も見られます。

　このように科学を志向しない心理学であっても，必ずしも荒唐無稽な人間観に帰結するわけではないのです。人間性心理学に分類される学派の創始者は必ずしもマズローのように科学者としての訓練を受けていません。科学的な心理学を志向する立場から見ると，非科学的な人間観や世界観，創始者の神格化などは，ともするとオカルトの世界に陥りそうな危うさをもつように見えるかもしれません。このようなリスクには対話を通した相互理解をもって，人に役立つものに整えていく必要がありますが，大事なことは，それが人に役立つ人間観，価値観かどうかです。

　特に現代社会は価値観の多様性と共存を推進するダイバーシティの時代でもあります。多様な事例に対応するために，心理支援法も多様な人間観や価値観を備えておく必要があるといえるでしょう。したがって，数ある心理支援法のどれが優れているかを議論するよりも，「様々なアプローチをいかに使いこなすか？」が重要になってきます。

　このような試みの積み重ねの中で，国民の福祉に貢献できる実学としての心理支援が可能になるのです。

5　心理支援を使いこなすための覚書：折衷か統合か

（1）特定の学派へのこだわりは意外と卒業しにくい？

　ここからは，国民の福祉を目標として心理支援を使いこなすために，私たちがどのような態度や姿勢を身につけるべきなのか考えてみましょう。そのために，まずは心理支援という営みの定義に立ち返りたいと思います。

　実はこの定義も学派やアプローチによって異なっています。ただ，日本における心理支援の職業化推進の第一人者とされる元文化庁長官・元京都大学教授の河合隼雄の見解（河合, 1992）を整理すると次のように表せます。おそらく，

この包括的な定義は今日でもほとんど異論がないことでしょう。

> 悩みや問題の解決のために来談した人を対象に，専門的な訓練を受けた者が，主として心理的な接近法によって，可能な限りクライエント（対象者）の全存在に対する配慮を持ちつつ，クライエントが人生の過程を発見的に歩むのを援助すること。（杉山ら，2007；一部修正）

しかし，河合のいう「心理的な接近法」や「全存在に対する配慮」の具体的な内容や支援プロセスは，学派によって異なっているのが実態です（前田，2005）。そして，先述の学派主体の思想追求の中では，ある学派で推奨される事例の理解（見立て，支援仮説など）や介入の方法（技法，方法論など）が，他の学派では間違った理解や介入として排除されることも珍しくありません（前田，2005）。

つまり，対象者は遭遇した公認心理師が何らかの学派に傾倒していたとしたら，その学派が推奨する事例の理解や介入法を強いられてしまうこともありうるのです。本当はAという方法で支援するべきクライエントに，全く役立たないBという方法を提供してしまうような事態を引き起こしかねません。

実はこのような事態は，意外と多く起こっていることが知られています。特定学派へのこだわりは意外と卒業しにくいようです。

(2) フロイト曰く，「人は責任を恐れるものなのです」

対象者の役に立ちたいと願いながら，なぜこのようなことが起こるのでしょうか？　その理由は表題のフロイトの言葉（Freud, 1930）に尽きるといえるでしょう。

ロッターの指摘に立ち返ることになりますが，ここで「科学者 - 実務家モデル（scientist-practitioner model）」をご紹介しましょう。このモデルは1949年のボルダー会議で採択された，今日でいう心理支援の基本モデルです。

自然科学であれ経験科学であれ，科学者であれば「現象」（心理支援の場合は対象者をめぐるBPSモデル）を客観的に観察し，現象に影響する「変数」について仮説を立て，その仮説を検証するプロセスを丁寧に進めるのが仕事です。そして，現象についての仮説に基づいて，支援仮説を構成し（plan），実行し（do），結果を精査し（check），よりよくする（action），いわゆる心理支援における

PDCAサイクルを行うのが実務者です。

しかし，心理支援に限りませんが，多くの現場では「前例」（またはガイドラインやマニュアル）に倣うのが最も批判を受けにくい行動です。そのため，科学者の訓練を十分に受けた心理職であっても，現場に出ると科学者の姿勢を放棄してしまいます。

そして，前例や「権威」にオーソライズされた「学派」の仮説や方法論にこもってしてしまうことが多いのです。つまり，自分で考えることに伴う責任を恐れて，科学者 - 実務家モデルを放棄してしまうのです。

ただ，ロッターの嘆きにもあるように，実務の現場で科学者の態度を貫くのは勇気がいることです。それは現代においてもなお困難なものになっているようです。

（3）心理支援の主役は対象者であるという原点に立ち返ろう

ここで，再び河合隼雄の心理支援という営みの定義に立ち返りましょう。河合の定義を読み返すと，対象者が主役として書かれていることがわかるでしょう。そして，私たちには援助を主体的に行う必要があることもわかるでしょう。

これらのことから，責任を恐れる姿勢は心理支援という営みにおいて，対象者を主役にすることを邪魔するというのが伝わるでしょうか？　責任を恐れて前例や学派，あるいはガイドラインやマニュアルを主役にする姿勢を持つと，河合の定義から外れてしまいます。

このような恐れ方ではなく，私たちはプロフェッショナルとして別のことを恐れましょう。私たちが恐れるべきことは，「理論的虐待」（Basseches, 1997a, 1997b）とそれに伴う対象者の幸せの阻害です。これを避けるために私たちは心理支援を学ぶのです。それにもかかわらず，特定の学派や前例にこだわって，心理支援に伴うPDCAサイクルを主体的に行う責任から逃げてしまったとしたら，何のために心理支援を学んだのでしょうか。

言い換えれば，心理支援は目的を正しく理解して学ばないと，逆に対象者の役に立たなくなる場合もありうるのです。この視点を突きつめたのが，一部にはびこっている「人に寄り添える人であること」を絶対価値とする「診断不要説」や「訓練不要説」です。確かに，学べば学ぶほど対象者に理論的虐待をするリスクが高まる可能性に注目すると，このような説も説得力を持つことでしょ

う。ですが，これはこれで間違いです。理論的虐待を避けるために理論を避けるのは本末転倒です。追求すべきは適切な理論の活用方法なのです。

（4）「心理療法のベテラン」研究が示唆するもの

理論的虐待を避けるために，この問題に関する代表的な研究をご紹介しましょう。実は，これまでの心理支援が対象者に不利益を与えてきた可能性を示唆する文献が増えています。

たとえば，ダンカンら（Duncan, Hubble, & Miller, 1997）の「心理療法のベテラン」（心理療法を繰り返しても成功しなかった難治性のクライエント）への調査があります。それによると，「ベテラン」たちは，よく知られている学派が提供する人間観や方法論の枠組みを超えた，独特の臨床的ニーズを持っていることが示唆されました。

「ベテラン」たちはこの臨床ニーズが満たされてこなかったために難治性のクライエントになったと考えられます。つまり，これまで受けてきた心理支援は「ベテラン」たちの独自の基準枠（specific frame of reference）を無視したものであり，この無視の原因のひとつとして担当した支援者の理論的志向性が支援に強く反映されていた可能性があることを示唆しています。

また，クライエントの3%から5%は心理支援がネガティブな体験になっていると推定されていますが，ハーディら（Hardy et al., 2019）はこの問題についてクライエント，セラピスト双方を対象にインタビュー調査を実施しています。それによると，クライエントのニーズと担当者のスキル，そして構造（心理支援のあり方，進め方）の適合性が悪いことがリスク要因であると示唆されました。

（5）理論的虐待を「正しい支援」と錯覚させる認知バイアス

言い換えれば，半ば強引に学派が推奨する構造や前例通りの対応に封じ込められることによるストレスがクライエントにネガティブな体験をもたらしているといえるでしょう。なぜ，このような事態になってしまうのでしょうか？

実は先述のロッターが指摘するような「現場の事情」や責任の回避以外にも人間なら誰もが備える認知的バイアス（杉山ら，2007）の影響が指摘されています。この要因による理論的虐待はさらに質が悪い可能性があります。なぜな

ら，特定の学派や安心できる前例に酔いしれてしまって，理論的虐待を「正しい支援」，もっというと「素晴らしく最高な支援」と錯覚してしまうからです。

　たとえば，理論的虐待を考察したバーシチェス（Basseches, 1997a, 1997b）によると，誰もが少なくとも部分的には自分の行為に意味づけを行い，自分の持つ知的な体系を確認したいという欲求を持つとされています。実際，社会心理学的な研究では，このような自己確認によって快感を得られることも示唆されています。ということは，私たちも無意識的に確認という快感を求めて，それと気づかずに対象者を犠牲にしかねない……という可能性が示唆されてきます。

　類似の考察はほかにもあります。逆転移とは，通常は心理支援の実務者が対象者に，本来は持つべきではない個人的な感情を持つことをいいます。逆転移は，よりよい展開を促す要因になる場合もあるのですべてが否定されるべきではないのですが，個人的な感情の影響で対象者の実態を見失うこともあります。

　同じように心理支援の実務者が好む理論を対象者に投影してしまい，同じく実態を把握できなくなる現象も起こりえます。これは理論の逆転移（Duncan et al., 1997）と呼ばれています。

（6）理論的虐待も理論の逆転移も防ぐために：折衷と統合

　では私たちはどうすればよいのでしょうか？　それに対する答えは 2 つあります。折衷と統合です。

　すでに，各学派は人間観と技法で構成されていると紹介してきましたが，理論とも呼ばれる各学派の人間観を使いこなせないと理論的虐待に陥りやすいことはここまでご紹介してきた通りです。そこで，思い切って理論を活用せずに，対象者が困っている症状や問題に注目し，それを解決または軽減，あるいは検討（現実検討）できる可能性が高い技法を活用するアプローチを折衷，または技法折衷と呼びます。人間観ではなく，対象者が困っていることに集中できるので，理論的虐待も理論の逆転移も防ぐことができます。

　ただ，症状や問題の背景を理解し，対象者の生き方も含めてこの先を展望する，言い換えればこの先を見立てなければならないこともあります。こういう場合は人間観を活用せざるをえません。このようなときに推奨されるのが，特定の学派の特定の人間観にこだわらずに，複数の人間観を複合させて対象者と

症状や問題の背景，展望を見立てる姿勢です。

　理論的統合と呼ばれることもありますが，近年は同化的統合と呼ばれる姿勢がよく活用されています。これは，心理支援の実務者がよく馴染んだ，確実に使いこなせる学派の人間観をベースにしながら，その人間観では捉えきれないところをほかの学派の人間観を援用して事例の理解の幅を広げる姿勢です。

　ここで大事になってくるのが，対象者のフィードバックです。統合の主体は私たちですが，心理支援の，そしてその人間観の主役は対象者です。対象者に馴染む人間観でなければならないのです。

　折衷も統合も心理支援をしっかりと学んでいるからこそ可能な営みです。私たちはプロフェッショナルなのでしっかりと学んで，よく準備をしてから対象者に向き合わなければなりません。さあ，一緒に心理支援を学びましょう。

第 1 部

心理支援を行う上での
基本的態度と方法, 考え方

　公認心理師法が成立してから, カウンセリングや心理療法という言葉に加え,「心理支援」という言葉がよく使われるようになってきました。心理支援とは何かを考えた場合, どこまで含まれるかを定義することは難しいですが, 本書では主に臨床心理学的知見に基づいた支援のことを心理支援と呼んでいます。

　これまでの臨床心理学の知見の多くは, フロイトの精神分析の頃から, 個別の閉ざされた面接室の中で一対一の関係性を検討するところから培われてきました。今やカップルや家族, そして学校や地域, 社会での支援など面接室の中だけでない心理支援が広がっています。第 1 部では, セラピストの基本的態度や分析・見立て・介入, その他複数の視点から, 心理支援を見ていきたいと思います。

第1章　心理支援における基本的態度

　公認心理師が学ぶカウンセリングや心理療法に関する知識や態度，技術には多くのものがあります。たとえば心理療法には，精神分析や来談者中心療法，認知行動療法など様々な考え方に基づくものがあり，どこから学べば（学び直せば）いいのか悩む方もおられるでしょう。

　ですが，心理療法では「目の前のクライエントをどのように捉えるか」という**人間観**のほか，「目の前のクライエントにどのように介入するか」という**方法**や**技法**について話題にされることが多く，心理臨床家自身の持つべき態度について触れられていることは比較的少ないように感じられます。そのような心理臨床家の態度について触れられる有名なものとして，来談者中心療法の「セラピストの必要十分条件」があります。多くの心理臨床家は，来談者中心療法を専門としていなくても，心理臨床家の態度としてはこの考え方を採用しているようです。

　また，家族療法由来のアプローチであるコラボレイティヴ・アプローチやオープンダイアローグ，対人関係論のサリヴァンによる「関与しながらの観察」は，心理臨床家の持つべき態度を示している主要なものと考えられます。これらは決して相反する態度ではありません。本章では，これらの心理臨床家の態度について各々紹介し，あわせてそれらの共通点を考えていきたいと思います。

1　治療的パーソナリティ変化のための必要十分条件

　セラピストの必要十分条件について紹介する前に，ロジャーズの人間観について少し紹介したいと思います。

　カール・ロジャーズ（Rogers, C. R.）は，1902年に敬虔なプロテスタントの

表 1-1　治療的パーソナリティ変化のための必要十分条件（村山, 2015）

1. ２人の人が心理的な接触を持っていること。
2. 第一の人（クライエントと呼ぶことにする）は，不一致の状態にあり，傷つきやすく，不安な状態にあること。
3. 第二の人（セラピストと呼ぶことにする）は，その関係の中で一致しており，統合していること。
4. セラピストは，クライエントに対して無条件の積極的関心を体験していること。
5. セラピストは，クライエントに対して内的称号枠に対する共感的理解を体験しており，この体験をクライエントに伝えようと努めていること。
6. セラピストの経験している共感的理解と無条件の積極的関心が，最低限クライエントに伝わっていること。

両親のもと，アメリカのイリノイ州に生まれました。ロジャーズ家では農場を運営していたことから，彼も農学に興味を持ち，ウィスコンシン大学農学部に進学しました。また，キリスト教の価値観に基づく社会，政治的関心を持ち平和運動にも賛同していました。

　中核三条件とは，「治療的パーソナリティ変化のための必要十分条件」（表1-1）のうち，中核とされる３つの条件（第3，4，5条件）を特に取り上げたものです。その３つの条件は，それぞれ「純粋性（一致）」「無条件の積極的関心（受容）」「共感的理解（共感）」と呼ばれています。

　セラピストの必要十分条件のうち中核三条件は，一般的な用語で説明されていることから，しばしば誤解されたり，過小評価されることがありますので，「わかった」つもりにならないように気をつける必要があります。

（1）純粋性（genuineness）

　まず純粋性ですが，これはセラピストが純粋（pure）な存在でいることや，聖人のように人間性に優れた存在でいることが求められているわけではありません。ここでいう「純粋」の意味は，クライエントとの関係性において，セラピストが自分自身に対しても裏表なく，そして嘘偽りなく存在していることを指します。セラピストは，「模範的であらねばならない」「優しくあらねばならない」といった重すぎる制約を自分自身に課してしまうことで，クライエントに対しても自分自身に対しても，偽りの自分を見せてしまったり「（いい人の）フリ」をしてしまったりするかもしれません。

　セラピストが思ったことを何でもクライエントに伝えることが純粋性でもなく，またセラピストが陰性感情を持たないことが純粋性でもありません。セラ

ピストはクライエントとの関係性の中で，どのような気持ちでいるか，どのような体験をしているかということを自ら覆い隠すことなく自覚し，ある考えや感情，感覚を抱く自分自身を受け入れ，クライエントの面前に「ただ存在する」ことが求められます。

　別名で「一致（congruence）」とも呼ばれ，理想自己と現実自己とが一致し，偽りのない状態でそこに「いる」ということを指します。セラピスト自身が今，ここで体験している事柄とも，クライエントに対して表している事柄とも一致し，「自分自身でいる」ということ，クライエントに対して否定的な感情を持ってしまっても，その否定的な感情を持っている自分自身を認める態度のことともいえるでしょう。完全なる純粋性や完全なる一致というものは存在せず，ただ嘘偽りのないように一致しているように努めるという態度のことをいうと考えられます。

（2）無条件の積極的関心（unconditional positive regards）

　次に無条件の積極的関心についてです。セラピストはクライエントに対し，考え方が近くても遠くても，無条件にクライエントが話すことを受け入れ，クライエントの言葉・思いに自ら積極的に関心を持ち，クライエントがカウンセリングで話しても安全であると感じてもらえるような態度を持ちます。セラピストと意見や考え方が同じだから受け入れてもらえるのではなく，意見や考え方を異にしていても，一人の人間として受け入れられ尊重されることが，カウンセリング関係においては非常に重要なことといえるでしょう。

　もし，セラピストからクライエントに対し，肯定的，あるいは否定的など，何らかの評価が下されることになれば，クライエントはセラピストにとって「正しい存在」でなければいけないことになり，そのようなことが課されるカウンセリングは安全でも安心でもなくなってしまいます。

　これは別名として「受容（acceptance）」とも呼ばれますが，無条件の積極的関心とは，単にクライエントの言葉・意見をすべて考えなしに受け入れるということではありません。クライエントの言葉や態度は本物であり（クライエントが何か嘘をついていたとしても，そのこと（＝嘘）を発言しようとした思いや態度は，まぎれもないクライエント自身のものです），当該クライエントの生育歴，つまり生まれ育った環境，生まれ持った性格，育ってきた中で身につい

た考え方，今現在のクライエントの身の回りの環境などが複雑に絡み合って，クライエントの今の言葉や態度となって現れてきています。クライエントに対して，他者であるセラピストが何らかの評価・判断を下すのではなく，そのクライエントの生き様も含めた存在を受け入れ，その尊い存在としてのクライエントに積極的に関心を向けるということを無条件に行うこと，それを無条件の積極的関心と呼ぶのではないでしょうか。

（3）共感的理解（empathic understanding）

　単に「共感（empathy）」とも呼ばれます。セラピストが，あたかも（as if）クライエントであるかのように共に感じ，理解すること。セラピストが，「クライエントの立ち位置から眺める」というだけでなく，クライエントの持つ性格や能力，生き様を，あたかもセラピスト自身も同様に持っているかのごとく想像し，理解しようと努めることです。

　「○○だから，死にたい」（たとえば，「彼氏にふられてもう生きる意味をなくしたから死にたい」など）という気持ちに共感できない場合，どうすればいいですか？　という質問を受けることがあります。ひょっとすると「そんな彼氏にふられたくらいで……」とか「もっといい人いるよ」とか思っているのかもしれません。それは，セラピストが「あたかも（as if）クライエントであるかのように共に感じ，理解する」という立ち位置に立てていないということを意味するでしょう。

　この場合，「そんな彼氏にふられたくらいで……」とか「もっといい人いるよ」というのは，あくまで他者としての（その人の）価値観からくる思い・考え方です。セラピストが，クライエントと同じ立ち位置から感じ，理解するには，「彼氏にふられてもう生きる意味をなくしたから死にたい」と思うのも当然であろう，とクライエントの考えをトレースしなければ不可能です。セラピストとクライエントは同一人物ではないため，完全にトレースすることはできません。セラピストとクライエントの境遇や性格が偶然似ていれば，比較的トレースすることは容易かもしれませんが，それらが似ていなくてもトレースを試みるような態度を持つことが大切です（「境遇や性格が偶然似ている」というのも，ある種の思い込みで，実際には共感的に理解しているようで全く見当外れな理解をしているということも十分ありえます。むしろ「似ているからこうに違い

ない」と思い込んでいるほうが，共感的に理解している「つもり」になりやすいため，より厄介かもしれません）。

2 オープンダイアローグの主要7原則

　オープンダイアローグとは，フィンランドの西ラップランド地方にあるケロプダス病院から始められた地域精神医療のアプローチで，家族療法由来のアプローチです。オープンダイアローグは，向精神薬を最低限しか使わずとも，急性の統合失調症患者の症状が大きく緩和し予後もよいということが報告され，世界中の注目を集めています。とはいえ，オープンダイアローグという名のもとで行われている支援は，ランダム化比較試験（RCT）を行うことが難しいため，「大きく緩和し予後もよい」ということはまだまだ主観的であるといわざるをえません。今後，さらに研究や実践が行われていくことにより，さらなる客観的評価に耐えられるものにしていくことが望まれます。

　オープンダイアローグでは，ほとんど特定の技法のようなものが用いられず，対話を促進し，その対話を継続すること自体を目的としています。唯一，対話を促進させるための構造としてリフレクティングという形態が面接の中で用いられますが，これは特定の治療的効果を及ぼすために行われるというよりも，むしろ面接構造を形づくる「仕組み」といえるでしょう。このようにオープンダイアローグは特定の技法によるセラピーではないのですが，「7原則」と呼ばれるオープンダイアローグを行うための基本原則があります。

　この7原則を守って対話を続けることが，それだけで十分に治療的になりうるとすれば，先の「セラピストの必要十分条件」と同じく，オープンダイアローグとしての実践かどうかに関わらず，公認心理師が留意すべき臨床家の態度といえるかもしれません。以上のことから，ここでは心理支援における基本的態度の2つ目として，オープンダイアローグの7原則（表1-2）について紹介したいと思います。

（1）すぐに対応すること――Immediate help

　「すぐに対応すること」，これは従来の心理支援ではほとんど行われてきませんでした。というのも，カウンセリングは事前予約制であることが多く，クラ

1. すぐに対応すること——Immediate help
2. 社会的ネットワークの視点を持つこと——Social network perspective
3. フットワークを軽くして柔軟に対応すること——Flexibility and mobility
4. 要求に応え，引き受けること——Responsibility
5. できる限り同じ人が関わり続けること——Psychological continuity
6. あいまいな状態に耐えること——Tolerance of uncertainty
7. 対話を続けること（多様性ある声を歓迎すること）——Dialogue (and Polyphony)

イエントが「今すぐなんとかしてほしい！」と思っても，すぐに受けつけてもらえる場合は稀でしょう。医療機関では，比較的すぐに受けつけてもらえるところもありますが，短い診療時間と向精神薬の処方がメインとなりがちで，十分に対話できる余裕が与えられることはほとんどありません。

　これは，人口に対して精神医療スタッフ（あるいは心理支援を行うスタッフ）が不足しているからで，日本でこれを実践することは困難です。オープンダイアローグが始められたケロプダス病院では，連絡を受けて24時間以内に対応することとされています。この「24時間」という数字自体には特別な意味はなく，「（ここでは精神的）危機に一早く対応することが重要」と考えられています。以上のことから，日本での実践を考えた場合に，どのような工夫ができるかについて，治療構造（p. 268～）との兼ね合いも含めて考えていくことが望まれます。

(2) 社会的ネットワークの視点を持つこと——Social network perspective

　フロイト（Freud, S.）によって精神分析が考案された時代においては，いわば社会的ネットワークの視点とは真逆の視点を持ち，個人の精神内界を探求していくために，あえて他者の存在（社会）を切り離して考え，厳格な治療構造を守るということが試みられてきました。精神分析をはじめとする精神力動的なセラピーで用いられる「重要な他者（significant other）」という言葉は，個人の精神内界に内在化された内的表象であり，現実世界（今，ここ）に存在する他者のことを指しているわけではないと考えられます。

　この「他者の存在（社会）を切り離して考える」という視点は，個人の精神内界の探求に一定の役割を果たしましたが，その後生まれた家族療法や，そこ

から発展したオープンダイアローグ＊では，「社会のつながりの中に存在する個人」という新たな視点が用いられています。「社会のつながりの中に存在する個人」という視点が，「（個人を）他者の存在（社会）から切り離して考える」という視点よりも優れているというわけではありません。2つの視点が存在し，またオープンダイアローグはその「社会のつながりの中に存在する個人」という視点を重視している，ただそれだけのことです。

（3）フットワークを軽くして柔軟に対応すること──Flexibility and mobility

その昔（といってもたかだか20〜30年ほどしか経っていませんが），臨床心理士は面接室で待っているだけで，部屋から出てこないと指摘されるなど，ニーズを自ら掘り起こせないばかりか，なかなか他の支援者ともつながれないことが憂慮されていました。公認心理師試験は2018年に初めて行われましたが，第1回試験の内容からコラボレーション（協働）やチーム医療，チーム学校という言葉が目立っています。

フロイトから始まる精神分析では，前項（2）のような理由から，治療構造を厳格にした密室での一対一の面接を重要視したことで，他専門職やクライエント家族との連携，その他面接室外での必要性に応じられませんでした。21世紀になった現在でも，そのような厳格な治療構造における密室での一対一の面接が軽んじられることがあってはなりません。ただ，それとは別にオープンダイアローグという柔軟性（flexibility）や機動性（mobility）を重視した，どちらかというとソーシャルワークに近い形でのアプローチも重要なのではないか，という考えが出てきたのです。

（4）要求に応え，引き受けること──Responsibility

心理の専門職である公認心理師，福祉の専門職であるソーシャルワーカー（あるいは社会福祉士や精神保健福祉士など），医療の専門職である医師や看護師など，といった形で，それぞれ担当分野を分けることは一見効率的にも見えます。ただ，「専門分野ではないから」という理由でのたらい回しや，行政手続きにお

＊ 家族療法，特にここで述べているシステム論的家族療法，そこから発展したシステムズアプローチ，またオープンダイアローグについては，第4章，第7章であらためてご紹介しています。

いて担当の部署がはっきりせず，支援の狭間（溝）に落ちてしまう「縦割り行政」という問題を耳にすることも少なくないのではないでしょうか。「これは私の担当ではないから」「これは私の専門ではないから」といって，被支援者であるクライエントを支援の狭間に落とすのではなく，その要支援分野の周辺にいる支援者同士が手を取り合って，被支援者であるクライエントを支援の狭間から引き上げる行動をとることが大切です。

　当然，リファー（他の専門職へ紹介すること）は非常に重要です。しかし，それと同じかそれ以上に，専門職間の協働的支援が重要といえるのではないでしょうか。公認心理師がオープンダイアローグを行うかどうかに限らず，このような視点は持ち続けていたいところです。

（5）できる限り同じ人が関わり続けること——Psychological continuity

　これは，精神分析の時代からずっと行われてきたことですので，当然のように行われているところも多いでしょうし，理解も容易かもしれません。ただ，職場・組織によっては，必ずしも同じ支援者が同一のクライエントを支援し続けられるわけではないかもしれません。できる限り同じ人が関わり続けることは，クライエントの安心感につながります。治療構造における場所についても同じことがいえますが，支援者や場所が同じであり「変わらない」という安定感，安心感が，クライエントだけでなく支援者側も守ることにつながりえます。心理支援では，公認心理師がむやみやたらに技法を駆使するのではなく，このような「同じ支援者が同じ場所（あるいは同じ形）で支援を継続する」という安定感，安心感をクライエントに提供することが治療のための素地，ひいてはクライエントが安定した生活を営んでいく素地となります。

（6）あいまいな状態に耐えること——Tolerance of uncertainty

　精神疾患や悩み，問題などは，大抵の場合あいまいなものです。そもそも，精神疾患は操作的診断基準によるものです。ウイルスや菌の存在によって診断名がつけられるのではなく，症状から精神疾患を分類することによって，それぞれの診断名はつけられています。また，悩みといっても人それぞれ同じではなく，たとえば「夫婦関係の悩み」など，一口にいっても，夫婦によって個人の性格も環境も問題の背景も大きく異なっています。そのような多くがあいまい

なものに対して、拙速に「決めつけてしまう」ことは、治療を阻害する要因となり、支援者側とクライエントの双方を思考停止に陥らせてしまう危険性をもちます。

(7) 対話を続けること（多様性ある声を歓迎すること）——Dialogue (and Polyphony)

（6）でも述べましたが、「対話を続けること」そのものがオープンダイアローグでは重視されています。

クライエントは、「ただ話を聴いてもらいたい」という人もいれば、「今どうすればいいかアドバイスがほしい」という人、夫婦や家族で来られて「夫婦（家族）関係を改善するにはどうしたらいいか」という人など様々です。たとえ、アドバイスがほしいというクライエントであっても、まずはその人の考えや周りの状況、過去に困ったときにどうしてきたかなどについて詳しく聴いていくことが必要です。ただ「うんうん」と相づちを打つだけでは話は広がりません。複数人での面接では、それぞれが話したいことを口々に話すのを聴くだけで終わってしまうということも起こります。

オープンダイアローグでは、ポリフォニー（多様性ある声）というものを重視しており、人によって意見や考え方は様々であり、互いに異なった意見や考え方を持つことを歓迎し、それを対話の場に出していけるような環境づくりを行います。

カウンセリングの中ではこのように、個人面接であっても夫婦や家族などの複数人面接であっても、様々な声が聴かれるように、質問の仕方を学んでおくとよいでしょう*。

以上、オープンダイアローグの7原則を紹介してきました。あくまでこれらは「オープンダイアローグ」を行う上での原則ですが、冒頭にも述べたように、これは公認心理師が心理支援を行っていく上での態度としても重要なことを指し示していると考えられます。

★ 質問の仕方については、第5章1節の解決志向アプローチ、第6章1節のナラティヴ・アプローチなどが参考になります。

3 無知の姿勢（コラボレイティヴ・アプローチ）

「無知の姿勢（not knowing）」とは，アメリカのハロルド・グーリシャン（Goolishian, H. A.），ハーレーン・アンダーソン（Anderson, H.）によるセラピストの姿勢（Anderson & Goolishian, 1988）であり，セラピストが「自分自身の専門家としてのクライエントから教わる」という姿勢でカウンセリングに挑むことをいいます。

　解決志向アプローチ（solution focused approach）でも，この「無知の姿勢」という言葉が用いられることがありますが，そもそもクライエント自身の人生に関する専門家はクライエント自身であり，セラピストが専門家という立ち位置から脱することが重要であるという考え方からきています。

　セラピストが専門家らしく振る舞うことは，権力勾配をセラピスト‐クライエント関係に生じさせ，時にクライエントが回復する妨げとなってしまうことがあります。たとえば，「セラピストが勧める考え方ができないクライエント」「セラピストが課した課題を実行できないクライエント」というふうに，クライエントが回復できない原因をクライエント自身に押しつけてしまうことが考えられます。クライエントはその立場上，セラピストの発言に違和感を覚えても意見を言いづらく，「専門家」であるセラピストの言うことが正しいと考えてしまう（考えざるをえない）構造の中に身を置いているといっても過言ではありません。あるいは，クライエントは自己卑下的であったり，自身のことを過小評価してしまったりしているからこそ，カウンセリングに訪れているのかもしれません。そんな中，「専門家」であるセラピストが言うことに従えない自分が悪い，とより自己卑下的になることに，セラピストが加担してしまうことも十分ありえるでしょう。

　グーリシャンらによるコラボレイティヴ・アプローチでは，セラピストが無知の姿勢でカウンセリングに挑むことによって，クライエントとの協働作業をよりスムーズにし，できる限りクライエントと対等な関係性を持って，対話の場を形成するように努めています。このような「無知の姿勢」は，コラボレイティヴ・アプローチに限らず，カウンセリングを行うにあたってまずはじめに重視されるべきひとつの態度であるということがいえるのではないでしょうか。

4 関与しながらの観察とH・S・サリヴァンの対人関係論

「関与しながらの観察（participant observation；以下，関与観察）」は公認心理師資格試験において繰り返し出題されています。このことからも，私たち公認心理師の心理支援において必須の事項ということがうかがえます。

仮に，「他の専門職と私たちの専門性を区別する最も重要なポイントをひとつ挙げろ」と言われたら，私は迷わずにこの関与観察を挙げることでしょう。関与観察は私たちの心理支援の生命線といっても過言ではありません。

なお，後述しますが，関与観察は人の脳の構造上，なかなか難しい営みです。難しいからこそ，プロフェッショナルとして行う価値があります。関与観察を学び，身につけることはどんな学派のどんな技法を学ぶことよりも，私たちの活動の第一歩として極めて重要なのです。

関与観察は，私たち心理支援者が対象者との相互作用の中で共有する治療構造に身を置くときに必須とされる営みです。その概要を可能な限りシンプルに言葉にすると，私たちが巻き込まれている（関与している）対象者との関係で生じる，各種の心理学的な事象の観察，ということができるでしょう。

ここで重要なことは，単に発生した心理学的な事象を観察するだけにとどまらないということです。その心理学的な事象の発生に関与した可能性のある，私たちに由来する各種の要因や，その事象の発生に至った相互作用も含めて観察するという点にあります。

このように言葉で説明してもなかなか理解しにくく，心理支援を学ぶ人には「難しい」と感じられることも少なくありません。

そこで，ここでは，まず関与観察とはいえない事柄の代表例を紹介し，それに続いて提案者のH・S・サリヴァン（Sullivan, 1953）が関与観察をどのように考えていたか説明し，またそのサリヴァンの考え方を現代心理学的に批判的に捉え直すことで読者の関与観察への深い理解を促したいと思います。

（1）関与観察とは似て非なるもの

ここからは心理支援に必要な事柄ではあるものの，関与観察とは似て非なるものについてご紹介しましょう。

①自分自身の未熟さと向き合うこと

　まず関与観察は，対象者との関わりにおいて私たちの中に生じる各種の心理学的事象の観察ではありません。もちろん，私たちは対象者と向き合う中で自分自身がどのような心理学的現象を体験しているか，理解しておく必要があります。

　たとえば，対象者があなたの価値観では許しがたい行いや態度，考え方を示したとします。その中であなたの心の中に不快な感情が発生したとします。ここでこの感情を理解しないままにしておくのは危険です。不快な感情は有形無形で表現されることがあります。これによって対象者を傷つけてしまう場合もあります。

　したがって，私たちは自分自身の心理学的事象を観察し，自分自身の未熟さと常に向き合わなければなりません。これはこれで必要な観察です。

　しかし，これは関与観察ではありません。心理支援のツールとしての自分自身を整えるための観察です。

②逆転移に気づき，管理すること

　同じく逆転移の観察も関与観察ではありません。逆転移の観察（気づき）も，これはこれで必要です。たとえば，対象者があなたに対して母親に向けるような感情を抱いたとします。そして，その感情をあなたに向けてきました。それに呼応して，あなたも対象者に母親が子どもに抱くような慈しみの感情を抱きました。この場では，とても慈愛に満ちた，幸せな体験が2人の相互作用の中に生まれるかもしれません。

　ここで，私たちは自分自身の中に生まれている母性的な感情に気づいておく必要があります。この感情は面接の中だけのものにとどめておく必要があり，あなたがこの感情に巻き込まれて心理支援の枠を超えた行動をするようなことがあってはなりません。この感情は逆転移であるということを常に自覚しておくために逆転移にも自覚的になっておく必要もあります。ただし，逆転移の観察もこれだけでは関与観察ではありません。

③中立的で客観的な立ち位置を維持すること

　さらに，自分自身が中立的で客観的な立ち位置を保ち続けているかどうか観

察することも関与観察ではありません。この観察ももちろん関与観察とは別に必要なことではあります。私たちは原則としては対象者を主役とする立場で心理支援を行う必要がありますが，場合によっては対象者の意向に添えない事態も起こりえます。

　ひとつの例としては対象者が自傷他害の企図を持っている場合などです。このような場合は安全配慮義務を考慮すべき事態であり，対象者の意向だけでなく，安全配慮の観点から必要な対話やアクションを検討しなければならないのです。

　このように，私たちは原則としてはあたかも対象者を世界の中心にした面接を行わなければなりませんが，立ち位置としては公認心理師の職責に忠実に，中立で客観的な立場が揺れ動かないよう努めることも必要です。ただし，この自分の立ち位置の確認や観察も，関与観察とは別物です。

④主観的な対象者のイメージを自覚し，管理すること

　また，私たちは対象者と深い情緒的な交流を行うことも多々あります。その結果として，私たちの深層心理に対象者の存在感が入り込んでくることもありえます。

　そのような場合，対象者が私たちの夢に出てくることもありえます。また，私たちの日常の中で起こりえた何か，たとえば電車の中で偶然目に入った見知らぬ人に対象者の存在感を重ねるような場合もありえます。

　このような，自分の主観に現れてくる対象者のイメージは，対象者の理解に役立つという心理支援にプラスに作用する場合もありますが，逆に対象者の適切な理解を妨げる場合もありえます。場合によっては，対象者に対する言動や態度という形でアクティングアウト（行動化）される場合もあります。このアクティングアウトも心理支援によい影響を与える場合もあれば，悪い影響を与える場合もあります。

　大事なことは，「私は対象者の存在感をこのように感じている」と，私たちの主観に現れる対象者のイメージに自覚的になることです。そして，このイメージの扱い方を自己管理することです。その意味で，このような自分自身のイメージの観察は必要です。しかし，これもまた関与観察とは全くの別物です。

⑤here and now の対象者の感情を観察すること

　学派を超越した心理支援として大事なことのひとつとして，対象者の「今，ここ（here and now）」の心の動きに沿うことが挙げられます。したがって，私たちは対象者の心の動きを常に観察しなければなりません。この観察は関与観察の一部にはなりえますので，重要なことです。

　しかし，対象者の心の動きは予測不能なことや，突然の心の動きもありえます。場合によっては，私たちとこれまで行ってきたやりとりの流れから切り離された心の動きもありえます。

　たとえば，うつ病で休職中の対象者が理解のない親族に「仕事もせずにいつまで好きにしてるんだ!!」と怒鳴り散らされたような事態では，その事態で生じた突然の心の動きに私たちも対応しなければなりません。

　このように，これまでのやりとりから切り離された「今，ここ」の対象者の心の動きを観察することが必要な場面では，関与観察は困難です。無理に関与観察に努めるよりも，今ここのクライエントの感情を理解し対応することに全力を傾けたほうがよい場合もあります。

⑥意図的な操作や条件統制を与え，対象者のリアクションや変化を観察する

　心理支援法は心理学に基づくものなので，心理学の研究的な姿勢を援用する場合もあります。このことは，特に認知行動療法で顕著とされています。認知行動療法は異常心理学の研究に基づいた病理モデル（場合によっては健康モデル）に基づいて，病理を維持するプロセスやサイクルを中断し，健康な状態に向かうプロセスやサイクルを促すよう試みます。

　この試みでは，支援者およびその協力者の介入（関与）の結果としての対象者のリアクションや変化を観察します。したがって，関与観察と似たものに見えます。しかし，関与観察でいう関与は必ずしも病理モデルや健康モデルに基づいた意図的な操作や条件統制ではありません。対象者との相互作用の中で発生した私たちのリアクション（無意図的なものも含む）の影響も含めて観察します。

　また，観察の主体は必ずしも私たち心理支援者だけでなく，対象者による観察も含めて考えます。相互作用の中で起こるものへの観察なので，認知行動療法的な介入・観察の範囲にはとどまらないより広い概念といえるでしょう。

（2）関与しながらの観察，とは何か？

　ここまで，関与観察とはいえない事柄について紹介してきましたが，ここからは関与観察への理解を深めていきましょう。ここでは，まず関与観察の概要とその目的をご紹介しましょう。

　関与観察は様々な言葉で表現されうるものです。先述とは少々異なる言葉で表現すると，「治療者とクライエントの間で起きている相互作用に十分注意を払って，支援ツールとしての自分自身の言動や態度，存在感との関連の中で対象者の反応を捉える営み」ということもできるでしょう。

　より詳しく関与観察を解説するのに先立って，支援ツールという考え方について説明しましょう。サリヴァンは，心理支援者は自分自身を支援のツールとして活用する姿勢が必要であるとしています（Sullivan, 1953）。そして，活用するためにツールとしての自分の理解も促しています。

　ツールとして意識すべき事柄の例としては，容姿，声，服装，対象者に影響を与える可能性がある情報（たとえば，心理支援者が抱いた印象や，対象者と心理支援者の類似点など）の自己開示，存在感や僅かな目線の動き，表情の動きなど，様々なものが挙げられています。

　私たちはこれらを含めたツールとしての自分自身を把握するとともに，治療過程への影響について検討することが必要です。そして，その影響の結果として，心理支援によい影響を与えるとされる情緒的な絆，来談の目的への同意，協働関係などの充実を目指す必要があります。

①対象者の姿は「本当の」その人か？

　関与観察は，精神分析における新フロイト派（対人関係学派）と呼ばれるうちの一人，精神科医のサリヴァンが心理支援の文脈に導入した概念です。サリヴァンについては後述しますが，ここではまず関与観察について簡単に解説しましょう。

　心理支援における関与観察とは，治療者と対象者の相互交流を前提とした「二者心理学」の一種とされています（岡村, 2019）。まず大前提として，私たちの心理支援は対象者を理解することから始まります。言い換えれば観察が必要で，観察を通して対象者を理解した上で必要な支援を探る流れになります。

どこで観察するかというと，面接の場，医療領域であれば入院病棟内，教育領域であれば校舎内など基本的に対象者と接する場です。

ここで質問です。その際に観察した対象者の様子は，「完全に治療者の影響から独立した姿」だといえるでしょうか？

突き詰めて考えると複雑な話になりますが，皆さんはもう答えがおわかりでしょう。人は常に周囲の「場」の影響を受ける存在です。したがって，場の影響を完全に排除して対象者を観察することはできません。すなわち，私たち治療者は患者に対して一方的な観察者であるということはありえないのです。私たちが場に存在しているだけでも，対象者に何らかの影響を与えていることは間違いありません。この影響が関与観察における「関与」です。

②ある中学生との関与の事例

ひとつ例を挙げて説明しましょう。ある中学校でスクールカウンセラーを務めていたとき，相談室を居場所にしていた生徒が何人かいました。その生徒らは教室という場には入れませんでしたが，相談室では一種のグループを構成していました。その中で，教室でも自宅でも見せないような表情や態度，発言を楽しんでいました。

この時点で，この相談室という場が生徒に「関与」して生徒たちの様子が変わっていることがわかるでしょう。彼らの相談室での様子は，相談室という場が，そしてそこで構成されているグループという場が，彼らに影響した結果です。相談室から独立して現れている彼らではないのです。

個別面接ではどうでしょうか。その相談室では，生徒が希望すれば，あるいはチャンスがあれば，スクールカウンセラーによる個別面接も行っていました。その中に，面接を希望する生徒がいました。その生徒はグループの中でもにぎやかな存在で，個別の面談でもいつもニコニコしていました。本人の言葉によると「先生に話そうと思っていたこと（嫌なこと）がたくさんあるのだけど，先生の顔見るとなんだか笑っちゃう」と，面談の中でも機嫌よく話していました。

この生徒，学校からの情報によると，教室に入れなくなった背景や相談室に通うに至った経緯はそれなりに深刻な事情がありました。実際，相談室をクローズして帰らせる際には，笑顔が消えることがほとんどでした。帰り際には心の中ではすでに場が変わっていたのかもしれません。

③関与の幅は意外と広い

　このように人は場の影響を受けて変わるものです。したがって，特に私たちが面接のような相互作用が前提の場で対象者に関与している場合，観察によって得られた対象者の理解の扱いには注意が必要です。

　傾聴ひとつにしてみても「私たちが積極的に聴く」という介入をしているわけです。たとえば，相談してよかったと思える要因として相談に乗ってくれた人の熱意や注目などが伝わっていることが挙げられています。

　「聴いているだけ」であっても，心理支援として訓練を受けた者が行っている以上，対象者に何らかの変数をインプットしているのです。

　特に私たちが対象者に対して，アセスメントや面接において特殊な技法を用いる際には，さらに多くの変数を対象者に与えていることでしょう。もっといえば，人間の脳が最も強く反応する刺激は人間ですので，私たちという存在がその場にいるだけで，対象者に少なからず影響を与えていることになります。また，存在感の内在化ということまで考慮すると，私たちという存在を認知して，その存在を感じていただいているだけでも及ぼしている影響は少なくないといえます。

④関与の考え方

　関与のあり方について，個別の心理支援を想定して少し考えてみましょう。個別の心理支援は，2人の人間が互いに関わり合っている対人の場です。そこでは必然的に相互作用が起こっています。人と人とが向き合うだけでお互いの脳は何らかの反応を示し，相互に影響し合っているのです。

　その中で，心理支援者が中立な存在であろうとすることにより，自分が何を考えているのか明らかにしなかったとしましょう。すると対象者はどのように感じるでしょうか？

　サリヴァン（Sullivan, 1953）は何を考えているのかわからない人（能面のような人）と同席していると，安全を感じられないと考えていました。このことは現代心理学では社会心理学を始め様々な研究からも示唆されています。人の脳はよくわからない人と同席するだけで警戒信号を発しますし，自己開示がない人にも警戒心を抱きます（杉山, 2015）。

　特に人生の大事な一面を検討するであろう心理支援の場では，対象者は自分

の支援者がどんな人物なのか，気になるものでしょう。心理支援の場では，対象者に影響を与えない中立な刺激であろうと努めることよりも，むしろ信頼できる人間であること，対象者を支えるために存在する人間であることを示唆することのほうが重要です。

　サリヴァン（Sullivan, 1953）も，このような姿勢を見せるだけでも，対象者の支えになると考えていたようです。そして，この考え方は現代心理学でも様々な研究で示唆されています。つまり，私たちは，自分たちが対象者を支える人間であることを示す様々な情報を刺激として発信し，その変数を対象者にキャッチしてもらう必要があるのです。

⑤観察における適切な姿勢

　このように，対象者は私たちに起因する様々な刺激や変数がインプットされ，その変数の影響を受けた状態で，私たちの目の前に存在しているのです。このことを踏まえて，サリヴァン（Sullivan, 1953）は，精神医学（今日的には私たち公認心理師の活動も含めて）には純粋に客観的データというものは存在せず，私たちは面接の中で起こる事態のすべてに深く巻き込まれており，そしてそこから逃れられない，と考えています。これは，私たちが存在するだけで対象者に影響していると先述したことと近い意味です。

　そして，さらに私たちが面接への自分自身の関与に気づかずにいることへの警鐘を鳴らしています。つまり私たちが，自分自身が対象者に及ぼす影響に無頓着で，適切に意識できていなければ，対象者への理解を見誤ってしまいます。

　たとえば，先ほど例に挙げた中学生を考えてみましょう。個人面談の中ではいつもニコニコしていて，ご機嫌で，楽しそうです。これは，この場を楽しい場にしておきたいという本人の意向もあるのかもしれませんが，少なくとも思い悩むような態度は全く見られません。

　スクールカウンセラーの何が，どのように，この生徒を刺激して（変数としてインプットされて），そして中学生の中でどのような力動が働いているのか，それを明文化することは難しいかもしれません。しかし，この面接の場で見せている生徒の様子が，この生徒の「真実の姿」と考えられないことは明らかでしょう。

　もちろん，面接で見せている姿も，この生徒の姿の一端ではありますが，サ

リヴァンふうに表現すると「私たちが，その生徒という存在に巻き込まれている状態においての姿」と捉える必要があるのです。

⑥関与を前提として観察する姿勢と主観の混入

　このように私たちには，私たち自身の関与を前提として対象者を観察する姿勢がとても重要になります。そのため，仮に私たち自身の影響についての無自覚がひどければ，対象者理解の歪みもひどいものになります。言い換えれば，対象者について無知な心理支援者になってしまうのです。したがって，私たちは自分自身が対象者にどのような影響を与えているか，常に内省し，自分自身のあり方についても適切な自覚を持たなければならないのです。

　しかし，ここでひとつ問題が発生します。内省や自覚とは主観的なものであるということです。サリヴァン（Sullivan, 1953）によると，私たちの活動は科学的であるべきです。確かな根拠に基づいて行われなくてはなりません。言い換えれば，可能な限りより客観的で科学的な意味で確実性が高いと考えられるエビデンスに基づいて行われなくてはならないのです。

　しかし，私たちの関与を前提として対象者を観察するという営みには，内省や自覚といった主観的な要素がほぼ必然的に伴います。つまり，私たちの関与を前提として，私たちの活動に資するレベルの客観性を持って対象者を適切に観察する行為は，かなり困難で高度な営みということになるのです。この難しい試みに対して私たちはどのような姿勢で臨むべきなのでしょうか？

（3）私たちがとるべき姿勢

　ここからは，関与観察という難しい営みに私たちがどのように取り組むべきか考えてみましょう。

①データの科学的処理

　実際問題として，心理支援（サリヴァンのいう精神医学）をより適切にするために必要なのは私たちと対象者の間に想像される「場（situation）」についてのデータです。このデータを手がかりとして，相互の情緒的な絆を強めたり，協働関係などをさらに充実させたりすることができます。

　手がかりとなるデータは，関与観察を通して得られるものが大きな比重を占

めています。つまり，そのデータは現在進行中の相互作用を巻き込んでおり，私たち自身もそのダイナミズムに深く関与しています。

　ここに，観察者である私たちの主観が大きく混入しうるという問題が発生します。実際のところ，サリヴァン（Sullivan, 1953）は主観的な情報をむやみに活用するべきではないと考えていたようです。サリヴァンは，私たちの主観が混入した情報は，対象の理解や適切な支援を検討する手がかりの素材にすぎない……という扱い方を推奨しています（Sullivan, 1953）。つまり，素材にすぎない主観混じりのデータは，サリヴァンが考えるところの科学的な処理，すなわち精神力動的な人間観（思想体系）による慎重な推論を経て実用に耐えるものとすることが推奨されています。

②多面的，多層的なデータ処理を

　サリヴァンは精神力動的な思想体系による推論を科学的な処理と考えていたようですが，今日の私たちにはそれ以上の選択肢があります。サリヴァンも慎重に推論をしながら関与観察で得られたデータを扱い，より適切な処理をする必要性を考えていました。

　この本で紹介されているように，今の私たちは数々の処理の手がかりとなる心理支援的な人間観を持っています。特定の学派の処理にこだわるのではなく，多くの心理支援的人間観を援用することで，サリヴァンが私たちの残した関与観察をより適切に行うことを目指しましょう。

第2章　心理支援における分析・見立て・介入：
精神力動的心理療法，人間性心理学編

　現代的な心理支援の原点は何でしょうか？　どこから始まったのでしょうか？
学識者の多くは，その始まりはジークムント・フロイト（Freud, S.）が精神分
析と名づけた，精神的な症状への対応を手がかりとした心と脳のメカニズムへ
の科学的考察にあると考えています。

　精神分析への批判から行動療法が発展し，精神分析も行動療法も批判する形
で人間性心理学が発展し，精神分析から派生する形で認知療法やシステムズア
プローチが発展し，それらが現代の主要なカウンセリングの方法論の原点とな
りました。現在，精神分析は科学と見なされていませんが，実はS・フロイト
の考察は極めて科学的でした。そして，それゆえの人間観の限界もありました。
その限界を超える試みが人間性心理学でした。そこでここでは，精神分析と人
間性心理学の基本的な人間観と方法論を学びましょう。

1　精神力動的心理療法

（1）精神分析の人間観

①主訴（神経症）の発生モデル

　S・フロイトの精神分析は膨大な思想体系で，S・フロイトは現代でいう認知
神経科学を志向していたとされています。実際，S・フロイトの考察を認知神経
科学的に実証するneuro psychoanalysisという研究領域も脳研究には存在しま
す。

　そのため，S・フロイトの思想体系で扱われている人間観のすべてをここで扱
うことは困難です。ここでは心理支援で必要となる，クライエントの主訴の見
立てに役立つ人間観を中心に紹介しましょう。

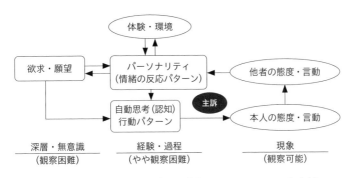

図 2-1　精神分析的な主訴の見立ての枠組み（杉山，2005 を一部改変）

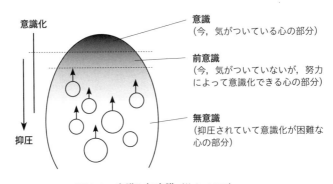

図 2-2　意識と無意識（乾ら，2005）

　図 2-1 は精神分析の人間観の一部を病理モデルとして図示したものです。後述するように，S・フロイトは図 2-2 のように無意識を想定し，「人は問題を言語化できないことによって，様々な神経症を発症する」と考えて，無意識に抑圧した思いを言語化できるようになれば，「症状」は消えると考えました。図 2-1 の観察困難領域における欲求・願望がここに該当しています。私たちは欲求や願望が叶えられれば基本的に快楽を得ることができるようにつくられています。そのため本能的に欲求や願望の充足による快楽を求める意志があります。この意志を快楽原則と呼びます。

　しかし，私たちは現実原則の中で生きています。欲求や願望は現実原則に反する場合も多く，無理に満たそうとすると現実という強大な力（親や社会からの制裁など；図 2-1 における体験・環境）によってトラウマになるような拒否

体験を伴う場合もあります。トラウマ体験は，簡単に思い出してしまうと想起によるトラウマ体験の再体験が伴うため，繰り返し苦しむことになります。そこで，多くは無意識に抑圧されなかなか意識化できません。

　しかし，抑圧されても消えてしまうわけではなく，本人も気づかないところで，前意識や意識に影響を与えます。図 2-1 のやや観察困難領域におけるパーソナリティにも影響を与えます。

　この影響と現実の体験や環境の制約の中で，欲求や願望を現実原則に逆らわない範囲に抑えるための反応パターン（鋳型）を身につけます。このパターンは単に抑えるだけでなく，体験や環境の中で可能な範囲で欲求や願望を満たすパターンも含まれます。

　このようなパターンと欲求，体験・環境との相互作用の中で，自動思考などの認知のパターンや行動のパターンも構成されます（認知や行動のパターンに注目する心理支援は認知行動療法を参照ください）。認知や行動のパターンは社会生活における本人の態度や言動に反映されます。この態度や言動に周囲の他者や社会が反応します。

　他者や社会のリアクションは本人の反応パターンに影響を与えます。好意的でストレスの少ないリアクションであれば，本人の反応パターンは維持され，パーソナリティとして持続することになります。この状態であれば，主訴にあたるものは発生しません。

　しかし，他者や社会のリアクションが否定的でストレスフルな強度が強いものであると，反応パターンを変えて否定的なリアクションが来ないような態度や言動ができるようにしなければなりません。このパターン変更のプロセス自体がストレスになり，心理支援の対象者の主訴と呼ばれるものを生み出します。また，反応パターンを変えきれずに，ストレスフルなリアクションを引き起こす態度や言動を繰り返すことで主訴となる症状が発生する場合もあります。

　ここまでが図 2-1 で表されている主訴発生の概要です。初期の精神力動的心理療法は，やや観察困難領域，および観察困難領域にある欲求や願望，反応パターンや自動思考を自覚し，意識化することで当時は神経症と呼ばれた主訴の軽減を図っていました。

　なお，周囲の他者や社会との相互作用の影響をあまり受けずに発生するものとして，無意識に抑圧されたトラウマ体験がその感情要素を中心に部分的に想

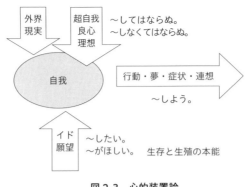

図 2-3　心的装置論

起されることで発生すると考えられる主訴発生のメカニズムも想定されています。

②心的装置論

　上記の人間観の中で，快楽原則を現実原則に沿って調整する働きが描かれていましたが，この調整はどこでどのように行うのでしょうか。この仕組みを説明したものが心的装置論です。心的装置はイド，自我，超自我で構成されていますが，図 2-3 では自我に強く影響するものとして外界の現実（原則）も含めて表しています。

　イドは生存と生殖のエネルギー（欲求・願望）としてのリビドーで満たされており，リビドーをどのように使うかはパーソナリティ（欲求や願望など）と行動（仕事，趣味，興味など）次第であり，そこに個性が現れます。

　心的装置ではイド，自我（エゴ），超自我（スーパーエゴ）はそれぞれに目的を持っており，生存に向けて互いに協調してバランスのとれている状態が健全な状態とされます。

　人は未完成な心的装置を持って生まれ，生後 2，3 年はイドしか存在しないとされています。イドは快楽原則に従いますが，2 歳，3 歳ごろから外界から現実原則に従うことが求められ，現実とイドの調整役が必要になってくると仮定されています。

　この調整役として現れるのが自我です。自我は現実原則に従って動き，イドの願望や欲求を現実の中でどのように実現するかマネジメントします。

超自我は 3 歳ごろから親の影響で現れ始め，幼年期，思春期を通じて成熟するとされています。良識や道徳または社会的な規範や禁忌に基づいてイドや自我の動きを見守り，反社会的な行動をとらないように誘導する役割を果たしていると考えられています。

(2) 自我心理学派

①防衛機制

　S・フロイトの娘，アンナ・フロイト（Freud, A.）を中心に自我のメカニズムに注目した学派が自我心理学です。この学派は防衛機制の考察で有名です。防衛機制とは心の安定を図るために意識的，あるいは無意識的に現実を歪めて認識するメカニズムです。ラザルスとフォルクマン（Lazarus & Folkman, 1984）のストレス・コーピング理論の原点にもなりました。

　心理支援の面接においても，対象者の中で防衛機制が見られる場合もあるので理解しておきましょう。防衛機制は，成熟した防衛機制，神経症的防衛機制，未熟な防衛機制などに分類する考え方があります。それぞれ，代表的なものとして次の一覧のように表せます（表 2-1）。

　このほか，より病理的なものとして自分に都合よく物事を解釈したり，誇大妄想（たとえば自分に現実離れした価値を見出す誇大自己）を持つような「歪曲」と呼ばれる防衛機制もあります。

②発達段階論

　自我心理学派の一人，エリク・H・エリクソン（Erikson, E. H.）は心理社会的発達段階論を唱えました。エリクソンは人生を 8 つの発達段階に分け，それぞれに 2 つの陰陽が対になった発達課題があると考えています（Erikson, 1950）。

　それによると，まず第 1 段階：乳児期は「（この世界に対する）信頼（trust）vs 不信（mistrust）」，第 2 段階：前期幼児期は「自律性（autonomy）vs 恥・疑惑（shame and doubt）」，第 3 段階：後期幼児期は「主体性（initiative）vs 罪悪感（guilt）」，第 4 段階：児童期は「勤勉性（industry）vs 劣等感（inferiority）」，第 5 段階：思春期は「自我同一性（identity）vs 混乱（confusion）」，第 6 段階：成人期は「親密性（intimacy）vs 孤立（isolation）」，第 7 段階：中年期は「次世代育成能力（generativity）vs 停滞（stagnation）」，第 8 段階：老年期は

表 2-1 防衛機制の分類（杉山, 2022 をもとに作成）

成熟した防衛機制	
抑制	苦痛な感情や記憶を意識の外に意識的に追い出し，考えないこと。
愛他主義	自分が満たしたかった欲求を，他者が満たすことを援助すること。
ユーモア	苦境を笑い飛ばすことでストレスを発散・解放し，乗り越えること。
昇華	社会的制限される欲求や，充足を諦めた欲求を，社会的価値ある行動へ転じること。
予期	将来の不都合を現実的に予期し，対処計画を立てること。
神経症的防衛機制	
抑圧	無意識的に苦痛な感情や記憶，不都合な欲求などを意識から排除すること。
否認	不都合な事柄の一部または全体を存在しなかったことにすること。
反動形成	受け入れがたい苦痛な現実に対して，反対の方向の態度をとること。
置き換え	充足を望んでいた欲求を抑圧し，他の欲求の充足で換えること。
合理化	充足できない欲求に対して理屈をつけて納得すること。
同一化	主に偉大で重要な他者と自分を重ねて自分が偉大になった気持ちになること。
補償	主に何らかの劣等感を他の優位性の確認で補うこと。
未熟な防衛機制	
受動攻撃	誰かへの怒りを，相手を困らせる行動で示すこと。
行動化	欲求や願望に駆り立てられて社会的な影響を考慮できずに行動すること。自傷他害や犯罪の背景になる場合も。
解離	不都合な現実や苦痛な外傷体験を記憶から消してしまう，またはそれらがあいまいになること。
投影	自分のものとして受け入れがたい感情や葛藤（たとえば人への嫌悪感）を他者のものすること。
理想化	現実離れした価値を誰かに見出すこと。
脱価値化	理想化の逆で，誰かを極端に過小評価すること。
分裂	他者の良い面と悪い面を統合できずに，どちらかしか見えなくなること。

「統合性（integrity）vs 絶望（despair）」とされています。

（3）治療論

　精神力動的心理療法は長い歴史の中で面接による心理支援を深く考察しています。それを整理したギャバード（Gabbard, 2010）によると，精神力動的心理療法の目標は対象者が自分は真っ当でかけがえのない存在だという感覚に到達できるよう援助することとされています。

　その方法として，対象者の獲得したパターン（鋳型）の存在に気づくことを目指すのが基本的な治療論です。パターンに接近する手段としては，心理支援者に対する転移（p. 53 参照）や心理支援の過程で顕れる，対象者の退行や心理

支援者への退行の解釈を行います。

　また，心理支援者の逆転移（p.53参照）も治療に役立てます。なぜなら，心理支援者の逆転移は対象者の転移も含めた態度に誘発されたものなので，対象者の一端が反映されたものと考えられます。また，対象者が周囲のほかの他者に同様の感情体験を引き起こす可能性もあるので，検討の対象にします。ここでは，退行，転移，抵抗について説明します。

①退行

　退行とは現実の発達段階より未熟な心理状態に後戻りすることで，不安の解消や，欲求の充足を得ようとすることをいいます。面接だけでなく，暮らしの中でも起こりえます。

　たとえば，スポーツ観戦の応援で大声を出す，信頼できる人に本音を話して泣いたり笑ったりするなどは，比較的よくある自然発生的な退行です。これらの多くは健康的と考えられ，ストレス解消などよい効果があるとされています。なお，愚痴をこぼした相手に嫌がられた，泥酔してトラブルを起こしたなど，悪い結果が伴う退行を繰り返す場合は病的な退行を繰り返しているとされます。

　一方で面接の中で意図的に引き起こす退行を操作的退行と呼びます。好きに話してもらっているうちに，対象者が徐々に普段は口にしないような感情を言語化するような現象がこれです。絵画療法やダンスセラピー，箱庭療法など，非日常的体験で退行を促す技法もあります。

②抵抗

　対象者が心理支援に拒否的・反発的になる現象です。面接中に黙り込む，遅刻・キャンセルを繰り返す，心理支援者に悪態をつくなど，様々な表現のやり方があります。この背景には対象者が，たとえよりよい方向であっても変化することへの不安を感じている場合，担当の心理支援者が対象者を不快にした場合など，様々な要因があります。

　抵抗にもいくつかの種類があることが考察されています。たとえば，無意識のうちに秘めていた事柄を想起する苦痛を避けるため，話を逸らす，沈黙する，話すことを避けるなど，防衛機制の延長上にあると考えられる抵抗は防衛抵抗と呼ばれます。

また，疾患利益がある場合に無意識的に利益の喪失を恐れて回復につながる心理支援に消極的になるという抵抗，秘めていた欲求や葛藤が想起された苦悩と心理支援者を無意識のうちに関係づけてしまって心理支援に消極的になる一種の転移ともいえる抵抗，罪深い自分は苦しまなければ……といったような超自我の影響で心理支援で楽になることに抵抗感を持つ場合など，様々な抵抗があることが知られています。

③転移

　転移とは過去の誰か（養育者や指導者など）に対して抱いた感情や期待，空想などを，現在の誰か（たとえば心理支援者）に向ける現象です。S・フロイトは当初は「誤った結びつけ（false connection）」として恋愛感情の刺激について考察していましたが（Breuer & Freud, 1895/1995），その後，転移にもいくつかのバリエーションがあるとされ，今日では様々な考察が知られています。

　まず，性格とも思えるような，過去から繰り返し用いられている転移があります。たとえば中年期の子どもを諦めかけていたときに子どもを授かり，嬉しさのあまり一人娘に対して子離れできない両親と，「場の支配者（両親）が甘えさせる‐甘える」という親子関係のパターン（鋳型）が獲得された女性がいたとします。

　「甘えることで喜ばれる」というパターンがあるので，本人もまた子どもに向けるような包容力をもって接してもらうことを好み，恋愛は父親のような年齢の男性を歴代パートナーにしています。仕事もやはり包容力をもって扱ってもらえるところに限られるため，長続きしません。このような人の場合は，心理支援者との関係性でも同様に「甘えさせる‐甘える」というパターンを持ち込むという転移が起こりえます。

　また，心理支援者に過去の重要な対象を重ねて，過去の重要な他者との関係で満たされなかった欲求や感情，空想を満たそうとする転移は精神力動的心理療法では神経症的な転移と呼ばれています。たとえば，心理支援者を優しい親に見立てて「よい人が見つかってよかった，先生は私のことが好きで何でも許してくれる」「自分の望みを叶えてくれる」と期待したりします。好意や愛情，承認などを期待することもあります。このほか，依存したかった相手に対して感じていたけれども表現できなかった怒りや不満を心理支援者にぶつけるとい

う形の転移もあります。

（4）精神力動的心理療法のその他の学派

　精神力動的心理療法には自我心理学のほか，対象関係論，対人関係学派（新フロイト派），自己心理学といった学派があります。対人関係学派は今日の対人関係療法，家族療法の源流となったもので，本書では「関与しながらの観察（第1章4節参照）」で基本的な考え方は紹介していますのでここでは割愛します。ここからは，対象関係論と自己心理学について紹介していきましょう。どちらも，他者（対象）が内在化されるという点に注目しています。

①対象関係論

　この学派は乳児の魔術的万能感（乳児が自分の不快感を取り除く母親など養育者を自分の一部と認識することで自分は万能であると感じる現象）を考察したS・フェレンツィの指導を受けたM・クラインを中心に英国で発展した学派です。乳幼児期の心理発達の考察が有名です。代表的なキーワードとしては「部分対象関係」「分裂 - 妄想ポジション」「抑うつポジション」が挙げられます。

　部分対象関係とは「良いおっぱい，悪いおっぱい」という表現で一般にも知られています。授乳中の乳児にとってはよく母乳が出ると「良い」となりご機嫌になりますが，あまり出ないと「悪い」となり不快になります。自分をご機嫌にするのも，不快にするのも同じ母親の同じおっぱいなのですが全体としての母親像は認識されていません。その場その場の欲求を満たしてくれるかどうかが，「良い」「悪い」の基準になります。このように瞬間ごと，部分ごとの満足・不満足で対象と結びつく関係を「部分対象関係」と呼びます。

　妄想 - 分裂ポジションは部分対象関係のひとつで，生後4〜6か月までの乳児に見られるものとされ，自分の体験する不快感を養育者の非として，相手を「悪い存在」と見なし怒りや攻撃性を向けている状態です。たとえ，ちょっと前まで自分を満足させる「良い存在」であったとしても，同じ存在だとはわからなくなっています。

　この状態では，あたかも自分を完全に満たす万能な対象のイメージと自分を不満足にさせる最悪な対象のイメージを妄想的につくり出しており，同一人物の中に良いも悪いも存在すると認められず，対象像が分裂しています。そこで，

妄想‐分裂ポジションと呼ばれています。なお，乳幼児だけでなく，成人後もこの状態に陥る場合があります。恋愛関係や境界性パーソナリティ障害の事例などでよく見られるとされています。

　やがて，部分対象関係から全体対象関係が発達すると，自分を不快にさせる養育者も，自分を満足させる養育者も同じ存在だと認識できるようになります。この時期は生後4〜6か月ごろから2歳ごろまでと考えられていますが，その過程で自分は万能ではないこと，養育者は自分の思い通りにならないこと，そして自分を満足させてくれる大切な養育者に怒りや攻撃性を向けていたことなどを悟ります。このとき，乳幼児は「抑うつポジション」に至ったとされます。抑うつポジションは，罪悪感や内省，成人後のうつ病の起源とされています。

②自己心理学

　自己心理学は自己愛性パーソナリティ障害について深く考察したコフート（Kohut, 1971）を中心とした学派です。自我心理学があまり注目しなかった「健康な自己」なるものを想定しました。それによると，人間は対人関係や社会から切り離された，「心理的真空状態」には存在できません。他者および社会との相互作用の中で「自己」という概念が生まれるので，自己のイメージは他者からの扱われ方で変わることになります。このように「自己」の概念化を支える他者のことを「自己対象」と呼びます。

　そして，健康な自己であるためには，次の3種の自己対象に支えられる必要があるとしています。ひとつは鏡的自己対象です。これは，「自分は完璧だ」という幻想を満たす他者です。ここでいう鏡とは「完璧な自分」を映し出す鏡で，自分のすべてを褒め称え，最上級の愛情と称賛を向けてくれる他者です。健全とされる環境で育てられた子どもは多くの場合で，乳幼児期にこの自己対象との関係を十分に体験し，自分の才能や存在価値に揺るぎない確信を持ちます。

　次に，理想化自己対象が挙げられています。コフートによると，幼児期・児童期の親イメージの理想化から始まります。「私は完全ではないが，あなたは完全である。そして私はあなたの一部分である」という形で，理想化自己対象と自己を重ねることで，自己愛を満たすためのものとして現れます。親に限らず，思春期には尊敬できる人を必要とすることがありますが，これは理想化自己対象を必要としていると捉えることができます。

そして，3つ目に双子自己対象が挙げられています。双子自己対象とは，自分を重ねることができる対象です。自分と同じような他者の存在を確認することで，自分という存在の正当性，正しさを確認できることが重要です。

この3つの自己対象が内在化されることで私たちの自己は健康な状態を保つことができます。自己対象による支えが崩れている状態が心理支援が必要な状態と仮定しており，支援の方法論としては共感を重視しています。

2 人間性心理学

「人間性」とは人間が人間として生まれ，人間として育つという前提に立って，その成長の過程や体験の全般を指す言葉です。そして，人間性心理学とは，人間の肯定的側面（主体性，建設性，自己実現など）に注目するムーブメントです。提案者のマズロー（Maslow, A., 1908–1970）によると，精神分析でも行動主義でもない，心理学の第3勢力と位置づけられています。

マズローはユダヤ系という出自の関係などで困難に満ちた少年時代を過ごしましたが，その中で人間の肯定的側面への関心を強くしたとされています。大学・大学院で行動主義的な実験心理学の訓練を受け学位も取得しましたが，実験心理学で扱えるテーマは瑣末なものにとどまるとし，マズローは彼の理想とする人間の肯定的側面を追求する新しい心理学として，人間性心理学というアプローチを提案しました。

人間性心理学は人間性回復運動の支柱ともなり，来談者中心療法のロジャーズ（Rogers, C. R., 1902–1987），ゲシュタルト療法のパールズ（Perls, F., 1893–1970），実存分析のメイ（May, R., 1909–1994），ロゴ・セラピーのフランクル（Frankl, V., 1905–1997）などが参加し，一大ムーブメントとなりました。

心理支援における全般的特徴としては，個人が経験し体験している主観的な現象を重視しています。そして，人間が何かを選択すること，自分の意思で行動することに注目します。そのアプローチの特徴をまとめると表2-2のように表せるでしょう。

ただし，科学的な厳密性を心理学に求めるアプローチからはマズローおよび人間性心理学は多くの批判を受け，真剣に受け止められていません。その一方で人間の肯定的側面への深い考察は心理支援に限らず自己啓発など人材育成の

表 2-2　人間性心理学のアプローチの特徴 (杉山, 2010b)

- 人間の全体的理解
- 人間の直接経験の重視
- 研究者の共感的関与
- 人間の独自性重視
- 価値や未来を重視
- 人間の選択性，創造性，価値判断，自己実現の重視
- 人間の健康的な側面を重視

領域でも広く活用されています。

（1）人間性心理学の特徴

　人間性心理学はマズローが行動主義の心理学に限界を感じた中から生まれたので，それまでの精神分析や行動主義の心理学との違いを強調しています。それによると，精神分析は意識の役割を軽視し，心は過去に規定されるという決定論に偏っているという問題があり，行動主義の心理学は人間と動物を区別せず，機械論的であるという問題を持っていたとされています。

　また，人間の肯定的側面を強調するため，相対的に人（自我）の未熟さを強調する精神分析，学習する機械（メカニズム）という側面を強調する行動主義の心理学と比べると，人間の本質ともいえる人間性をよいものと捉えて信じるという姿勢を持っています（杉山, 2014a）。この姿勢を実現するために，科学による定式化を放棄して，個人の独自の歴史と存在様式へのアプローチをとったともいえます。その結果，エビデンスに基づく心理支援にはなりにくく，症状の緩和などの効果も科学的にはあまり検討されていません。そのため，心理支援においては，たとえば来談者中心療法がすべての方法論の基本姿勢とされたり（杉山・前田・坂本, 2007），または治療的な心理療法ではなく，健全な人を対象としたカウンセリングで活用される傾向があります。

（2）マズローの欲求階層説

①自己実現と自己超越

　マズローは「現実の人々」に興味を持ち，著名な人物が「健康」で「完全に人らしく」なれた背景について独自の研究を展開しました。その中で人間性の最高価値として，自らの潜在能力を存分に発揮し「人としてなれるものはどん

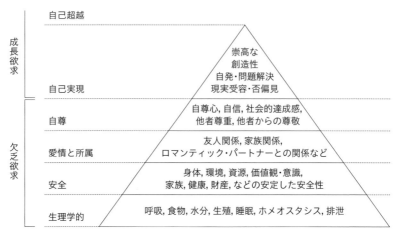

図 2-4　マズローの欲求階層説のイメージ(杉山, 2010a)

なものにもなれる」という「自己実現（self-actualization）」を提唱しました。

　マズローによると，ヒトは生まれながらに自己実現の欲求を持っているとされています。そして，自己実現が行われたときに「自分なるもの」を達成した至高体験があるとされています。この体験は単なる一目標の達成感ではなく，自分自身がフルに活かされた，自分の能力が十分に発揮された，という実感が伴う体験といわれています。また，晩年のマズローは自己実現のさらに上の段階として，自己超越（self-transcendence）が存在すると提案しました。これは，要約すれば「自分」「自己」なるものへの執着から開放され，ただ謙虚かつ愛他的に「ただ，在ること（being）」を受け入れられる姿勢ということができるでしょう。

②欲求階層説

　ただし，自己実現に至るまでに人の欲求は 5 段階のヒエラルキーをなしているとマズローは考えています。より低次にある欲求が満たされたときに一段階上の欲求が動機づけられるため，自己実現に動機づけられるには，より下位にある欲求が満たされてなければならないとされています（図 2-4）。

　最下層には空腹などの不快感を避けようとする生理的欲求の充足が位置づけられています。これが満たされると安全と安定への欲求が位置づけられます。そ

体験・現実自己

歪曲　一致　否認

理想・自己概念

図2-5　ロジャースの自己理論と適応・不適応(杉山, 2010b)

の次には集団への所属や他者からの愛情への欲求が位置づけられています。次に他者からの承認や自分自身を尊敬したいという自尊心の欲求が位置づけられています。なお，ここまでの欲求は，人が生きるために必要な事柄で，欠けている状態では人は人として生きられません。そこで，これらは総称として欠乏欲求とされています。

③欠乏欲求と成長欲求

　上位の欲求は下位の欲求がある程度満たされて初めて発生すると考えられています。そのため，自己実現の欲求も，より下位の欲求が満たされて，それぞれの欠乏感が消失したときに現れるとされます。マズローによると，この欲求充足と動機づけを達成できる人は人口の数％にすぎないといわれています。同じく，精神力動的心理療法や行動主義の心理学などの従来のアプローチはここまでの欠乏欲求に注目して，ここまでの理解と支援で満足していたとされています。一方で，人間性心理学はさらに高度な欲求である，成長欲求（存在動機）とされる自己実現，さらにその先の自己超越に注目している点を，従来のアプローチとの重大な違いと位置づけています。

（3）ロジャーズの自己理論・来談者中心療法

①理想自己，現実自己

　ロジャーズの自己理論では適応と不適応を図 2-5 のように考えています。自己概念とは，ロジャーズによると自分自身の状況や状態，さらに自己と周囲との関係性も含んだ一種の自己認知システムです。そして，自分が実際に感じる

世界である「体験」または「現実自己」と，自分の思っている「自己概念」または「理想自己」のギャップが小さく，両者の重なり合いが大きい場合が適応的な状態であるとしています。

この状態では，否認される現実と歪曲された自己概念が少ない。つまり，自分自身の経験や現実自己を意識化しやすい。一方で，両者の重なり合いが小さい不適応的な状態では，体験と自己概念の間に大きな不調和があることを意味しています。この状態では，現実との葛藤と現実の拒否が大きく，緊張や不安が高まりやすく，本人にとって負担が大きいとされます。

②来談者中心療法

ロジャーズの心理支援論である来談者中心療法では，自己概念は3つの治療的態度に満ちた母性的な風土の中で現実を検討することで変容するとされています。

ロジャーズの来談者中心療法はクライエントを治療の中心に考え，治療者の仕事としてはクライエントの何か（たとえば行動や認知，洞察）を変えるよりも，クライエントという存在やその人生の営みをあたたかく支持することを優先しています。セラピストの支持的な姿勢を強調することから支持的心理療法，または指示をしない姿勢から非指示的心理療法とも呼ばれることがあります。

方法としては，母性的風土を実現する3つの治療的態度，「無条件の積極的関心（unconditional positive regard）」「共感的理解（empathic understanding）」「自己一致（self congruent）」を必須条件としています。以下にそれぞれを紹介しましょう。

- **無条件の積極的関心**

  「無条件の肯定的配慮」または「支配欲のない愛情」ともいわれます。セラピストがクライエントに肯定的な姿勢をとることを意味しており，ロジャーズは「人間は他者に大切にされることで自分を大切にするようになる」ことを強調しています。

- **共感的理解**

  クライエントの内的な枠組みを自分自身も経験すること，そして経験していることをクライエントに示すこととされています。クライエントは，セラピストに内

表 2-3　ロジャーズの精神的に健康な人間の条件 (杉山, 2010b)

- あらゆる体験に対して心を開く。
- あらゆる瞬間を充実して生きる力を持つ。
- 他人の意思より自分自身の本能に従う意思を持つ。
- 思考と行動における自由，たとえば，自発性や柔軟性がある。
- 非常に創造的である。

的な枠組みを理解されることで，セラピストに対して安心感や信頼感を持つことができるとされます。

- **自己一致**

　来談者に対するセラピストの純粋な（genuine）姿勢で，クライエントに対して嘘や偽りのない存在であることを意味しているとされています。

　なお，現在ではこれらの3条件はあらゆる心理療法に共通する基本姿勢であるといわれており，多くの心理療法に取り入れられています。しかし，3条件の徹底のみで対応できるのは比較的軽度なケースに限られ，パーソナリティ障害やパニック障害など比較的重いケースでは限界があることも知られています。

③自己実現化

　ロジャーズはさらに「自己実現化」についても論じています。マズローによると自己実現にたどり着ける人間は極めて稀だとされています。しかし，ロジャーズは自己実現を進めてゆく過程を自己実現化と呼び，人間の適応における意義を強調しました。つまり，必ずしも現実の中で自己実現を形にできなくても，自己実現に向かうプロセスにいるだけでも価値あることで，十分に幸せであるとする考え方です。そして，自己実現化が進みやすい，精神的に健康な人間についての考えも提案しています（表2-3）。

　このような人間観に基づいて，心理支援という母性的風土の中で心理支援者に大切にされる経験をすることで，体験している現実の自己を大切に思えるようになり自己概念の柔軟性を取り戻すことができるとロジャーズは考えています。

（4）パールズのゲシュタルト療法

①精神力動的心理療法からの決別と「今，ここ」

　パールズはキャリア初期には精神力動的心理療法を
行う精神分析家として活動していましたが，学会で対
面したS・フロイトに冷たくあしらわれたことをきっ
かけに精神分析と決別したとされています（Perls,
1942/1969）。

　ゲシュタルト（Gestalt）とは，ドイツ語で「姿・形
態」を意味し，ゲシュタルト心理学という形態の全体
性を重視する心理学の影響も受けています。「全体は部
分の総和よりも大きい」という古代ギリシャの哲学者

図 2-6　ルビンの盃

アリストテレスの言葉にあるように，「部分を単純に足し合わせても全体にはな
らない」ということについて考える心理学がゲシュタルト心理学です。

　精神力動的心理療法とは異なり，過去を扱ったり，過去の意味を問い直すよ
うなアプローチは基本的にしません。「今，ここ」で，「いかに」話しているか，
「何を」話しているか，を問題にして，全身全霊的な気づきを得ることを目的に
します。

　全身全霊的な気づきの一例としては，ゲシュタルト心理学では「ルビンの盃」
（図 2-6）などで有名な「図と地」の転換のような体験が挙げられます。

②図と地の転換と３つの領域

　ルビンの盃は黒い領域を「黒地」として見ると，白い部分が盃として浮かび
上がります。一方で，白い領域を「白地」として見ると，黒い部分が向き合う
2 人の人の横顔として浮かび上がります。このように同じ場面や出来事であっ
ても，その出来事という現実の何を地とし，何を図と捉えるかで，その体験の
意味や理解が全く変わってくるのです。すなわち，意識できている世界（図）
と意識していない世界（地）の反転が起こるのです。これが，ゲシュタルト療
法における気づきの基本的な意味合いのひとつとなります。

　ゲシュタルト療法は，身体（身体感覚や身体反応，呼吸など）への気づき，現
実（外部環境と自分との接点）への気づき，思考（自分の内面）への気づき，の

3つの領域での気づきを重視します。3つの領域をそれぞれ吟味することで，今まで意識できなかった自分に気づくことを目指します。そして3領域を「まとまり」として感じ，統合していくことを重視しています。

③エンプティ・チェアと感情焦点化療法

　統合のために活用される代表的な方法にエンプティ・チェアと呼ばれる技法があります。まず，「悩んでいる自分」「困っている自分」または「幸福な自分」などが空っぽの椅子に座っているとイメージします。そして，イメージの中でその自分と向き合いながら，その自分がどう見えるかを話し合い，時に気持ちや意志について質問もします。そのやりとりを繰り返す中でだんだんと意識できない世界が明確になり，隠れた欲求などに気づける場合があるのです。新しい気づきと統合されることで，新しい生き方も可能になると考えられています。

　なお，発展形として，エモーション・フォーカスト・セラピー（感情焦点化療法；Greenberg & Elliott, 2002）と呼ばれる方法もあります。様々な活用方法が提案されていますが，そのひとつにエンプティ・チェアを活用した方法があります。主なものとしては何らかの感情を持て余している場合に，その感情体験の原点となる出来事を体験している自分自身が空の椅子に座っているとイメージしてもらいます。その中で，その「自分」を観察し，語りかけ，時に何らかの交流をすることで感情体験の修正を図る方法です。

（5）フランクルのロゴ・セラピー

①フランクルと強制収容所

　フランクルは精神科医としてウィーンで活躍するユダヤ人でしたが，1930年代のナチスドイツのオーストリア併合により家族と共に強制収容所に収容されました。ここで家族を亡くしますが，フランクルは生還を果たします。

　その生還を支えたとされる彼の思想が後にロゴ・セラピーと呼ばれるものです。強制収容所の体験と，そこで生還を果たした事実をもって，彼の思想は人が生き抜くために役立つものであるという根拠とされています。

②「ロゴ」と意味への意志，快楽への意志

　「ロゴ」は，ギリシャ語で「意味」という意味です。この思想では人の意志を

「意味への意志」と「快楽への意志」に大別します。快楽への意志とは生物学的なホメオスタシスを維持し，生物としての心地よさを高めるための生物学的な快楽を求める欲求を表しています。

次に意味への意志とは，自分が生きる意味を求める欲求です。フランクルはこの生きる意味を求める欲求を人間の根源的な心の働きと考えました。この意味への意志は逆境においてより重要と考えられています（松山，2018）。たとえば，逆境において快楽への意志にとらわれてしまうと，人は快楽を得られない現実を受け止めがたくなります。こうなると，逃れようがない現実への嫌悪感が増すばかりでさらに苦しくなるのです。

一方で，意味への意志を貫くことができれば，受け止めがたい逆境にあっても，逆境に置かれているということへの意味を見出すことができます。この意味によって，つらい現実であっても多少なりとも受け止めやすくなります。これが，意味による癒やしです。

つまり，逆境においては快楽への意志は逆に苦悩を増やすだけ，意味への意志が私たちを救ってくれる，という人間観があります。このことから，ロゴ・セラピーは逆境の心理学とも呼ばれています（松山，2018）。

③他の実存主義アプローチとの違い

なお，ロゴ・セラピーは実存主義的アプローチのひとつとされていますが，他の学派の人間観との違いが生物学的な意志への態度に現れています。たとえば不安の考察で有名なメイの実存分析と比較してみましょう。

メイの実存分析では「周りの世界」「共にある世界」「独自の世界」という3種の世界の様態を区別し，各世界における気づきを重視しています（May, 1983）。その中には独自の世界の一部として生物学的な側面にも相対的に寛容で，パーソナリティの一部として適応的に活用できる可能性も残されています（杉山，2014b）。

この違いは，逆境という生物学的な充足が著しく制限された環境で人を支えるものを追求しようとした，ロゴ・セラピーの大きな特徴といえるでしょう。

④心理支援者に必要な態度

フランクルは上記の人間観に基づいて，人として存在するために主要な事柄

は「人生の意味を見出すこと」であるとし、人生の意味を見出している人間は苦しみにも耐えることができるという思想のもと、心理支援において次の3点の尊重を基本的な態度と位置づけました。

まず、「意志の自由」です。彼によると、人間は様々な条件、状況の中で自らの意志で態度を決める自由を持っています。過去の体験やあたかも運命のようなものにすでに決められているという決定論には否定的な態度です。

次に、「意味への意志」の尊重です。上記のように人間は生きる意味を強く求めるので、この意志を尊重する態度は絶対的なものとされます。

最後に「人生の意味」の尊重です。それぞれの人間の人生には独自の意味が存在していて、誰かと同じ意味を見出す必要はないと考えています。つまり、人生の意味は数限りなくあり、特定の意味の見出し方に特別な価値づけはせず、誰のどのような意味づけであっても尊重する態度が重要です。

⑤代表的な心理支援法

ロゴ・セラピーには逆説志向という心理支援法があります。この方法では、まず何かよくないことが起こるという予期不安に注目します。そして、その予期不安に基づいて世界を捉え、行動することでその予期不安の実現化を自ら促していると仮定します。こうして実現された予期不安で描かれた出来事は、さらに予期不安を強化します。こうした循環によって、私たちの不幸は形づくられ、維持されていると考えます。

逆説志向とは、私たちが恐れている事態が現実化することを逆に望んでいるかのように行動していることをひとつのユーモアとして捉え、恐れながら事態を起こすのではなく主体的に自分の意志で行うという発想です。たとえば、緊張してプレゼンがうまくいかない事態を恐れている場合、「緊張しないように」と自分を追い詰めるのではなく、逆に「今日は世界で一番の緊張を体験してやる！」と怖がっている事態に飛び込むのです。避けられない逆境をこのように捉えることで、「意味による癒やし」の効果が得られると考えられています。

次に反省除去と呼ばれる方法もよく知られています。これは過度に自分を顧みることを止めるように勧める方法です。「自分」「自己」というものは守るべきものなので、私たちはついつい過剰に自分に注目してしまいます。また、自分の社会的評価にも過敏になっています。そこで、「自分のことを考えすぎては

いけません」と自己執着から開放され，自己離脱へと進むように勧めるのです。

（6）ユングの人間観とダイバーシティ

　日本では精神力動的心理療法の一端とされることが多いカール・ユング（Jung, C.）の人間観は，実は人間性心理学，特に実存主義的な心理支援者には高く評価されています。たとえば，ユングの無意識観はメイのそれと極めて近いものです。また，ユングは個性化（individuation）というプロセスを重視していますが，この概念にはロジャーズの自己実現化との類似点が見られます（杉山, 2010a）。

　人間性心理学は，技法やアセスメントといった心理支援の花形のような方法論としての華々しさや，科学的なエビデンスに彩られた華もないかもしれませんが，私たちに人間観の幅を持たせてくれます。対応できる事例の幅も広げてくれます。たとえば，ユングはS・フロイトの人間観を教育・矯正的に活用できる人間観と評価した上で，病理も含めて人であり，病理もその人なりの健康な姿の一端，という人間観を示唆しています。

　多様な人のあり方，ダイバーシティが重視される現代社会の心理支援のあり方として，人間性心理学とそれに類するユングの人間観は，技術としての価値ではなく，私たちの対応力の幅を広げるものとして活用できることを願っています。

第3章　心理支援における分析・見立て・介入：
認知行動療法編

　一口に認知行動療法といっても，もともとは行動療法と認知療法という全く別の心理療法が，それぞれ単独で存在していました。現在でも認知療法の要素は取り入れず，純粋な行動療法のみを用いるセラピストもいます。よって，認知行動療法を理解するには，行動療法と認知療法をそれぞれ理解することが役に立つでしょう。

　本章ではまず，行動療法と認知療法を分けて解説し，その後，認知行動療法の見立てについてお話しします。最後に，第三世代の認知行動療法に共通する要因といわれるマインドフルネスについても触れることで，認知行動療法の歴史を踏まえて現在使われている技法について述べたいと思います。

1　行動療法

　行動療法（behavior therapy）とは，行動の原理を使って行動の変化を目指す介入法です。行動の原理を明らかにしたのは心理学の学習理論ですが，行動療法が活用する学習理論には，大きく分けてレスポンデント条件づけとオペラント条件づけの2つがあります。ここでは，実森・中島（2000）や小野（2005）を主として参照しながらそれぞれの学習理論を解説し，その応用としての臨床的技法を説明したいと思います。

（1）レスポンデント条件づけ

　レスポンデント条件づけは，古典的条件づけと呼ばれることもあります。有名なのはパヴロフの犬の実験です。犬にエサを与えると唾液を出します。これは，エサという無条件刺激（unconditioned stimulus: US）に対して，唾液が分

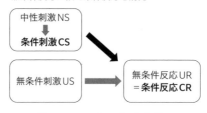

中性刺激が無条件刺激と対提示されることで，
無条件反応に似た条件反応を誘発

図3-1　レスポンデント条件づけ

泌されるという無条件反応（unconditioned response: UR）が誘発されるということです。ここで，エサを与える前にメトロノームの音を鳴らすという手続きを繰り返すと，犬はメトロノームの音を聞いただけで唾液を出すようになります。もともとは中性刺激（neutral stimulus: NS）だったメトロノームの音が条件刺激（conditioned stimulus: CS）となり，唾液分泌という条件反応（conditioned response: CR）を誘発するようになるということです。このように，はじめは反応を引き起こさなかったNSが，USとの対呈示によって反応を引き起こすCSになることをレスポンデント条件づけといいます（図3-1 参照）。そして，CSとUSの対呈示手続きを強化と呼びます。のちに触れるオペラント条件づけの強化とは，同じ「強化」でも違う手続きですので，注意してください。

　ワトソンとレイナー（Watson & Rayner, 1920）は，アルバートという名の赤ん坊に恐怖反応を条件づけることに成功しました。アルバート坊やは白ネズミを見ても，当初は恐怖反応を示しませんでした。したがってネズミはNSということになります。次に，鉄棒をハンマーで叩いて大きな音を鳴らすと，アルバート坊やは驚いて泣き出しました。これは，大きな音が恐怖反応というURを誘発するUSであるということです。この後ワトソンらは，アルバート坊やに白ネズミを見せた後鉄棒をハンマーで叩いて大きな音を出すということを繰り返しました。その結果，アルバート坊やは白ネズミを見るだけで恐怖反応を示すようになったのです。つまり，初めは反応を示さなかったNSである白ネズミが，USである大きな音との対呈示によって恐怖反応を誘発するCSになったのです。これもレスポンデント条件づけの一例であるといえます。

　では，条件づけによって形成された反応を消失させるためには，どのような

手続きをすればよいのでしょうか。それは，CSのみを呈示してUSを呈示しないという手続きです。これを消去手続きと呼びます。そして，この消去手続きによって反応が弱まったり消失したりすることを消去といいます。

　アルバート坊やの例では，消去手続きはどのようなものでしょうか。それは，恐怖反応（CR）を誘発するようになった白ネズミ（CS）だけを見せて，大きな音（US）を鳴らさないという手続きです。これを繰り返せば，初めは恐怖反応（CR）が誘発されますが，徐々に恐怖反応が減弱していくのです。これがアルバート坊やにおける消去であるといえます。

　消去に関わって，自発的回復という概念も押さえておきましょう。ある日，CRを誘発するCSを単独呈示するという消去手続きを行ってCRが消去されていきました。翌日も同様に消去手続きを行うと，前日の最後のときよりもCRが大きくなっています。これが自発的回復です。消去手続きを何日も継続していくと，自発的回復は徐々に小さくなっていきます。自発的回復という現象は，消去手続きを行っても，レスポンデント条件づけが完全に解消されるわけではない，ということを暗示しています。

（2）エクスポージャー

　以上のようなレスポンデント条件づけの理論は，臨床場面ではどのように活用されているでしょうか。最も典型的なのが，エクスポージャー（曝露法）と呼ばれる技法です。エクスポージャーとは，恐怖反応や不安反応を誘発する刺激や状況にあえてさらすことによって，それらの反応を消していく方法のことです。パニック障害や社交不安障害，強迫性障害などの治療に用いられます。

　パニック障害の例で詳しく解説していきたいと思います。電車に乗るのが怖いという典型的な事例の場合，発症前は電車に乗っても恐怖反応・不安反応は誘発されなかったはずですので，電車というのはもともとNSです。ところが，電車に乗っているときにたまたま，恐怖反応を誘発する何らかのUSが生じ，そのために恐怖反応（UR）が誘発されたのです。これによって電車というNSがCSに変わり，恐怖反応（CR）を誘発するようになるという，レスポンデント条件づけが起こりました。こうなると，電車に乗るだけで恐怖反応が誘発されるようになります。ですから電車に乗れずに困ってしまう，というのが，パニック障害のある人によくある困り事なのです。なお，この場合のUSは偶然に左

100：最も強く不安がかき立てられ，避けたくなるような状況
0：全く不安が生じない，リラックスした状況

	不安定 （0〜100）	状況
高レベル	100	
	50	
低レベル	0	

図 3-2　不安階層表

右されており，それが何であるかはわかりません。

　このようなクライエントを担当したとき，先に説明したレスポンデント条件づけの消去を狙う手続き，すなわち，CSの単独呈示による消去手続きが可能といえます。今回の事例の場合は，恐怖反応というCRを誘発する電車＝CSだけを呈示するということになります。要するに，恐怖が高まろうとも，電車に乗っていただくということです。これがエクスポージャーです。つまりエクスポージャーとは，レスポンデント条件づけの消去手続きと理解できるわけです。

　エクスポージャーを無理なく実施していくために，図3-2のような不安階層表と呼ばれるものを作成することがあります。これは，不安を喚起する状況を，その喚起される不安が弱い状況から強い状況へと，順番に並べた表です。たとえば電車に乗るのが怖いという先の例でいうと，「不安30：誰かと普通電車に一駅乗る」「不安50：一人で普通電車に一駅乗る」「不安70：一人で特急電車に一駅乗る」「不安100（最大）：一人で新幹線に乗る」などというように，不安を感じる状況を不安の強さ別にしてランキングしていくのです。そして最初は不安30くらいの状況から始め，徐々に強い不安を感じる状況に対してエクスポージャーを行っていくわけです。こうすれば，クライエントの抵抗感をやわらげながら，セラピーが進展していくことになります。

　以上，エクスポージャーが奏効するメカニズムを，レスポンデント条件づけ

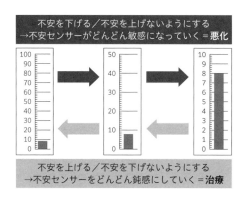

図3-3　温度計のメタファー

の消去だと捉えて説明しました。しかし，エクスポージャーの作用メカニズム
については，馴化や認知変容といった別の説明の仕方もあり，研究者や臨床家
の間でも見解が分かれています。

　馴化とは，同じ刺激を繰り返し与えられることによって，その刺激に対して
生じていた反応が減少していくことをいいます。簡単にいうと慣れのことです。
不安反応も，それを生じさせる刺激を繰り返し与えられることによって，馴化
が生じ，不安反応が減弱していくと考えられます。

　筆者はエクスポージャーを実施する際，この馴化のメカニズムをクライエン
トにわかりやすく伝えるために，図3-3のような「温度計のメタファー」を用
いることがあります。この図を見せながら，次のように説明します。

　　人間には，不安を感じる温度計（センサー）のようなものが体の中にあります。
　　初めは0度から100度まで測れるセンサーです。ところが，不安という感情は不
　　快であるため，高まってくると，どうしても下げようとしてしまいます。あるい
　　は，そもそも不安を高めないように回避してしまいます。50度まで不安が高まっ
　　たら下げる，また50度まで高まったら下げる，ということを繰り返していると，
　　このセンサーは50度以上を測る必要がないと判断して，50度がマックスの図の
　　真ん中のようなセンサーに変わってしまいます。また同じように30度になると
　　下げる，20度になると下げるというようなことを繰り返していると，最終的に
　　は右のような10度がマックスのセンサーにまでなってしまうのです。これは，セ

ンサーが非常に敏感になってしまったことを意味しています。これがパニック障害の状態だといえます。なぜ左から右へとセンサーが変化してきたのかというと，不安を下げようとしたり，不安を上げないようにしようとしたからです。ですから治療としてはその逆を行います。すなわち，あえて不安を上げようとしたり，上がった不安を下げないようにしたりするわけです。これがエクスポージャーです。これを繰り返していると，センサーは，こんなに強い不安もあるのかと判断して，左のほうのセンサーへと戻っていきます。不安に対して鈍感になっていくといってもいいでしょう。こうして不安に対して強くなっていくことを狙うのです。

　クライエントの実際の回避行動を聞き出しながらこのように説明すると，納得してもらいやすく，エクスポージャーへの理解が深まり，動機づけも高まっていくことが期待できます。

（3）オペラント条件づけ

　次に，オペラント条件づけについて見ていきましょう。オペラント条件づけは，スキナーが創始した行動分析学の中で解明されました。行動分析学では，ある行動とその前後に着目します。すなわち，「きっかけ→行動→結果」というフレームワークで行動を眺めるのです。このつながりを三項随伴性と呼びます。

　この三項随伴性の中で，最も重視されているのは「結果」です。行動分析学では，ある行動の原因は，その行動に後続する「結果」にあるのだと考えるのです。少し論理が変なのがわかりますか。なぜなら，ある行動の「結果」は，結果であると同時に，その行動の「原因」でもあると考えるからです。具体例で考えてみましょう。

　たとえば，目が悪くて眼鏡をかける人のことを考えてみましょう。「眼鏡をかける」という行動を，三項随伴性のフレームワークで記述すると，「見えにくい→眼鏡をかける→よく見える」というようになります。この場合，「眼鏡をかける」という行動の原因は何でしょうか。もちろん，「見えにくいから眼鏡をかけるのだ」ということもできます。すなわち，行動の前の「きっかけ」がその行動の原因であるという指摘です。しかし，行動分析学では，この「きっかけ」の部分は真の原因ではないと考えます。というのは，いくら見えにくいから眼

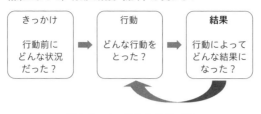

行動の原因は「後」にある

結果によって，行動の頻度（確率）が変わる！

きっかけ		行動		**結果**
行動前にどんな状況だった？	⮕	どんな行動をとった？	⮕	行動によってどんな結果になった？

図 3-4　オペラント条件づけ

鏡をかけるのだといっても，眼鏡をかけても度が合っておらず，あいかわらず見えにくいままなら，眼鏡をかけるという行動を起こさないからです。眼鏡をかけて「よく見える」という結果が生じるからこそ，私たちは眼鏡をかけるわけです。このように考えると，「よく見える」という結果こそが，「眼鏡をかける」という行動の真の原因だということがわかるはずです。より厳密にいうならば，ある行動の結果が，将来，同種の行動をとる頻度や確率を決定する，ということになります。このように考えるのが行動分析学の考え方なのです。

　このように，行動分析学においては「きっかけ→行動→結果」という三項随伴性の中で，「結果」を重視するのですが，この結果によってある行動の頻度や確率が上がったり下がったりすること，結果によって行動が増えたり減ったりすることを，オペラント条件づけと呼びます（図3-4参照）。オペラント条件づけでは，4つの行動の原理を理解することが大切です。

　オペラント条件づけでは行動が増えることを「強化」と呼び，行動が減ることを「弱化」と呼びます。行動の結果，メリットが生じればその行動は強化され，デメリットが生じればその行動は弱化されるのです。メリットの生じ方は2つあります。すなわち，もともとなかった「よいもの」が生じる場合と，もともとあった「嫌なもの」がなくなる場合です。デメリットの生じ方も同様に2つあります。すなわち，もともとなかった「嫌なもの」が生じる場合と，もともとあった「よいもの」がなくなる場合です。ここでいう「よいもの」を専門用語で「好子」といい，「嫌なもの」を「嫌子」といいます（奥田，2012）。この4つの行動の原理を，三項随伴性で記述すると，以下のようになります。

（a）　好子なし→行動→好子あり（好子出現の強化）

（b）　嫌子あり→行動→嫌子なし（嫌子消失の強化）

（c）　好子なし→行動→嫌子あり（嫌子出現の弱化）

（d）　好子あり→行動→好子なし（好子消失の弱化）

　たとえば，（a）は好物を食べるような場合です。ケーキ好きの人がケーキを食べると，おいしさという好子が出現するため，その行動が強化されます。（b）の例としては回避行動・逃避行動があります。高所恐怖症の人が，高いところにいると不安を感じるため，その場から離れるというような行動です。離れることによって不安という嫌子が消失するので，逃避行動が強化されるのです。（c）については，ピーマンを食べた子どもが苦さを感じて，それ以降，食べなくなるような事例が該当します。苦さという嫌子が出現して，ピーマンを食べるという行動が弱化されたのです。（d）は，弟を叩いたためにお母さんにゲーム機を取り上げられた兄が，弟を叩くという行動をしなくなったというような場合です。ゲーム機という好子が消失して，弟を叩くという行動が弱化されたのです。

　大枠では今まで説明したような形で理解していただければよいのですが，厳密にいえば，好子が生じたから行動が増えるのではありません。何かが生じて行動が増えたら，その「何か」を好子と呼ぶのです。逆に何かが生じて行動が減ったら，その「何か」を嫌子と呼ぶことになるのです。要するに，あらかじめ好子や嫌子が決定されているのではなく，後々行動が増えたのか，あるいは減ったのかを確認して，それに基づいて「ならばこれは好子である」「これは嫌子である」と決定できるということなのです。

　強化に関連した「消去」という手続きについても説明しておきます。これまで強化されていた行動が強化されなくなることを消去と呼びます。行動の前後で何の変化も生じなくなると，その行動は消去されていき，やがて強化される前の水準まで減っていきます。消去直後には，その行動が一時的にエスカレートします。これを消去バーストと呼びます。たとえば，私たちが自動販売機にお金を入れてボタンを押すのは，その行動に後続してジュースが出てくるからです。ジュースという好子出現によって，お金を入れてボタンを押すという行動が強化されているのです。ここで，自動販売機の故障か何かで，お金を入れ

てボタンを押してもジュースが出てこなかった場合，その人はどんな行動をとると予想できるでしょうか。おそらく，ボタンを何回も押したり，強く押したり，自動販売機を強く叩いたりするのではないでしょうか。これが消去バーストです。それでもジュースが出てこなければ，やがて（諦めて）ボタンを押す行動をやめて立ち去るでしょう。このように，ある行動をしても何の変化も生じなければ，一時的にエスカレートするものの，やがてはその行動はなくなっていくのです。これが消去の過程です。

（4）行動を増やしたり減らしたりする技法

行動分析学の理論は，ある行動を増やしたり，減らしたりしたいときに使います。

まず，ある行動を増やしたい場合です。増やしたい行動が自発されるならば，その行動が出た後に，好子を提示します。もちろん，その行動をする人にとって，何が好子になるのかのアセスメントが事前に必要となります。好子を提示する際のポイントとして，行動の直後に提示するという即時性，飽きがこないようにできるだけ幅広いレパートリーの好子を提示するという多様性，どの行動のどの側面について強化しているのかを明らかにするという明示性などが挙げられます。多様性ということでは，トークンエコノミーという技法を用いることが多いです。これは，増やしたい行動の直後に，トークンと呼ばれるシールや丸印などを与える方法です。事前に，それがいくつ集まったら何と交換できるというルールを決めておきます。3個で好きなお菓子，10個でレストランで外食などと決めておくと，好子の多様性が担保され，飽きがこなくなります。なお，この場合のお菓子や外食のことを，バックアップ好子と呼びます。

また，強化スケジュールが問題になることがあります。これは，増やしたい行動が出ると必ず強化するのか，それともたまにしか強化しないのか，という問題です。基本的には，必ず強化する連続強化から，たまにしか強化しない部分強化へと移行します。連続強化は学習の成立が早いというメリットがある一方，消去されやすいというデメリットもあります。逆に部分強化は，消去されにくいというメリットがある一方，学習の成立が遅いというデメリットがあります。そこで，はじめは連続強化して学習を早く成立させ，後に部分強化に移行して消去されにくくするというのが一般的なのです。

増やしたい行動がそもそも自発されない場合はどうすればよいでしょうか。その場合は，まずは課題分析といって，その行動をスモールステップに分解します。そして，ひとつずつ，強化していくようにするのです。たとえば，子どもの宿題をするという行動を増やしたいが，子どもが自主的に宿題をすることがないため，強化することができない場合を考えてみましょう。こういったときには，まず，「勉強をする」という行動の課題分析をします。たとえば，①机の上に筆箱を置く，②机の上にドリルを置く，③椅子に座る，④宿題のページを開く，⑤問題を解く，のように，スモールステップに分解するのです。その上で，最初は①ができたら，好子を提示します。それができるようになったら，①と②ができたら好子を提示するようにします。このようにして，小さな階段を一段ずつ上っていくイメージで，最終的に「勉強をする」という行動ができるように介入していくわけです。

　次に，ある行動を減らしたい場合はどのように介入するのかを紹介します。行動を減らすときは弱化を使いたくなります。たとえば，子どもが問題行動を起こしたら，母親が叱ります。これは，嫌子出現の弱化ですが，母親がいない場面では問題行動が減らないことになってしまいます。弱化にはこのような問題があるため，行動を減らす手段としてはあまり用いません。行動を減らしたいときは，基本的には弱化ではなく消去を使います。

　消去とは，これまで強化されていた行動について，強化しないようにする，すなわち，その行動の前後で何も変化しないようにすることですが，減らしたい行動は，現状では維持されているわけですから，何らかの形で強化されています。その行動に伴って，何らかの好子が出現している可能性が高いので，その好子を特定し，出現しないようにするのが消去の手続きになります。たとえば，子どもが「おもちゃを買って！」といって駄々をこねる行動を減らしたいとします。この駄々こね行動がなぜ維持されているのかというと，駄々こねに根負けした親がたまにおもちゃを買ってやるからです。これが部分強化となるのです。駄々こね行動の後には，絶対におもちゃを買わないようにすると，消去バーストが起こって，駄々こね行動がエスカレートしますが，それでも，おもちゃという好子を与えなければ，そのうちに駄々こね行動は消去されていきます。

　行動を減らすには，分化強化という方法も有効です。これは端的にいうと，減らしたい行動を消去すると同時に，別の行動を強化するのです。減らしたい行

動とは別の行動を強化すれば，自然と減らしたい行動が減っていくのだと理解してもいいでしょう。減らしたい行動と同じ機能を持つ（同じメリットが生じる）行動を強化する代替行動分化強化，減らしたい行動とは両立できない行動を強化する対立行動分化強化，単純に減らしたい行動が出ていないとき（＝別の行動が生じているとき）に強化する他行動分化強化などがあります。

2　認知療法

ここではアーロン・ベック（Beck, A.）が考案した認知療法（cognitive therapy）について概説します（Beck et al., 1979）。認知療法は，認知モデルと呼ばれる理論的仮説を基礎にしていますので，まず認知モデルについて解説します。その後，代表的な技法を，認知に直接働きかける認知的技法と，行動レベルでの課題の遂行を促す行動的技法とに分けて紹介します。最後に，認知療法の基本原則についても触れます。

（1）認知モデル

認知モデルとは，認知療法の前提となる理論的な仮説のことであり，いろいろな精神疾患を認知の障害という視点から説明しようとする理論のことです。井上（2006）によると，次のように定式化されています。

> ある状況下における患者の感情や行動は，その状況に対する意味づけ・解釈である患者の認知によって規定される。（井上, 2006）

すなわち，私たちの感情や行動は，状況によって直接に決まるのではなく，その状況をどのように認知したかによって決まるのだ，ということです。図式化すると，「状況→感情・行動」ではなく，「状況→認知→感情・行動」というように，状況と感情・行動の間に認知が入るのだということです。

たとえば，朝，職場の同僚にあいさつしたのにあいさつが返ってこなかったという状況だとします。この状況が直接，悲しみという感情をもたらしたり，あいさつをしなくなるという行動をもたらしたりするわけではありません。そうではなく，認知モデルでは間に，たとえば「誰も私のことなど気にかけてくれ

ない」という認知が介在していると考えるのです。状況をこのように意味づけ・解釈したために，悲しみという感情が喚起され，それ以後，あいさつをしなくなるという行動の変化がもたらされたと考えるのです。

　同じ状況であっても，「何か怒らせるようなことをしたのかもしれない」と認知すれば，不安という感情が喚起され，「あいさつをしたら返すべきなのに，ひどい」と認知すれば，怒りという感情が喚起されるかもしれません。

　いずれにせよ，ある状況でどのような感情が生じたり，どのような行動をとったりするかは，認知によって左右されるのだということです。これが認知モデルです。

　認知モデルは，特定の認知パターンが特定の不快感情をもたらすことだけではなく，その認知の確信度が高ければ，それによって不快な感情も強くなることも主張します。したがって，認知モデルを基礎とする認知療法では，認知パターンを修正したり，認知の確信度を減じたりすることによって治療効果を得ようとします。先の例でいえば，「誰も私のことなど気にかけてくれない」という認知を修正して，別の意味づけや解釈ができるように援助したり，その認知の確信度を低減できるように働きかけたりして，悲しみという不快感情の強さを下げていこうと試みるわけです。

（2）認知的技法

　認知療法の介入技法は，大きく分けると，認知に直接働きかける認知的技法と行動レベルでの課題の遂行を促す行動的技法があります。初めに認知的技法について紹介します。

　認知的技法の中で最もよく使われるのが，認知再構成法（cognitive restructuring）です。これが最も認知療法らしい技法といえるでしょう。コラム（表）に書き込みながら進めることが多いので，コラム法と呼ばれることもあります。筆者が臨床で使用している5コラムを表3-1に示します。

　認知再構成法とは，ある状況に対する認知を柔軟にしていくことによって，不快な感情の適正化を目指す技法です。認知を変えること自体が目的ではなく，あくまでも不快感情の適正化という目的のための手段として，認知を変えていこうとするのです。また，不快感情をゼロにすることを目指すのではありません。「適正化」とは，過剰な不快感情をやわらげて，そこそこのレベルにまで落ち着

表 3-1　5 コラム

状況 不快な感情を伴う出来事	自動思考 不快な感情を経験しているときの考えやイメージ （確信度 0-100%）	不快な感情 不安，悲しみ，怒り，落ち込みなど （強さ 0-100）	適応的思考 自動思考にかわる思考	結果 感情の強さ （強さ 0-100）

かせるということです。

　では，5 コラムに従って，認知再構成法の手順を説明します。まず，不快な感情を伴う出来事をひとつ特定して，それを状況欄に書きます。次に，その状況をどのように意味づけ，解釈したのかという認知の内容を自動思考欄に書きます。自動思考（automatic thoughts）というのは，その状況に伴って自動的に，意図せずに脳裏にふっと浮かんだ思考やイメージのことであり，認知の一種です。この自動思考に介入するのが認知再構成法です。そして不快な感情欄には，その自動思考によってもたらされた不快な感情と，その感情の強さを 100 点満点で記入します。ここまでが現状の把握であり，アセスメントであるといえます。ここまでを単独で取り出して，3 コラムとする場合もあります。

　その後，適応的思考欄に自動思考とは別の意味づけ，解釈を考えて記入します。状況は同じなのですが，別の視点から捉えたら，もう少し自分が楽になるのではないかということで，別の意味づけ，解釈を出していくのです。自動思考の段階では状況を一面的にしか捉えていなかったが，この適応的思考を出す段階では状況を多面的に捉えようとしている，といってもよいでしょう。このように適応的思考を出した結果，先の不快な感情の強さがどのように変化したのかを結果欄に記入します。不快な感情の得点が下がっていれば，認知再構成法は成功ということになります。先の事例を使って，5 コラムに記入された例を示しておきます（表 3-2）。

表 3-2　5 コラムの例

状況 不快な感情を伴う出来事	自動思考 不快な感情を経験しているときの考えやイメージ（確信度 0-100%）	不快な感情 不安，悲しみ，怒り，落ち込みなど（強さ 0-100）	適応的思考 自動思考にかわる思考	結果 感情の強さ（強さ 0-100）
朝，職場の同僚にあいさつしたのにあいさつが返ってこなかった。	わざと無視されているのかもしれない。 誰も私のことなんて気にかけてくれない。	悲しみ 80	昨日は声をかけてくれたので，私のことを気にかけていないということはないはずだ。何か考え事をしていて，こちらに気づいていないだけかもしれない。	悲しみ 30

（3）行動的技法

　次に，行動的技法を 2 つ紹介します。日常活動記録表によるセルフモニタリング（self-monitoring）と行動実験（behavioral experiments）です。

　日常活動記録表によるセルフモニタリングは，図 3-5 に示したような用紙に，活動や出来事と，それに伴う気分・感情を記録してもらう方法です。気分・感情に関しては，クライエントの困り事に応じて設定を変更していけばよいのですが，筆者はまず，気分・感情を「− 5 〜＋ 5」の範囲で記入してもらうことが多いです。これを記入するだけで，「私は何もしていない」とか「私のすることに価値がない」とかいった否定的な自動思考を揺さぶり，その確信度を下げたり修正したりすることにつながる可能性があります。そうすれば，それらの自動思考によってもたらされていた無力感や抑うつ気分もやわらいでいくことが期待できます。

　もちろん後で触れるように，日常活動記録表は，現状の活動を把握するためのアセスメントシートとしても使えます。また，新たな活動の計画を立てていくためのベースとしても活用できます。ある特定の活動を行ったときに気分がよくなっているのであれば，その活動量を増加させる計画を立てて，実行してもらいます。気分がマイナスになっているような出来事については詳しく聞き取り，必要に応じて先に紹介した 5 コラムによる認知再構成法を導入することも可能です。

	月 (2/10)	火 (/)	水 (/)	木 (/)	金 (/)	土 (/)	日 (/)	
0:00								0:00
1:00								1:00
2:00								2:00
3:00								3:00
4:00								4:00
5:00								5:00
6:00	起床－3							6:00
7:00	朝食 0							7:00
8:00								8:00
9:00	ラジオ体操＋4							9:00
10:00								10:00
11:00	テレビ－1							11:00
12:00	昼食＋1							12:00
13:00	散歩＋2							13:00
14:00	昼寝－2							14:00
15:00								15:00
16:00	シャワー＋3							16:00
17:00								17:00
18:00	夕食 0							18:00
19:00	読書＋3							19:00
20:00	上司と電話－5							20:00
21:00								21:00
22:00	就寝－2							22:00
23:00								23:00

〈日常活動記録表の書き方〉

・ 一日の活動内容や出来事を書きます。
・ その活動や出来事のときの気分を（　）内に書きます。

　気分は－5～＋5の数字で書いてください。

　　気分が最高!!　　　　→　　　＋5
　　気分が最悪!!　　　　→　　　－5
　　良くも悪くもない　　→　　　　0

　　　　※主観的なものですので，大体で結構です。

図 3-5　日常活動記録表

　次に行動実験について解説します。これは先に，エクスポージャーが奏効するメカニズムとして挙げていた認知変容に関わる技法です。簡単にいうと，行動の実験をして，予測が正しかったかどうかを検証するという方法です。たとえば，スピーチ恐怖があり，人前で発表することが極度に苦手で，強い不安・恐怖を感じる学生がいるとします。この学生は発表するという状況になると，「頭が真っ白になって固まってしまうかもしれない」「声が震えて周りの学生や教員から《変なやつだ》と思われるに違いない」などと考えて（認知して），不安・恐怖が高まります。ここで認知したことが予測であり，この予測が正しいかどうかを実験で確かめるわけです。すなわち，実際に発表してみて，先の認知の妥当性を検証しようとするのです。本当に頭が真っ白になって固まってしまったか，声は震えていたか（必要に応じて自分の声を録音したりもします），周囲の反応はどうだったかを，実際に行動しながら検証します。行動してみた結果，少し混乱したが固まってしまうことはなく，一応最後まで発表できたし，録音した声を聴いてみるとほとんど震えはなかった，また，発表時に周囲の反応を思い切って観察してみたが，みんな熱心に聴いているように見えて，少な

くとも《変なやつだ》と思っているような表情をしている学生・教員はいなかった，ということでした。そうすると，過剰な不安・恐怖につながっていた認知が修正されて，その不安・恐怖が適正化されていくわけです。

　先に，エクスポージャーの作用メカニズムとして説明した馴化は，苦手な場面に身をさらすという点では同じでも，そのことによって苦手な場面やそれに伴う不安・恐怖に慣れていくことを目指すものでした。それに対して行動実験は，認知を修正するデータを集めることを目指したもので，実験の結果，当初の予想に反するデータが集まれば，それによって認知が変容して，不快感情が適正化されるということなのです。実際のエクスポージャーや行動実験の場面では，馴化や認知変容，それに先に解説したレスポンデント条件づけの消去が同時並行的に起こっている可能性があります。クライエントに説明する際には，相手に合わせてひとつあるいは複数のメカニズムを選択して，説明していくことになります。

（4）基本原則

　これまで認知療法の代表的な技法を，認知的技法と行動的技法に分けて紹介してきました。認知療法というと，このような技法ばかりが注目されがちです。しかし，実際のセラピーにおいては，これらの技法の前提となる基本原則も大切になってきます。そこで，認知療法の基本原則と呼ばれるものを2つ，解説したいと思います。

　1つ目は共同的経験主義（collaborative empiricism）です。共同的経験主義とは，クライエントとセラピストが科学者のように共同のチームをつくり，経験から得られる事実を収集しながら，その結果をもとに現実的な根拠を持つ合理的な認知を学習あるいは再学習しようとすることです（井上，2006）。

　ここには2つのポイントがあります。まず，クライエントとセラピストが共同のチームをつくるという点です。クライエントは自身の生活の専門家として，セラピストは認知療法の専門家として，お互いに対等な立場で外在化されたクライエントの問題を解決するために力を尽くします。初めはセラピスト主導で面接が進展していきますが，クライエントは徐々にセラピストをモデリングしていき，主導権がクライエントに移っていきます。

　次に，経験から得られる事実を大切にするという点もポイントです。科学的

な態度といってもいいでしょう。具体的には，観察や実験を繰り返して事実を収集し，その事実に基づいて考えていくわけです。自分たちの予測や仮説（すなわち認知）よりも事実が語ることを重視します。そして当初の認知を，観察や実験によって明らかになった事実によって，現実的な根拠を持つ合理的な認知へと修正していくのです。

　認知療法の基本原則の2つ目がソクラテスの質問法（Socratic questioning）です。誘導による発見（guided discovery）と呼ばれることもあります。これは，古代ギリシャの哲学者であるソクラテスに倣ったもので，セラピストがクライエントに「答え」を直接的に教育・指導するのではなく，クライエント自身が自分なりの「答え」に気づけるように質問していくという方法です。

　典型的には，認知再構成法の適応的思考を出す場面で使います。たとえば，あいさつした同僚から反応がなかった人が「誰も私のことなど気にかけてくれない」と考えて悲しい気分になっている場合，「そう考える根拠は何ですか？」と質問したり，「何か反証はありませんか？」と質問したりするのです。あるいは，「別の解釈はありませんか？」という質問もよく使います。このように質問されたクライエントは，当初の認知の妥当性を自分で主体的に検証し始め，新たに適応的な認知に気づいていきます。

　では，共同的経験主義とソクラテスの質問法は，なぜ基本原則とされ，大切だと強調されるのでしょうか。それは，認知療法がセルフヘルプを目指すセラピーだからです。すなわち，最終的にはセラピストがいなくても，クライエントが自分で自分に認知療法を実施できることがゴールなのです。したがって，クライエントとセラピストは共同してセラピーを進め，その中でクライエントはセラピストをモデリングして，事実を大切にする姿勢や観察・実験の方法を学んでいく必要があります。また，セラピストからの質問を内在化していって，自分で自分に質問し，その質問に自分で答えていくという自問自答によって，認知療法を展開していくことができるようになることも必要です。セラピストが直接「答え」を教えているのであれば，「答え」は問題に応じて千差万別になるので，クライエントは問題が生じるごとに個別の「答え」をセラピストから教えてもらうという受動的な姿勢にとどまることになります。ところがソクラテスの質問法であれば，汎用性があり，広範囲の問題に対して少数の質問で対応できます。少数の質問をセラピストからモデリングしていれば，クライエント

はその質問を内在化して自問自答し，自ら能動的・主体的に「答え」を見つけていくことが可能となるのです。

3 認知行動療法のアセスメントとケースフォーミュレーション

アセスメントとは，支援のためにクライエントの状況，心理状態，問題などを把握することを意味する幅広い概念です。これに対してケースフォーミュレーションとは，アセスメントで得た情報を総合しながらクライエントを見立てて，介入の仮説を導くことをいいます。ケースフォーミュレーションもアセスメントの一種といえますので，両者はしばしば似たような意味内容を表す言葉として使われます。

では，認知行動療法のアセスメントやケースフォーミュレーションにはどのような特殊性があるのでしょうか。それは，クライエントの障害や問題に，認知や行動の観点から光を当てて，認知や行動の障害・問題として捉え返す点にあります。以下では具体的に認知行動療法のアセスメントやケースフォーミュレーションの内容，手順，方法を見ていきます。

(1) 認知行動療法の基本モデルとケースフォーミュレーション

筆者はグリーンバーガーとパデスキー（Greenberger & Padesky, 1995）の5領域モデルを改変したものを認知行動療法の基本モデルとして使用しています（図3-6参照）。この認知行動療法の基本モデルの特徴は，まず，問題を外部の状況と自分の内部での反応の相互作用として捉えている点です。次に，自分の内部の反応を「認知」「気分・感情」「行動」「身体的反応」の4つに分け，この4つも相互作用的に反応が連鎖していくと捉えている点も特徴です。

この基本モデルを使って，クライエントの困っている場面，問題が生じている場面の情報を収集していきます。混沌としていた問題を，基本モデルのフレームワークで眺めると，情報が整理されますし，冷静に，客観的に問題を見ていくことが可能になります。最初は時系列を無視して，単純に5つの領域に分けて問題を捉え返す練習をしてもいいですが，徐々に，どのような反応連鎖が起こっているのかを順番に捉えられるようにしていきます。本当は，問題が生じた前後の一場面を切り取って，このモデルで理解していくのが理想です。しか

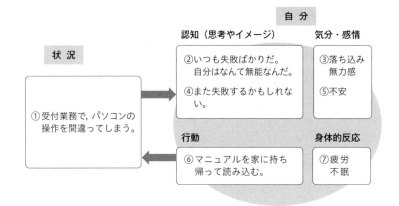

図 3-6　CBT の基本モデル

し，初めは時間的に開きがある 2 つの場面（例でいうと⑤から⑥）をひとつの
シートに記入してもよいですし，情報に過不足があっても仕方がありません。こ
のフレームワークで問題を捉え返し，このモデルに書き込み続けていけば，徐々
に精緻で的を絞ったアセスメントができるようになっていきます。

　認知行動療法のアセスメントは，先に触れたように，クライエントの障害や
問題を認知や行動の観点から光を当てて，認知や行動の障害・問題として捉え
返すわけですから，この 5 領域の中では「認知」と「行動」が重要になってき
ます。クライエント本人が，自分の意志で直接変えることができるのは，この
5 領域の中では「認知」と「行動」だけだともいえます。したがって，基本モ
デルでアセスメントした反応連鎖の悪循環の中で，どの認知やどの行動を変え
れば悪循環を断ち切れるかを考えていくことになります。

　特別な認知行動療法の技法を知らなくても，基本モデルによって悪循環を大
雑把にでも把握できると，介入の道筋が見えてくることがあります。たとえば，
図 3-6 で例に挙げているケースの場合，「⑥マニュアルを家に持ち帰って読み込
む」という行動が，疲労や不眠につながり，翌日以降のパフォーマンスが落ち
ていることが予想されますので，この行動を変えることができないか検討する
ということは，特別な知識なしに可能だと思います。

　以上のような認知行動療法の基本モデルに基づいて収集した情報をもとに，
ケースフォーミュレーションを行っていきます。ウエストブルックら（Westbrook,

Kennerley, & Kirk, 2007) によると，認知行動療法におけるケースフォーミュレーションは，認知行動療法モデルを利用して，現在の問題を記述し，なぜ，どのようにそれらの問題が生成されてきたのかを説明し，問題が解決しない原因として考えられる問題維持の中心プロセスを分析することだとされています。

　ここで大切なことは，問題が生じるきっかけとなった誘発要因と，その問題が維持されている維持要因は別である可能性があり，認知行動療法では後者に焦点を当てていく，ということです。たとえば，不登校になった誘発要因はいじめであったが，不登校が続いている維持要因は学習の遅れや家でのゲームであるということはありえます。この場合，誘発要因を解消したとしても，維持要因がそのままでは不登校は解決しないということになります。誘発要因がそのまま維持要因のひとつになっている場合もありますが，その場合も含めて，現在問題が維持されている要因を分析することが大切なのです。

　維持要因を明らかにしていくためには，先の基本モデルによるアセスメントをいくつかの場面で行い，それらを抽象化して，共通する悪循環のパターン（問題維持パターン）を把握します。その中でネックになっている認知や行動が維持要因であるということになります。こうして把握された問題維持パターンや維持要因は，あくまでも仮説です。この仮説に基づいて認知や行動を変えるための介入を行い，その結果，悪循環が解消したかどうかをまたアセスメントします。解消していない場合には，また新たな仮説を立てて，新たな介入を行っていきます。このようなプロセスをケースフォーミュレーションと呼ぶわけです。

(2) 取り組むべき問題の選択と目標設定

　次に，実際の面接でどのような手順でケースフォーミュレーションを行うのかについて説明します。

　レドリーら (Ledley, Marx, & Heimberg, 2005) は，クライエントの主訴を一通り聴いた後に，問題リストを作成することを推奨しています。これは，クライエントの問題の包括的なリストであり，クライエントが取り上げたすべての困り事の要約の役割を果たすものです。たとえば，うつ病で休職中のクライエントのお話を伺って，「気分の落ち込み」「意欲の低下」「母親との対立」「業務内容についての心配」「同僚との人間関係の問題」「復職後のうつ病再発の不安」などというように，問題を端的に表現したリストを作成するのです。

理想的には，それぞれの問題に対して，認知行動療法の基本モデルでアセスメントしていき，多くの問題に共通する認知や行動の要因を探っていきます。共通するメカニズムが仮説として浮かび上がってくれば，それに基づいて，それぞれの問題ごとに目標を設定していきます。その上で，最初に取り組むべき問題を決めて，目標に向けて介入を行っていくことになります。

　しかし現実的には，多くの問題に共通する認知や行動の要因を特定するのは難しいものです。したがって，ある程度，認知行動療法の基本モデルでアセスメントした後で，あるいはそれをする前に，優先順位を決めて，差し迫った問題や扱いやすい問題を選択して，それに取り組んでいくのもひとつの手です。たとえば，先に挙げたうつ病で休職中のケースであれば，まずは「気分の落ち込み」という問題に絞って，どのような状況で，どのような認知が浮かんで気分が落ち込むのか，どのような行動をしたときに気分が落ち込むのか，といったことを，認知行動療法の基本モデルに沿っていくつかアセスメントしていきます。そして，その中で共通する，ネックとなる認知や行動を特定して，それをどのように変えればよいのかという目標を設定していくのです。

　このケースの場合，何かやろうと思っていることがあったのにやる気が起きずにできなかった場合や，何もせずにベッドで横になっている場合に，気分の落ち込みが激しいことがわかったとします。逆に，ちょっとしたことでもできたときは達成感を得られるし，友人と食事しているときは気分の落ち込みがないこともわかりました。そうすると，たとえば，「朝食後に，やろうと思うことをスモールステップに細分化して，最初のステップだけはやってみる」「週に1回は友人と食事に行く」などという目標設定が考えられます。

　目標設定の際は，目標はSMART（下記の5つの頭文字）でなければならないとされています。論者によってその中身は若干異なりますが，ニーナンとドライデン（Neenan & Dryden, 2004）によると以下です。

・ 単純かつ具体的である（simple and specific）

・ 測定可能である（measurable）

・ 合意がある（agreed）

・ 現実的である（realistic）

・ 時間限定的である（time scale）

逆にいうと，複雑で抽象的な目標，達成したかどうかを測定できない目標，セラピストが一方的に決めた目標，非現実的な目標，締め切りのない目標はまずい目標だということになります。このような点を考慮して，目標設定を行います。

（3）セルフモニタリングの方法

ここでは，認知行動療法の基本モデル以外の，認知行動療法ならではのアセスメントツールを紹介したいと思います。認知行動療法では，クライエントの経験を重視し，クライエントに自分で自分を観察，つまり，セルフモニタリングしてもらいます。したがってここで紹介するツールは，セルフモニタリングの方法ということもできます。

まず，認知行動療法の基本モデルよりもマクロな視点でセルフモニタリングしてもらうときに使うツール（日常活動記録表；図3-5参照）の紹介です。日常活動記録表は，1週間の活動とそれに伴う気分を書き込んでいくものです。5領域の基本モデルでいうと，「行動」と「気分・感情」の2つについて，マクロな視点からセルフモニタリングしてもらいます。これによって，1週間全体の活動内容や気分の波，活動と気分のつながりなどがアセスメントできます。

たとえば，復職を目指す休職中のクライエントの日常活動記録表では，起床時間が適切で一定か，勤務予定時間の間は十分に活動できていて昼寝などをしていないか，気分の落ち込みが3か月前や1か月前と比べて改善しているかなどといった点に注意しながら，アセスメントします。

日常活動記録表からは，いろいろなことが学べますが，クライエントが自分で気づけるように，次のような質問（Greenberger & Padesky, 1995）をするとよいでしょう。

- 1週間で気分は変動しましたか？
- 活動は気分に影響しましたか？
- 気分がよくなったのは何をしたときでしたか？
- 気分が落ち込んだのは何をしたときでしたか？
- 1日のうちで，気分が落ち込む時間帯はありましたか？
- 気分が湿っているときに，するとよさそうなことはありますか？

・1日，あるいは週の中で，気持ちが晴れる時間帯や曜日はありましたか？

・来週もっと気分を軽くするために，計画できることはあるでしょうか？

　日常活動記録表によって，クライエントの生活を大雑把にアセスメントしたら，その中で特に不快気分が高まっている活動に焦点を当てて，その場面を詳しく聞き取り，認知行動療法の基本モデルでアセスメントしていきます。そしてそこから，さらに焦点を絞ったミクロなセルフモニタリングに移行することもあります。

　たとえば，認知行動療法の基本モデルでアセスメントしていくと，多くの場面で小学生の息子がいうことを聞かないので，クライエント（母親）がイライラしているということがわかったとします。この場合，まず考えられることは，息子の行動を問題行動として捉え，それがどのように強化されているかをモニタリングして記録してもらうということです。そのときは，「きっかけ→行動→結果」という三項随伴性，すなわち，問題行動とその前後に着目します。特に，母親であるクライエントが，息子の問題行動に対して，物や活動，それに注目といった何らかの好子を与えていないかは，慎重にアセスメントする必要があるでしょう。問題行動を強化している好子がアセスメントできれば，それを与えないようにして，つまり消去して，より適応的な行動に対してその好子を与えるという介入が計画できます。

　他方，イライラする要因はクライエントの偏った認知にあると推測できれば，その偏った認知に焦点を当てたセルフモニタリングをしていただくために，3コラムを活用することができます。3コラムとは，5コラムとしてお示しした表の左から3つ，すなわち「状況→自動思考→不快な気分」を記録してもらうものです。イライラした場面をこのフレームワークでセルフモニタリングし，記録してもらうのです。そうすれば，自動思考（認知）の偏りや考え方の癖がアセスメントでき，それがイライラをもたらしていると判断すれば，認知再構成法へとつなげていくことができます。

　このように，三項随伴性の記録や3コラムによる思考記録は，認知行動療法の基本モデルより焦点を絞ったミクロなセルフモニタリングに使うものだということができるでしょう。

（4）介入効果のアセスメント

認知行動療法では介入効果をアセスメントすることも大切です。まず問題に関する初期の状態（ベースラインといいます）をアセスメントします。そしてケースフォーミュレーションに基づいて介入を行い，その後，もう一度同じ指標でアセスメントして，効果があったのかなかったのかを評価するのです。

ごく簡単な例を挙げてみます。強迫性障害で手洗いがやめられず，時間を大量に使ってしまうことと，皮膚がぼろぼろになることで困っているクライエントがいるとします。このようなケースの場合，まず介入前のベースラインを測定します。計るものは手洗いの回数でも，手洗いの総時間でもよいでしょう。クライエントと相談して，何が介入効果の指標になるかを決めます。1日50回，手洗いをしていたとします。これがベースラインです。その後，ケースフォーミュレーションに基づいて何らかの介入を行います。このような不潔恐怖の場合は，あえて汚いものに触って手洗いをしないという，曝露反応妨害法が適用されることが多いと思います。そして，2週間なら2週間，1か月なら1か月，介入を続けて，その後，もう一度手洗いの回数を計ります。1日20回に減っていれば介入が奏効したと判断します。あまり変わっていないようであれば，介入は失敗ということになります。失敗の場合は，ケースフォーミュレーションをやり直して，何がまずかったのか，別の技法を導入したほうがいいのかなどを再検討します。

測定する指標は，クライエントの困り事に応じて決めていきます。不眠の人であれば睡眠時間や入眠潜時（眠るまでの所要時間），怒りのコントロールが難しい方であれば怒鳴った回数などが考えられます。不安が強い人であればSUD（subjective unit of disturbance；自覚的障害単位）といって，主観的に不安の強さを0〜100点で評価してもらった点数を使うこともあります。

代表的な精神疾患であれば，その重症度を測る指標として心理尺度を使うことも多いです（表3-3 参照）。

いずれにせよ，クライエントの問題を何らかの形で数量化して，介入の前後（プレ／ポスト）でその数値が改善しているかどうかで，介入の効果をアセスメントするわけです。

表3-3　代表的な精神疾患とそれに対応する心理尺度

精神疾患	心理尺度
うつ病	BDI-II，SDS
パニック障害	PDSS，PAS
社交不安障害	LSAS
強迫性障害	Y-BOCS，パドゥアスケール

4　マインドフルネス

マインドフルネスは瞑想の一種で，弁証法的行動療法（Dialectical Behavior Therapy: DBT）やマインドフルネス認知療法（Mindfulness-based Cognitive Therapy: MBCT），それにアクセプタンス・アンド・コミットメント・セラピー（Acceptance and Commitment Therapy: ACT）など，第三世代の認知行動療法に共通する要素だといわれています。それぞれのセラピーにおいて，マインドフルネスの位置づけやニュアンスが多少なりとも異なってくるため，ここでは主として，うつ病の再発予防のためのプログラムとして開発されたMBCTにおけるマインドフルネスを見ていきたいと思います。特に文献を挙げない場合は，ティーズデイルら（Teasdale, Williams, & Segal, 2014）を参照しています。

（1）マインドフルネスとは

マインドフルネスとは，意図的に現在の瞬間に注意を向け，判断せずにあるがままを受容することによって現れる気づきのことです。ここでのポイントは3つあります。すなわち，意図的に注意を向けるということ，現在の瞬間に注意を向けるということ，そして，判断しないということの3つです。

これらはそれぞれ，その逆と比べると理解しやすくなります。何となく注意を向けている状態，心が過去や未来にさまよっている状態，そして，良いとか悪いとか，役に立つとか役に立たないとか判断している状態は，マインドフルネスとは対極にあります。そうではなく，意図的にここに注意を向けるという意識を持って，心を現在にとどめておき，価値判断せずに体験のあらゆる側面をそのまま受容するのがマインドフルネスなのです。

それでは，マインドフルネスは何の目的で行うのでしょうか。MBCTでは，

表3-4 「あること」モードの特徴 (Teasdale et al., 2014)

「すること」モード（doing mode）	「あること」モード（being mode）
《自動操縦》で生きる	意識的な気づきと選択とともに生きる
思考を通して体験と関わる	直接的に体験を感知する
過去や未来を思いめぐらす	この瞬間にありありと存在する
不快な体験を回避し排除しようとする	不快な体験に関心を持って接近する
物事が違ってほしいと望む	物事をあるがままに受け入れる
思考を真実かつ現実と見る	思考を精神的な出来事と見る
目標達成を優先する	より広いニーズを感受する

心のモードを「すること」モード（doing mode）から「あること」モード（being mode）へとシフトするためだとされています。「すること」モードとは，目標を達成し，問題を解決し，私たちが望むように事態を変えようとする心のモードです。

「あること」モードとは，簡単にいうと，自分がただただそこに存在していることを客観的に捉えるという心のモードです。「すること」モードと比較したときのより詳細な7つの特徴を表3-4にまとめました。

MBCTでは，必要に応じて「すること」モードから「あること」モードへとシフトできるようになるために，週に1回の集団セッションに加えて，ホームワークとして1日1時間のマインドフルネス実践を8週間にわたって行うのです。

(2) マインドフルネスのエクササイズ

次に，実際にはどのようなマインドフルネスのエクササイズを行うのかを紹介したいと思います。なお，実際にマインドフルネスのエクササイズを実践するときは，ティーズデイルら（Teasdale et al., 2014）に付属しているような音声ガイダンスのCDを利用するとやりやすくなります。

①レーズンエクササイズ

ゆっくりと時間をかけ（最低でも10分間），1粒のレーズンを食べるという瞑想です。

まず，手のひらにレーズンをのせ，まるで初めて見たものであるかのように，

観察します。もし雑念が湧いても，その雑念に気づいて，そっとレーズンに注意を戻します。次に，レーズンをつまんだり転がしたりして，触覚に注意を向けます。やわらかいところや硬いところを感じます。そして，鼻先にレーズンを持ってきて，香りに注意を向けます。何も香らなければ，香らないということに気づきます。

　次に，ゆっくりとレーズンを口の中に運びます。そのときの腕の感覚の変化にも注意を向けます。そして，レーズンを舌の上に置き，噛まずにそのままの状態で口の中の変化に気づきます。舌の上でひっくり返したり，でこぼこを確かめたり，あるいは口の中のあちこちに移動させたりします。その後，歯と歯の間にレーズンを挟み，ゆっくりと時間をかけて噛みます。噛みながら，口の中の変化やレーズンの変化に注意を向け続けます。

　そろそろ飲み込む準備ができたと感じたら，実際に飲んでしまう前に，飲み込もうとする意図が生じたのを感知できるかどうかを確認します。最後にレーズンを飲み込み，口の中の余韻の変化に意識を向けます。

②ボディスキャン

　仰向けになって横たわり，体のいろいろな部分へ注意を移動させ，全身をスキャンしていくという瞑想です。

　最初は，呼吸に伴って変化する腹部に注意を向けます。そして，注意を左足に下ろしていきます。くるぶしより先に下ろし，左足のつま先に焦点を当てます。指と指が接触している感覚に気づくかもしれません。そこから徐々に注意を上げていきます。足の裏や足の甲，かかと，足首から膝へ，そして太ももへと注意を移動させ，腹部に戻ってきます。今度は右足に対しても同じように注意を下ろしていき，また上げていきます。

　次に，腹部から注意を上げていき，胸を通って首に焦点を当てます。そこから左肩に注意を移し，左腕に注意を下ろしていきます。左手の指に注意を向け，指と指が接触している感覚に気づきます。あるいは，接触していないということに気づくかもしれません。その後，左腕に沿って注意を上げていき，左肩にまで注意を戻します。右腕についても同様に注意を下ろし，そして上げていきます。

　最後に首から上に注意を上げていきます。あご，口元，鼻，目，額から頭頂

部へと注意を上げていきます。そして，頭のてっぺんから足先まで，全身をスキャンしながら注意を下ろしていき，また足先から頭のてっぺんまで，全身をスキャンしながら注意を上げていきます。

③呼吸のマインドフルネス

　楽な姿勢で座って，呼吸に伴う身体感覚の変化に注意を向け続けるという瞑想です。

　はじめに，体が床や椅子に触れているところの感覚に注意を向け，1〜2分間，接触している感覚を探っていきます。次に，息を吸うときに腹部が膨らみ，息を吐くときに腹部が縮んでいくときの感覚の変化に注意を向けます。その際，呼吸をコントロールする必要はなく，自然に，体が呼吸するがままにしておきます。

　遅かれ早かれ，注意が腹部から離れて，心があちこちにさまよっていきます。心はさまようものなので，これは問題ありません。心がさまよったら，そのことに気づき，さまよった先を確認して，注意を静かに呼吸に戻します。心を今，ここにとどめておくためのアンカー（錨）として，呼吸を用います。

　穏やかな好奇心を持って，呼吸とそれに伴う身体感覚の変化を観察し続けます。この瞑想を10分間続けてください。

④マインドフル・ストレッチ

　一連のストレッチを行いながら，それに伴う身体感覚を味わう瞑想です。

　立った状態でストレッチを行っていきます。まず，両腕をゆっくりと持ち上げていき，頭の上までまっすぐに上げます。筋肉が緊張している部分を感じてください。そして，指先を穏やかに空に向かって押し上げるようにします。しばらくその状態を維持します。次に，指を上に向け，手のひらを外へ押し出すようにしながら，ゆっくりと両腕を横から下ろしていきます。

　次に，手を伸ばすと届きそうで届かない果実を木からとろうとするように，右手を伸ばしながら上げます。伸びている部分の感覚を感じます。そして，左手でも同じことをします。続いて，両腕を頭の上方に持ち上げて平行に保ち，身体を左側に曲げます。前から見ると，大きな三日月の形になります。今度は中央の位置に戻し，ゆっくりと反対側に三日月をつくります。

次に，腕は自然にぶら下げたまま，両肩を回します。両肩をできるだけ両耳に向かって持ち上げ，それから後ろに引き，そして後ろ側に完全に落とします。そして，両肩を身体の前でくっつけようとするかのように突き出します。これを繰り返して，滑らかに肩を回転させ続けます。最後に，首をゆっくりと回します。まず胸のあたりまであごを動かし，それから頭を左腕の方向に動かして，左耳が左肩のほうにくるように下ろしていきます。そのままゆっくり回しながら，頭を右肩のほうへ移動させ，右耳が右肩のあたりにくるようにし，再び，頭を胸のほうに移動させます。何周かして，十分だと思えたら反対方向に回します。

⑤マインドフル・ウォーキング

非常にゆっくりと歩きながら，重心の変化や身体感覚の変化に注意を向け続ける瞑想です。

気づきの焦点を足の裏に当て，足の裏の感覚と体の重みの感覚を感じます。準備ができたら，ゆっくりと左足を上げ始めます。それに伴って，身体の重さが右足に移っていることに気づきます。左のかかとをゆっくりと床から離し，左足を空中で前に動かします。そしてゆっくりと左足を下ろしていき，かかとを床に着けていきます。徐々に左足に体重を移しながら，左足の残りを床に着けていきます。そして今度は右足をゆっくりと上げ始め，同じことを繰り返して，ゆっくりと歩いていきます。

歩いている間，足の身体感覚の変化に注意を向け続けます。床から離れる瞬間，床に着く瞬間に気づきます。重心の移動に気づきます。

端まで歩いたら，ゆっくりと振り返ります。身体が向きを変えるときの複雑な動きのパターンに気づきを向け，それを味わいます。

この方法で行ったり来たりして，10〜15分間，歩きます。注意が逸れたら，それに気づき，今の瞬間に再びつながるためのアンカーとして，足の裏の感覚を利用します。

（3）臨床での使い方

MBCTはうつ病の再発予防が目的です。うつ病が寛解した状態のクライエントの集団に対して，構造化された8週間のプログラムとして実施します。しか

し，筆者は個人面接でもマインドフルネスを活用しています。以下ではその使い方をご紹介します。

まずは心理教育を行います。寛解状態からうつが再発する場合と再発しない場合の分水嶺は何かというと，気分の低下に伴ってネガティブな思考の再活性化が起こったとき，それに気づいて，芽のうちに摘み取ることができるかどうかです。ネガティブな思考パターンを芽のうちに摘み取ることができれば再発せず，逆にネガティブな思考パターンが復活してしまったら再発します。ネガティブな思考パターンというのは思考の反芻のことであり，反芻というのは「すること」モードの所産ですから，反芻に気づき，「すること」モードから「あること」モードへとシフトできれば，うつの再発を予防できます。そのために，マインドフルネスを練習するのだとお伝えします。

次に，クライエントに実際に練習していただきます。最初は面接内で，先に紹介したようないくつかのエクササイズを，ポイントを説明して順にやっていただきます。セラピストも一緒に行い，終了後，エクササイズを振り返り，感想を交流します。特に，心が過去や未来にさまよわなかったか，雑念が湧かなかったかなどを確認します。心が過去や未来にさまようとか，雑念が湧くとかいったようなことは，思考の反芻とほぼ同じ状態ですから，それにできるだけ早く気づいて，静かに注意を呼吸なり身体感覚なり，そのワークで指示されているものに戻すことが大切だと伝えます。

ホームワークでもマインドフルネスのエクササイズを実践してもらいます。最初はモチベーションを高めるために，自分の気に入ったエクササイズを中心にやってもらってもいいでしょう。また，朝歯を磨いた後とか，夕食後とか，何かにひもづけると忘れにくくなります。最初は5分でも10分でも構わないので，とにかく継続していただきます。そのうちに，1日45分間とか，15分を3セットとか，できるようになれば理想的です。

次の面接では，ホームワークの実施状況を確認して，ネガティブな思考の反芻に気づいて，そこから脱出できたことがあったかどうか尋ねます。反芻に気づくことが多くなればなるほど，そしてそこから脱出できる回数が増えれば増えるほど，マインドフルネスが上達していることを意味すると伝えて，モチベーションを上げるとともに，実際の使い方を教えていきます。

うつ病の再発予防以外にも，DBTで行われているように衝動性を制御したり，

それと近い内容で，不安や怒りなどの不快感情に対処したりするのにも，マインドフルネスを活用できます。

たとえば，境界性パーソナリティ障害のある人のリストカットしたい衝動性，あるいは，強迫性障害の人の手洗いせずにはいられない不安などに対して活用できます。通常，これらの衝動性や不安は自覚されることなく，自動的・無意識的にリストカット行動や手洗い行動を駆り立てます。そこでまずはその衝動性や不安に気づいて立ち止まれるように，日々，マインドフルネスの練習を行います。そして，いざ衝動性や不安が高まったら，そのことに気づいて，衝動性や不安が強烈に行動に駆り立てようとしていることにも気づいて，そのまま行動せずに一時停止し，衝動性や不安をただただマインドフルネスに観察し続けます。衝動性や不安を排除しようとするのではなく，それに接近し，あるがままに受容します。

このような行動に駆り立てる衝動性に気づき，その時点で一時停止する練習としては，先に紹介したレーズンエクササイズが有効です。1粒のレーズンをゆっくり味わいながら，口の中の変化に注意を向けながら食べます。そのうちに，飲み込みたい衝動性を感じるはずです。通常，自動操縦状態でものを食べているときは，無意識的に衝動性に駆り立てられながらもそれに気づくことなく，飲み込んでしまっています。しかし，マインドフルネスのエクササイズをしている場合は，その衝動性にも気づき，そして自動的に飲み込んでしまうのではなく，そこでいったん立ち止まる（一時停止する）のです。そしてその衝動性がどのように変化していくのかを，好奇心を持ってただただ観察し続けるのです。

これは不安に駆られて回避行動をしてしまう場合や，怒りに駆られて攻撃行動をしてしまう場合も全く同様です。不安や怒りに気づき，自動的に駆り立てられる行動をせずにそのまま一時停止するのです。ボーゲルズ（Bögels, 2020）に従って，普段ならネガティブな反応をしてしまいそうになることをひとつ決めて，それを瞑想の合図として，マインドフルネスを実践する，という方法も効果的でしょう。こうしているうちに，不安や怒りに巻き込まれなくなります。

日本の心理療法① 森田療法

　日本において，心理療法は，精神分析・精神力動的心理療法，ユング心理学，来談者中心療法，家族療法を中心に発展し，現在は，認知行動療法や対人関係療法などのエビデンスベースドの心理療法も盛んに行われています。しかし，そのどれも西洋伝来の心理療法であり，日本独自の心理療法は数えるほどしかありません。その中のひとつとして，「森田療法」があります。森田療法は，精神科医の森田正馬（1874–1938）が自分の体験をもとに，自らの名前をつけた森田神経質として独自の神経症論を提唱し，そこから治療技法を確立させたものです。

　森田自身，幼少期からとても神経質で，中学・大学時代にはパニック発作を起こしていました。大学2年時の定期試験の時期に，約束していた郷里の父親からの仕送りが途絶えたため，父親に対する恨みの気持ちから「死んでもいい」という気持ちになり，開き直って服薬をやめ，睡眠時間を削り，目の前にある試験のための勉強に集中しました。どのような症状でも耐えると覚悟し勉強すると，不思議なことにパニック発作が起こらなかったのです。むしろ勉強がはかどり，試験結果は上位の中に入ることができました。森田は，死を覚悟しての「恐怖突入」を体験し，症状が生じても「ありのまま」に受け入れる姿勢の大切さを悟りました。この心身の不思議な体験が，精神医学の道へ進ませる契機となり，森田療法を生み出す体験となりました。

　治療の対象は森田神経質といわれる神経症です。その性格的特徴として，心配性，完全主義，内向性が挙げられます。また，症状としては，パニック症，全般不安症，社交不安症，強迫症，身体症状症などに相当します。森田神経質を患っているクライエントは，何かに「とらわれ」があると考えます。その「とらわれ」は，「精神交互作用」と「思想の矛盾」の2つから成り立っています。

　「精神交互作用」とは症状を気にして注意が集中すると，その症状に敏感になり，ますます注意が症状に集中するという悪循環のことです。「思想の矛盾」とは，この症状さえなければ，「悩みのすべてがなくなる」と考え，「自分はこうあるべきだ」という理想の自己と，「今，悩みや不安を抱えている」という現実の自分との間にギャップを感じ，葛藤を抱えている状態を指します。

　森田療法では，まずこの悪循環（精神交互作用）を認知することから始まりま

す。そして，その悪循環を止めるために，今ある不安・恐怖，症状をなくそうとすることをやめて，今ある感情とつきあいつつ，目の前にある本来すべき行動をしていくように指導します。不安や心配という，気分を中心（気分本位）にするのではなく，やりたい行動，やるべき目標を重視（目的本位）するようになることで，自分本来の生活に向かうことができます。森田療法の特徴は，不安の軽減，認知の変容といったものではなく，今生じている感情をありのままに受け入れ，自らの「生の欲望（やりたいこと）」に従って行動していくことにあります。

　森田療法の治療形態は，入院が基本でした。入院森田療法は4期に分かれており，第1期：絶対臥褥期では，患者は食事，洗面，トイレ以外は一切の気晴らしを禁じられ，終日個室に横になったまま過ごし，症状をあるがままにしておくことが目的となります。第2期：軽作業期では，庭に出て外界の観察や軽い仕事を行い，心身の状態を多少欲求不満状態において，活動欲を促すことが目的となります。第3期：重作業期では，他の患者との共同作業を行い，達成感を得ることが目的となります。第4期：社会生活への復帰として，1週間～1か月の間に外出，外泊を含めて社会復帰への準備を行います。近年は，通院患者を対象とした外来療法（外来森田療法）が確立しました。外来療法では，日記を用いて，症状に対するあるがままの状態と，目的本位の態度を身につけることを目的とする日記療法が主となります。

　森田療法は，精神分析と同じくらい歴史のある心理療法ですが，最近，様々な領域で取り上げられている「マインドフルネス」と多くの類似点があることから，再注目されています。

Column

第4章 心理支援における分析・見立て・介入：
ブリーフサイコセラピー編

　心理支援に用いられる心理療法の種類は，何百あるともいわれています。その中で，特に短期間で効率的・効果的に支援を行うアプローチをまとめて，ブリーフサイコセラピーと呼ぶことがあります。認知行動療法もブリーフサイコセラピーのひとつとされることがありますが，認知行動療法は行動療法や認知療法から始まり，今では第三世代の認知行動療法まで拡がりを見せていることから，第3章として単独で扱いました。

　本章では，家族療法の基礎理論であるシステム理論から生まれたシステムズアプローチ，天才催眠療法家ミルトン・エリクソンの臨床から生まれた短期心理療法の一群として（またブリーフサイコセラピーに対する狭義として）のブリーフセラピー，近年大きく発展してきたトラウマの心理療法，そして精神分析，新フロイト派（対人関係学派）の流れから生まれた対人関係療法，フロイトやユングに並ぶ，アルフレッド・アドラーによってつくられたアドラー心理学的アプローチについて紹介します。

1　システムズアプローチ

（1）システムズアプローチとは

　心理学，対人援助，カウンセリングなどというと，とかく個人の心理，精神内界に目が行きがちですが，システムズアプローチはフィールドを広く見渡し，どのような結びつき，あるいは柵（しがら）みを捉えると効果的な支援ができそうか，思案をめぐらせます。システムは，フォン・ベルタランフィ（von Bertalanffy, L.）が提唱した一般システム論では，「相互作用する要素同士が一定の規則に則って形づくる統合体」とされていますが，差し当たり「物事をセットで捉える視点」

くらいに考えておくのが臨床実践向きでしょう。

　セットといっても，静止した人間をセットとするのではなく，コミュニケーションや思考の動的なプロセスのセットがシステムであると考えます。たとえば，不登校児が家族と繰り広げているコミュニケーションのパターンは家族システムを表し，「学校に行きたい→でも怖い」というパターンは個人の思考システムを表します。

　そうしたシステムが呈しているのは悪循環なのか良循環なのか，セラピストが判断をする上で参照するのがフレームです。

　フレーム（枠組み）は，framework（考え方），frame of reference（準拠枠）に由来します。物事に対する意味づけのことであり，システムズアプローチでは支援への期待，問題の定義，支援のゴールなど，各種クライエントのフレームをヒントに支援を進めます。たとえば，ある面接で家族同士が激しく応酬するパターンが見受けられたとして，家族のフレームが《このような話し合いは互いを傷つけ合うだけなので止めたい》であれば当該パターンは悪循環，《ようやくできた本音トークだから続けたい》であれば良循環になります。ある同一のパターンに対して，良いようにも悪いようにも意味づけることができる，こうした性質を円環性（circularity）と呼びます。円環的な思考が身につき，セラピストから真偽や正誤へのとらわれが削ぎ落とされると，相反する意見によって対立している複数の関係者との関与がしやすくなる，といった利得が得られます。

　クライエントのフレームは，言葉で語られることもあれば，言外の期待としてセラピストに寄せられることもあります。セラピストは想像力を逞しくして，クライエントの言葉や身体の動きが指し示す意味を考えます。

　しかし，当然のことながら想像には限界があるため，システムズアプローチのクライエント理解はどこまでも仮説にとどまります。仮説はいわば「作業仮説」であり，時にクライエントに披露することでクライエントに納得してもらえるかどうかを確認しつつ，それが支援に寄与するのなら保持し，足を引っ張るようであれば棄却します。

　フレームの中でも，「セラピストや支援への期待フレーム」は特に重要です。支援という場こそがセラピストとクライエントを結びつけるからです。《小さな声でそっと話してほしい》《ビジネスライクに進めてほしい》《びしっと指針を

示してほしい》《断定しないでほしい》等々，面接参加者によって支援への期待は十人十色，大きく異なり，また時々刻々変化するものでもあります。セラピストがクライエントの期待フレームを鋭敏に察知し，それに合わせることで，「セラピーって何をするのだろう」「セラピストはよい人だろうか」といったクライエントの不確実な感触は，減少する方向へと向かうはずです。

　システムズアプローチでは，クライエントを変えようとするのではなく，セラピストはクライエントのフレームに合わせる，つまり，まずもってセラピストが変わろうとします。これを「ジョイニング（joining）」と呼びます。ジョイニングのためには，セラピストは自身が携えているフレーム，つまり知識や技法，臨床経験をいったん脇に置いておかなければなりません。そして，クライエントのフレームに合わせて自身のあり方を修正し続け，その影響がクライエントに波及する，という考え方をします。

　システムズアプローチは，セラピストが不動不変の観察者として外部からクライエントや関係者を評価するというスタンスをとりません。支援システム（therapeutic system）は，観察対象を観察者と切り分けずに，システムについての仮説にセラピスト自身を含めることを意味する概念です。支援システムは，セラピストとクライエントの相互作用によって成り立っており，セラピストはいわばその「片棒を担いでいる」ことになるわけで，クライエントの言動とともにセラピストの考え方，物事の捉え方，仮説のつくり方，それから支援の中でセラピスト自身が採用している表情や態度や動き方とその影響を俯瞰的に把握し続ける，それがシステムズアプローチの流儀になります。そして，コミュニケーションの中で，良循環を呈していると考えられるパターンは維持，増大するよう心がけ，悪循環を来していると考えられるパターンは，少しでも減少するよう努力します。これがシステムズアプローチに基づいた支援の基本的な進め方です。

（2）事例

　それでは，架空事例を通じてシステムズアプローチの実際を見ていきましょう。

①事例の概要

来談者：Aさん（女性，30代）

主訴：自分の思考が偏っているのではないかと心配している

来談経緯：小学校 6 年生の長男は，元気に過ごしてはいるものの，偏食がある。A さんは出産後すぐに仕事に復帰，大手企業の正社員として忙しく業務に従事していた。ところが，急に食の偏りが気になり出した。そういえば平均身長より背は低いし，学力も心許ない。A さんは「長男はきちんと育っていないのではないか」との不安に襲われた。焦燥感が募り，精神科を受診，薬物療法が開始され，また長男については栄養士の栄養相談を受けることで，A さんの不安，焦燥はやわらいだ。しかし，「普通普通と，他と比べて普通を求める自分の考え方は偏っているのではないか」と思い立ち，民間相談機関に来談した。

②初回面接

セラピストはまず，30 分ほど経過を聞いた。A さんは 3 か月前にとある健康番組を見たときから長男の体格が気になり出したのだという。その後，インターネット情報を多数参照。すると，平均を礼賛し平均以下の人間は不利益を被る，そのような誇張と偏見に満ちた記事にとらわれるようになった。これまでとりたてて普通を重視してきたつもりはないのだが，インターネット記事にそそのかされて駆り立てられるように行動してしまった自分には，実は「普通」に対する異常なこだわりがあるのではないかと心配しているのだという。他方で，普通であることはやはりよいことなのではないかという思いも捨てきれない，とのこと。

以上から，A さんは《普通を求めることはよくないことだ》⇔《普通を求めることはよいことだ》という葛藤フレームを携えており，その解消を求めているとセラピストは考えた。両フレームは，いずれも子どものことを大切に思っているからこそ発生するものであり，A さんに対してセラピストは「愛情深い母親である」との印象を強めていた。セラピストは葛藤フレームの解消を意図して，「インターネット情報は極端で，心配が昂じるのは無理からぬことです。それに，少しでも子どもの可能性を伸ばしてあげたいと思うのは，親として当然の考えではないでしょうか？」と伝えたが，引き続き自責的な雰囲気で，A さんの葛藤フレームは変化していないことがうかがえた。

Th：A さんの対応をノーマライズ　➡　A さん：葛藤フレームは不変のまま

セラピストはこれを悪循環パターンと捉えた。手立てを早急に講じようとセラピストは考えをめぐらせる。するとセラピストは，うっかり「当然」という表現を使ってしまったことに気づいた。「当然」はＡさんに混乱をもたらしている「普通」と類似した使い方ができる言葉である。「普通」「当然」という区分が前提としている「ノーマルか否かを問う評価の仕方」にＡさんは翻弄されているのだから，Ａさんがまさに絡め取られているその語法をセラピストは採用するべきではなかっただろう。そうした仮説をもとに，セラピストは，「『普通』を明確に言い換えること」をテコにして悪循環パターンにアプローチしようと考え，グッと前のめりになり，ゆっくりと，間をとりながら，次のように述べた。「《普通を求めてしまう》を雑に言い換えると……」「はい」「……」「《子どもに幸せになってほしい》になるのですよね？」。するとＡさんは涙ぐんで静かに肯いた。

　　　Th：「普通」を言い換え，Ａさんの態度に含まれる肯定性を指摘
　➡　　Ａさん：セラピストに賛同を示す

「客観的にそう言っていただいて，何か整理ができた気がします」とＡさんは述べ，すっきりした表情で次回面接の予約を入れた。

③第2回面接

　2週間が経過した。Ａさんはこの日，夫婦で来所していた。待合室でほんの数秒，短いあいさつ中もセラピストは仮説設定を怠らない。セラピストのあいさつに夫は礼儀正しく反応した。来所経緯について簡単に確認する中で，夫婦はアイコンタクトを頻繁に交わした。そのような様子から，Ａさんには《夫に協力してほしい》というフレームが，夫にも《妻の力になりたい》とのフレームが見て取れた。夫としてはＡさんの付き添いのつもりだったのかもしれないが，セラピストは「よろしければお連れ合い様も，ご一緒にいかがでしょうか？」と夫婦同席面接を提案，了承された。

　面接が始まるとＡさんは，長男の体格の件はそんなに気にならなくなった，と述べた。翌回面接の冒頭は，先回面接が有益だったのかを検証すべきタイミングでもある。

Th（先回）：Ａさんの姿勢を妥当なものとして肯定
➡ 　Ａさん（今回）：偏食問題の解消を示唆

　こうしたパターンから，Ａさんの初回面接における訴えは問題ではなくなりつつあり，良循環が継続していることがうかがえた。
　では，本日のテーマはどのようなものか。夫婦によると，長男は登校を渋ることがあるとのこと。Ａさんは長男をどう支えるかを考えていると言い，長男にはコミットメントが必要であるとの方向性を示した。一方夫は，長男は経験を通じて自分から気づきを得ていくことのほうが大事だ，と静観を求めていた。夫婦の長男への対応方針は相反しているようで，面接室の緊張は高まっている。

Ａさん：長男にコミットするべきと主張　➡　夫：長男を静観すべきと主張

　それよりも，セラピストは夫の遠慮がちな発話の仕方が気になっていた。言いたいことがありそうなのに妻が発言するまでじりじりとしながら待っている様子もうかがえた。

Ａさん：自発的に話す　➡　夫：話しにくそうな様子でいる

　セラピストは，この悪循環パターンをまず扱うべきだと判断した。夫に《自由に話せるようリードしてほしい》というフレームを見て取ったセラピストは，Ａさんに振る前に夫に質問する，夫と会話する時間を増やす，といった行動を心がけるようにしたところ，夫は弁舌滑らかに語るようになり，「長男に聞いてみたのだが，本人は学校で居場所が見出せていないのではないかと思う」との新しい視点を示した。夫は最近長男との関わりを増やしているのだという。
　セラピストはＡさんに，夫と長男の関わりを知っていたか尋ねると，「最近２人でよく話をしているな，とは思っていました。耳をそばだててみると，私が長男に言いたいことを夫は論理的に話してくれているようで，助かっています。私は見ているだけでいいし，私が長男に話すとつい感情的になっちゃうから。普段はこんなこと，夫に言わないけど」とＡさんは笑って答えた。夫は面映ゆそうにしている。

夫：長男にコミット　　➡　　Ａさん：その様子を静観

　上記のパターンは，夫婦によって肯定的に捉えられている。先にＡさんが主張していた長男へのコミットは，夫がすでに実現させており，長男に対して夫が望んでいた静観をＡさんはやはり行っていたことになる。「お２人のお望みは，お互いによってすでに叶えられているようですね」セラピストがそう指摘すると，「本当だ！」と夫婦はビックリした様子を示した。
　セラピストはこの新しいパターンが根づいていくことを願いつつ，夫に対して「息子さんとは男同士，気持ちが通じるのでしょうか？」と感心しながら言うと，夫は照れ笑いを浮かべた。「お父様は頼りになりますね」セラピストがＡさんに向けて言うと，Ａさんは笑顔で肯いた。

　　　Th：夫の取り組みを支持　　➡　　夫婦：良好な反応

　面接の中に肯定的な空気が流れ，良循環パターンが連鎖し始めている，そうセラピストは感じていた。夫もノッてきて「成長の一過程だから，親が振り回されても仕方ない」と場をリードするような見解を述べた。しかし，すぐに声のトーンを落とし，「妻が長男と衝突したときに，サポートができていなかった。申し訳ないと思っている」とＡさんに謝罪した。Ａさんは小さく肯いている。
　夫婦によるこのやりとりをどう受け取ればよいだろうか。Ａさんの反応は悪くないように思える。《夫婦のあり方を肯定し，夫婦の結びつきを強めたい》，セラピストにはそんなリクエストが寄せられているように感じられた。その実現に，どのように寄与できるだろうか。
　Ａさんと長男の「衝突」は，両者の間にコミュニケーションが生じているからこそ起きることであり，以前から母子が信頼関係を形成してきたことの傍証とも受け取れる。母親のことを避けてもおかしくない年代である長男が，正面からＡさんに関与しようとしなければ，「衝突」は起こりえない。ＡさんはＡさんで思春期の長男に粘り強く対応してきたのだろう。このような仮説から，セラピストは夫婦だけでなく長男も含め，家族を丸ごと肯定できないかと考えた。
　「多分，息子さんは《お母様のことが好き》なのですよね？」「はい，そう思います」真っ先に夫が応えた。Ａさんは唇を震わせながら，静かに下を向き，涙

をそっと手で拭いた。「普段からＡさんが息子さんとよい関係を築いているから，息子さんはＡさんを頼りたくなるのでしょうね。とてもよい母子関係なのだと思います。そんな母子関係をお父様はこれまでそっと見守ってこられた。ずっと気にとめてこられたからこそ，今回は時宜を見極め，お父様自らさらなるサポートをしようと決意することができた。タイミングはばっちりで，息子さんはお父様の助け船に乗ったようです。素晴らしい協力関係と信頼関係で，よいご家族だなあと感じました」。夫婦は，肯きながら納得の表情で，「言葉に出すと，すっきりと自分の気持ちがわかりますね。子どもが大切なのだ，という思いを再認識しました」と述べ，帰路についた。

④第３回面接

　さらに２週間後。今回も夫婦そろっての来談である。長男は登校しており状況は落ち着いてきたという。夫は前回よりも積極的な印象で，「今回のカウンセリングを通じて，妻とよく話すようになりました。妻は心配性なので，楽観主義の私が話を聞くことで心配が緩和されるようです」と述べた。Ａさんは「夫は忙しいから，困ったことがあってもあえて伏せていたのですが，相談してもいいんだ，聞いてくれるんだ，と思うようになりました」と嬉しそうである。セラピストは夫婦に良循環が発生し続けていると判断，その持続を期待して「素晴らしい新体制の発足ですね」と伝えた。

　長男にも夫婦の変化は伝わっており，好ましいものとして受け取られているとのこと。面接終了の匂いはそこここに漂っている。

　そのようなタイミングで夫は，「どうしたら妻の心配性を直せるでしょうか？」とセラピストに尋ねた。「！」……セラピストの頭の中にアラートが出る。この質問には注意する必要がある。セラピストの力ではなく夫婦の力で変化が生じているという文脈で良循環が生み出されているにもかかわらず，セラピストの専門性からこの質問に回答してしまうことで，「夫はいまだにセラピストの知識に頼る無力な存在である」という，支援の流れを阻害する意味づけが出現しかねない。セラピストは，こう返答した。「お母様の心配性が治せるかどうか，今すぐにはわかりません。心配事があったらお父様に相談をするという現状の方法がベストなのではないかと思うのですが……」と申し訳なさそうに言った。やはりというか，夫は満足げな様子である。

続いてＡさんからも質問が寄せられる。「子どもが勉強しません。どうすれば
いいですか？」。この質問にも気をつけなくてはならない。夫はセラピストとＡ
さんのやりとりを注視しており，《妻の力になりたい》というフレームが夫から
ひしひしと伝わってくる。これに抵触しないようにしなければならない。セラ
ピストは「思春期は，主体形成の時期ですから，勉強をさせるという姿勢より
も本人の動機づけを尊重する必要がある，というのが心理学的な一般論かと思
います……（父親のほうを向いて）というのは，お母様が求めている答えでは
ないですよね，お父様？　多分，お父様のほうが息子さんの状態を踏まえたよ
いアドバイスをなさると思います。よろしければ，お母様にご助言を差し上げ
てください」と言って，セラピストの知見は一般論にすぎないもの，夫の知見
は長男の特色が踏まえられた個別性の高い有益なもの，という対比を明確にし，
自身を相対的に夫よりも下位（ダウン・ポジション）に位置づけようとした。同
時に，先ほど夫の質問に答えた際に提案した，「妻は『心配事があったら夫に相
談をする』，そして夫がそれに応える」というパターンを今この場で試行してみ
ることができるのではないかと考え，水を向けたわけである。すると夫はＡさ
んに，「子どもが親の思うように勉強しない，そんな考えは親のエゴだよ」と述
べた。やや強い調子の発言ではあったが，Ａさんは「そうだね」と得心した様
子。パターンは次のように記述できる。

　　　　Ｔｈ：専門家然とした主導を避け，夫婦の相互作用を促進
　　➡　　　夫婦：より一層率直なやりとりを示す

　良循環といってよいだろう。「今回はこれで大丈夫そうです。また何かあった
らぜひお願いします」との申し出が２人からあり，面接は終了となった。

⑤事例の振り返り

　初回面接の途中から，セラピストは「普通を求めること」をめぐるＡさんの
重要フレーム，《子どもの可能性を伸ばしてあげたい》や《子どもの幸せを願わ
ずにはいられない》が，Ａさんから到来してきているかのような感覚を覚えて
おり，まずセラピストの中で，Ａさんは「普通を求めてしまう人」から「子ど
もの幸せを願う人」へと変わりました。その変化をセラピストは，「《普通を求

めてしまう》を雑に言い換えると，《子どもに幸せになってほしい》になるのですよね？」という発言をする際に，自分の中から滑り出させるように用いています。そうした面接プロセスを経て，Aさんの《問題》は《非問題》へと変化したものと推測します。

第2回面接では，セラピストは一見付き添いふうの夫に，面接参加を持ちかけています。それも，夫婦のフレームに突き動かされるように動いているのであって，セラピストの思想信条に基づいて夫婦面接を導入したのではありません。

第3回面接，夫婦はそれぞれセラピストに質問をしました。システムズアプローチでは，セラピストと関係者が織りなす流れをコンテクスト（context）と呼びます。夫婦関係が緊密化するコンテクストの中で，セラピストが質問に応答するという行為がプラスに働くのか，それともマイナスに作用するのか，セラピストはその場ですぐさま吟味しなければなりません。細かいことのように思われるかもしれませんが，このようなひとつひとつのコミュニケーションの積み重ねが支援全体を形づくるわけですから，等閑視できないのです。

システムというと，システマティックなどという言葉が思い浮かんできて，手順通りの画一的な実践を想起したくなるかもしれません。しかし，臨床実践の個別性こそ，システムズアプローチが最も大切にしているもののひとつです。セラピストは機械的に支援を主導するのではなく，終始，Aさんと夫の意向を知ろうとし，期待に応えられるよう気をつけることで協力関係を維持しつつ，2人が力を発揮できるよう動こうとしています。結果として，問題として持ち込まれた「普通を求めること」「長男の登校渋り」は解消していきました。

システムズアプローチについてさらに学びを深めたいという方は，東，吉川による定番の文献，東（1993, 2019），吉川（1993），吉川・東（2001）などをあたってください。入門編として，田中（2021）もご参照いただけると思います。

2　ブリーフセラピー

（1）ブリーフセラピーのエッセンス

ブリーフセラピーについて理解していただくために事例を紹介します（久持，

2020）。

　　　Bさんはひどい頭痛に悩まされていたため，病院に行って検査を受けることに
　　しました。検査を受けて，診察を待つ間，「何か重大な病気があるのではないか」
　　と不安でたまりません。そして，順番が来て，診察室へ。
　　　すると，白衣を着た医師がニコニコしながら「二重丸だよ」と言って，両手を
　　頭の上で繋げて丸のサインを送ってくるのです。全く予想していなかった光景に
　　戸惑いながら，どういうことかと尋ねてみると，「あなたの脳は素晴らしい，右
　　脳がすぐれているから，芸術的な仕事とかに向いているよ」と言われたので，「私，
　　画家を目指しているのです」と答えたところ，「素晴らしい！　あなたの脳にと
　　てもあっていると思うよ」と言われたそうです。病院から出たBさんは，スキッ
　　プをして帰りました（頭痛はどこへやら）。

　この事例からいえることは，「心理的な問題の解決の仕方は多様だ」というこ
とです。この事例の医師がとった方法は，問題や原因に注目するのではなく本
人が持っている脳の優れた側面に焦点を当てることだったのです。これにより，
クライエントに負担がかかることなく短期に頭痛を解消することができたのです。ブリーフセラピーでは，まさにこの医師がとった方法と同様のアプローチ
をとります。
　多くの心理療法において採用されているのが，問題や原因を追求するアプロー
チ（以下「問題志向アプローチ」）だと思われます。ブリーフセラピーはそれら
と全く異なるアプローチをとります。ブリーフセラピーを身につけることで援
助の幅が広がり，多様な解決法を生み出すことが期待できるのです。

（2）ブリーフセラピーとは

　それでは，ブリーフセラピーとは何でしょうか？　以下に定義を示します。
「精神科医ミルトン・エリクソン（Erickson, M. H.）の臨床実践に何らかの啓
発を受けて発展した短期心理療法の一群」（森, 2015）です。
　この定義のポイントは3点あり，①「ミルトン・エリクソンの臨床実践から
発展した」ということと，②「短期心理療法」ということと，③「心理療法の
一群」ということです。

①ミルトン・エリクソンの臨床実践から発展した

　まず，ミルトン・エリクソンが「心理社会的発達理論」を提唱したエリク・H・エリクソン（Erikson, E. H.）と同一人物であると思われていることが多々ありますが，これは誤りです。ブリーフセラピーで登場するミルトン・エリクソンは全くの別人です。

　では，ミルトン・エリクソンはどのような人物かというと，アメリカの精神科医であり，「普通でないセラピー（uncommon therapy）」（Haley, 1973）といわれるようなそれまでの心理療法の常識とかけ離れたユニークな心理療法を行っていた人です。

②短期心理療法

　次に，ブリーフセラピーは短期心理療法だということです。「短期」ということに加えて「効果」や「効率」も重視されます。ただし，決して「手短に終わらせる」というような意味合いではなく，「効率，効果を意識することにより，結果として期間（回数）が短く（少なく）なる」（坂本，2020）のです。

　それでも，対人援助において，あまり「短期」とか「効率」を強調しすぎるのには首を傾げたくなる人も多いかと思いますので，ここでは，ブリーフセラピーにおいては《短期》《効果》《効率》を重視するが，それはすなわち「クライエントの負担を軽減することを意識することである」と理解していただければと思います。

③心理療法の一群

　ブリーフセラピーは，様々な心理療法が詰まっている弁当箱のようなものです。ブリーフセラピーという弁当箱の中におかずである心理療法が並んでいるというイメージです。その弁当箱の中に入るための条件は，「ミルトン・エリクソンの臨床実践に何らかの啓発を受けて発展していること」と「短期に効果を上げること」の2点です。このように，比較的緩い縛りしかないものですから，今やその弁当箱の中には様々なおかず（心理療法）が混在しています。

　たとえば，「エリクソニアン・アプローチ」「解決志向アプローチ」「システムズアプローチ」「NLP」などミルトン・エリクソンとの関わりを出自に持つアプローチがあります。近年では，これらに加え「ナラティヴ・アプローチ」や

「オープンダイアローグ」なども加えられています。

　「ブリーフセラピーって，今ひとつどういう心理療法かがわからない」という印象を持つ人は多いと思いますが，その要因は2点あります。1点目は，ブリーフセラピー自体はおかずを入れるための弁当箱みたいなものなので，実体が掴みにくいものだからです。2点目は，ブリーフセラピー（弁当箱）に詰まった心理療法（おかず）が独自に発展をとげ，ブリーフセラピー以上に知名度が高くなってしまったからです。たとえば解決志向アプローチは，ブリーフセラピーの中に組み込まれていたひとつの心理療法だったのですが，大きな発展をとげ，ブリーフセラピー以上に広く知られるようになりました。このことにより，「ブリーフセラピー＝解決志向アプローチ」とか「解決志向アプローチの中にブリーフセラピーがある」などといった誤解が生じたのです。弁当箱の中に入っていたはずのおかずが弁当以上に有名になり，さらにそのおかずが進化して豪華になってひとつの弁当のようになってしまっている，これが現在のブリーフセラピーの実状になります。

（3）ブリーフセラピー（解決志向アプローチ）における分析・見立て

　前述の通り，ブリーフセラピーはいろいろな心理療法が詰まった箱みたいなものです。分析や見立てについては（同じブリーフセラピーといえども）個々の心理療法によって異なります。ここではブリーフセラピーの中でも「解決志向アプローチ」を取り上げ，解決志向アプローチにおける分析・見立てについて解説したいと思います。

①解決志向アプローチにおける分析・見立てのポイント

　解決志向アプローチにおける分析・見立てのポイントは次の2点です。

- クライエントに足りないものや欠けているものに目を向けるのではなく，クライエントにあるものやすでに持っているもの（**リソース**）に注目をする。
- 問題が生じている意味・原因・背景あるいは問題を維持している要因に目を向けるのではなく，問題が生じていないときや，問題が比較的マシだったとき（**例外**）に注目する。

リソース

「クライエントにあるものやすでに持っているもの」を解決志向アプローチでは「リソース（資質／資源）」と呼びます。そして，リソースには，「内的リソース」と「外的リソース」があり，「内的リソース」には，その人の能力・興味関心のあることなどが含まれ，「外的リソース」にはその人の家族・友人・愛用のもの・ペット・外部機関などがあります（黒沢，2002）。

　解決志向アプローチでは，クライエントのリソースに注目しそれらを活用しながら解決を目指していくというアプローチをとります。

例外

「問題が生じていないとき」のことを，解決志向アプローチでは「例外（すでに起こっている解決）」と呼びます。たとえば，「怒りがコントロールできない」という主訴で相談に来たクライエントの場合，「このクライエントは 24 時間，365 日ずっと怒り続けているわけではない」という前提に立ち，「クライエントが怒っていないときはどんなときか？」に注目します。さらには「クライエントが（いつもだったら怒っていてもおかしくないのに）怒らなかったとき，あるいは比較的怒り方がマシだったとき」について注目をし，そのときに「どんなことが役に立ったのか」について話題にします。

　このように，解決志向アプローチでは，問題が生じていないときや問題が比較的マシだったとき，すなわち「例外（すでに起こっている解決）」に注目をし，それを広げていくというアプローチをとるのです。

②事例を用いて分析・見立てを行う

　それでは，先に述べた分析・見立てのポイントについて，より理解を深めていくために，事例をもとに考えてみましょう。

不登校（小学 2 年生男児）の事例

【設定場面】本児童の担任教師よりスクールカウンセラーに相談があり，コンサルテーションを行う場面。

【担任から得られた情報】

家族について：

　　母親と 2 人暮らし（父は本人が幼少時に離婚して本人とは別居している）。母親

はコミュニケーションが苦手，電話をかけても出ないことが多い。メールには返事が来ることがある。仕事はしていない様子。

これまでの経過について：

《小学1年生》学校に来ても教室に入れないことが多い。担任が無理やり教室まで連れていっていたが，本人の緊張が非常に強いため，無理に教室に連れていくことはせずに，保健室にいるようにした。そうしたところ，本人の緊張感が解け，表情も明るくなることが多かった。母親と連絡をとろうにも，電話をかけても出ない。そのため，メールで連絡をすると時々返事が来るので，メールでのやりとりを行っていた。徐々に学校に来られない日が増えてきて，担任が迎えに行くようにした。学校に来るときには，ゲームの話などを担任に楽しそうに話す。

《小学2年生》担任が変わるも，学校としての方針は変えずに対応。本人は担任には比較的すぐに慣れた様子。ただ，うまくコミュニケーションがとれず，会話は続かない。保健室でクラスの友達と遊んだりはできるが，いざ「教室に行こう」と誘ってみるとどうしても行けない。2学期に入って，学校に来られない日が増えてきている。1年生のときと同様に，担任が迎えに行くと，学校には来られる。家に迎えにいっても母親は出てこない。

「問題志向アプローチ」で事例を検討する

▶ 問1：この事例において考えうる「原因」や「問題点」について挙げてみましょう

【回答例】

①父親不在の家庭に問題がある

②両親の折り合いが悪かったことが原因である

③母親のコミュニケーション能力が欠けており，それが本人に影響している

④学校での対人関係で何らかの問題があったことが影響している

⑤本人の対人緊張が高いことが問題である

▶ 問2：問1で考えた「原因」や「問題点」をもとに対応案を出してみましょう

【回答例】

①父性を提供できそうな大人が本人に関わる

②両親の折り合いが悪かったことは取り戻せないことなので，まずは本人に両親の話を聞いてみる

③母親にカウンセリングや精神科に通ってもらう

④本人にかつてクラスで体験したことについて聞いてみる

⑤コミュニケーション能力を向上させるようなトレーニング（SSTなど）を行う

解説

「問題志向アプローチ」にはいくつかの限界があります。

- **原因特定のために豊富な情報量を必要とする**──たとえば，問1で考えた①のように「父親不在の家庭に問題がある」などという見立てを採用するには，もっと豊富な情報が必要です。しかし，本ケースのようにコンサルテーションなど間接的な支援を行う場合は多くの場合，情報が不足しがちであり，情報が少ない中で効果的な支援を行っていくことが求められます。

- **「原因」や「問題点」を見出せても対応方法は見出しにくい**──たとえば，問1の③のように「母親のコミュニケーション能力が欠けており，それが本人に影響している」という見立てからは，対応方法を見出すのが困難です。母親のコミュニケーション能力を回復させる方法が見出しにくいですし，少なくともすでに本人に及ぼされた影響は消し去れないからです。

- **対応方法は実行が厳しいもの，または，本人らへの負担が高くなりがち**──問2の【回答例】はどれも実行が難しい，あるいは本人らへの負担が高いものばかりです。⑤のように，コミュニケーション能力を向上させるトレーニングを行うことは，実現すれば効果が期待できると思いますが，実現可能性がどの程度あるかは疑問ですし，実現したとしても本人と家族への負担はかなりかかってしまいますから，導入するには慎重さが求められます。

「解決志向アプローチ」で事例を検討する

▶ 問3：この事例における「例外」や「リソース」について挙げてみましょう

【回答例】

①母親にメールで連絡すると返事が来ることがある

②本人は保健室であれば緊張せずにいられる

③本人は担任とゲームの話を楽しむことができる

④本人は担任が変わってもすぐに慣れることができた

⑤本人は担任が迎えに行くと学校に来ることができる

▶ **問4：問3で考えた「例外」や「リソース」をもとに対応案を出してみましょう**

【回答例】

①母親にメールで連絡をとる頻度を増やす

②本人が保健室で過ごす時間を増やしてみる

③本人が担任とゲーム以外の話でも楽しめる話題がないかを探ってみる

④本人に対して担任以外の教師が関わってみる

⑤担任が迎えに行く頻度を増やす，または，ほかの教師が迎えに行ってみる

解説

「解決志向アプローチ」で事例を検討すると，先に挙げた，「問題志向アプローチ」の限界を補うのに有用であると考えられます。

- **情報は少なくても対応可能**——問題志向アプローチにおいてはクライエントの「コミュニケーション能力が欠けている」などという見立てをとることがありますが，解決志向アプローチでは全く同じ事例において，「ゲームの話を楽しむことができる」ことに注目します。「コミュニケーション能力が欠けている」ことを判断するには，豊富な情報が必要になるでしょうが，「ゲームの話を楽しむことができる」というのは具体的な事象ですので，この情報のみで十分です。

- **対応方法が見出しやすい**——「解決志向アプローチ」の対応方法は，コツを掴めば簡単に見出せます。まずは，「例外」を見つけたらそれを続ける，あるいは広げることを考えます。たとえば，「保健室であれば，緊張せずにいられる」のであれば，それは問題が生じていない貴重な状況なのですから，それを続けることが有効だと考えます。また，「リソース」を見つけたらそれを活用することを考えます。

- **本人らにかかる負担が少なく手軽に採用できる**——問4の【回答例】をすべて見渡してみるとわかると思いますが，「解決志向アプローチ」から見出された対応方法は，どれも比較的本人の負担が少なく，すぐに実行可能な（リスクも少ない）ものが多いです。

解決志向アプローチでは，「例外」や「リソース」などに注目し，「例外」を広げる，あるいは「リソース」を活用するアプローチをとります。事例の情報が少なくても有効な見立てを見出すことが可能であり，コツを掴めば対応方法

も見出しやすく，クライエントにかかる負担が少なくて手軽に採用できるというメリットがあります。解決志向アプローチは，「問題志向アプローチ」の限界を補い，身につけることで援助の幅を広げることが期待できるのです。

3　トラウマの心理療法

　トラウマというと事件，事故，災害といった言葉を連想する人が多いのではないでしょうか。そしてトラウマについては自分に関係ないと思っている人，また自分にはトラウマが結構あるなどと考える人もいるでしょう。中には，トラウマが心理療法でよくなるはずないと思っている人も少なからずいるでしょう。しかし，トラウマに効果的な心理療法は多く開発され，進歩も目覚ましい分野といえます。ここでは，まずトラウマに関する基礎的な知識を確認してから，トラウマの心理療法について解説していきます。

（1）トラウマとは何か？

　トラウマ（trauma）という言葉は，日常生活でもよく耳にするようになってきています。しかし，心理学的な観点でいうと理解しづらいというのも事実です。もともと，トラウマという用語は，体に負った傷という意味でした。しかし，心理学分野にも取り入れられて，トラウマという用語が使用されるようになりました。そのような経緯のために心的外傷と呼ぶことで，区別して使用される場合もあります。では，そもそもトラウマとは何なのでしょうか。

　大きな事件や事故や災害による心的外傷のみならず，不安や恥じらいといった感情もトラウマとなりえます。

　トラウマ治療を行うセラピストの間では，トラウマを大きく2つに分けて捉える場合があります。1つ目は，トラウマになりうる体験として多くの人が一般的に認識している，インパクトがある出来事としての事件や事故，災害などの示すトラウマです。これは，トラウマ（Trauma）の頭文字の「T」を大文字で書いて示す「ビッグT」のトラウマと呼ばれます。2つ目は，強く叱られたり，悪口をいわれたりするなど，個々の出来事のインパクトが少ないと考えられるトラウマとして，トラウマ（trauma）の頭文字を小文字の「t」で書いて示す「スモールt」のトラウマという見方があります。「スモールt」のトラウマは，

1回だけであれば，大きな影響はないでしょう。しかし，たとえ「スモールt」のトラウマであっても，繰り返されると，人に有害な影響を及ぼすことがあります。

（2）トラウマが影響する諸症状

　トラウマは，人の思考・感情・身体・社会性など様々な側面に影響をすることが明らかになっています。トラウマを主たる原因とする疾患としてはPTSD（心的外傷後ストレス障害）とASD（急性ストレス障害／反応）があります。ASDは，強い精神的なストレスやショックなどで不安や緊張が続く症状であり，自然な反応ともいえます。通常1か月未満で収まれば，ASDとされ，それが1か月以上続くようならばPTSDと診断されます。

　アメリカ精神医学会が刊行している『精神疾患の分類と診断の手引き（DSM）』では，DSM-IV-TRからDSM-5に変更となったときに，PTSDの属するカテゴリと心的外傷的出来事の定義，主要症状について変更がありました（表4-1を参照）。PTSDの従来の3つの主要な症状である，再体験（フラッシュバックや悪夢），回避・麻痺（思い出すような記憶，活動，状況，人を避けるなど），覚醒亢進（予期しない音にビックリする，イライラするなど）は，それぞれに対応する症状がDSM-5でも引き継がれています。それに加えDSM-5では「認知と気分の陰性変化」という新しい症状が入っています。この新たな症状は，自分自身や他者，未来に対する人生に対しての否定的な予想や，トラウマによる自分自身や他者への非難につながる歪んだ認識，持続的なネガティブな感情状態（恐怖，戦慄，怒り，罪悪感，恥）や，幸福，満足，愛情などのポジティブな情動を持続的に体験できないことが含まれます。

　また，2019年に改訂されたICD-11（日本語版未刊）に新たに加わった診断として「複雑性PTSD（C-PTSD）」があります。これは長期にわたる反復的なトラウマを受けた場合になるPTSDの症状です。長期にわたる反復的トラウマとは，具体的には，戦争捕虜となって拷問を受ける，奴隷として使われるなどの経験で，小児期などにおいては，長期間の家庭内暴力，性的虐待／身体的虐待という事柄を指します。複雑性PTSDの症状には，通常のPTSD症状（再体験，回避，過覚醒）に加えて，(a) 感情制御の困難（affect dysregulation: AD），(b) 否定的自己概念（negative self-concept: NSC），(c) 対人関係障害

表 4-1　DSM-IV-TR と DSM-5 の相違点

	DSM-IV-TR	DSM-5
カテゴリ	不安障害	心的外傷およびストレス因関連障害群
心的外傷的出来事	死・重症・身体の保全の危機について体験・目撃・直面。かつ反応は強い恐怖，無力感，戦慄に関するもの。	死・重症・性的暴力について直接体験，目撃，近親者等の出来事を耳にすること，仕事として出来事の細部に繰り返し曝露される体験。
主要症状	再体験，回避・麻痺，覚醒亢進	侵入，持続的回避，認知と気分の陰性変化，覚醒度と反応性の著しい変化

大江美沙里（2017）．日本語版補遺—診断について（Schnyder & Cloitre, 2015／前田・大江監訳, 2017）をもとに作成

（disturbances in relationship: DR）という 3 つの症状があり，これらは自己組織化の障害（disturbances in self-organization: DSO）として概念化されています。

　そのほか，トラウマが主症状でなくとも，その背後にトラウマの影響があると考えられる症状や疾病には解離性障害があります。解離性障害で最も有名なのは多重人格性障害とかつて呼ばれていたもので，現在の解離性同一性障害でしょう。また，反応性アタッチメント障害，限局性恐怖症やパニック症，さらには心的外傷体験によって様々な身体的な症状（声が出なくなる，視野が狭くなる，足が動かなくなる）という形で現れる転換性障害（心身症），上司のパワハラなどによって生じる反応性うつ病などもトラウマと深く関連しているといえます。

（3）トラウマの心理療法の種別

　トラウマ，特にPTSDに対しては，薬物療法や一般的なカウンセリングでの対応のほかに様々な心理療法が誕生しています。これらの心理療法は大きく 2 つに分けて捉えることがあります。その分類では，認知行動療法を中心とする認知を変化させてトラウマ症状の治療を目指していくタイプの心理療法を「トップダウン方式」と呼びます。そして，身体的な側面からPTSDやトラウマ反応に働きかけを行う心理療法は「ボトムアップ方式」と呼びます（表 4-2 を参照）。

　ボトムアップの心理療法は，トラウマを脳で処理し，受け入れ可能な記憶への変容や新たな気づきを促がす心理療法や，トラウマをエネルギーとして捉えて，そのエネルギーを解放したり，人間が本来持っている自然治癒力を引き出

表 4-2 代表的なトラウマ処理療法（杉山登志郎，2019 をもとに作成）

トップダウン方式 （認知的側面からの働きかけが主となる）	ボトムアップ方式 （身体的側面からの働きかけが主となる）
・STAIR-NT（感情および対人関係調整スキルト レーニング - ナラティヴ療法） ・トラウマに対する認知療法（CT-PTSD） ・ナラティヴ・エクスポージャー（ナラティヴに よる曝露法） ・Brief Eclectic Psychotherapy for PTSD（PTSD に対する短期折衷精神療法） ・認知処理療法（CPT）	・EMDR（眼球運動による脱感作と再処理法） ・パルサーを用いた EMDR 簡易版トラウマ処理 ・ブレインスポッティング（BSP） ・ホログラフィートーク（HT） ・自我状態療法（EST） ・ソマティック・エクスペリエンシング®（SE™） ・ボディ・コネクト・セラピー（BCT） ・思考場療法（TFT）

すタイプの心理療法が含まれています。この流れは，トラウマの神経科学的な研究が進んで，認知だけではなく，身体にも大きく影響を及ぼすことが理解されたこと，またトラウマ症状の多くが，身体的な症状に現れ，後にまで残ることが多いことからも，臨床家の間では注目されています。

　いずれの技法も高度な知識と技術の修得が必要となるために，技法によっては公認心理師や医療系や福祉系などの資格を取得していることが受講資格として設けられている場合もあり，使用にあたっては十分なトレーニングを積む必要性があります。

（4）トラウマに効果的なトップダウン方式の心理療法

　トップダウンに分類される心理療法は，学習理論（条件づけの消去など）や，行動療法（曝露法など），認知療法に基づく心理療法が中心となり，多くの場合，認知（行動）療法に基づく技法が使用されています。

①感情および対人関係調整スキルトレーニング - ナラティヴ療法（STAIR-NT）

　STAIR-NT は認知行動療法（CBT）の原理に基づき，そこにアタッチメント理論，対人関係理論，対象関係理論の原理を統合した心理療法です。したがって，介入は主に CBT の基本に沿って行われ，クライエントに学習による新しい考えや行動をもたらすことでトラウマの治療が可能と考えています。また，対人関係に関する問題はアタッチメント理論に基づいているので，養育者との関係で形成される対人関係の枠組みである「内的作業モデル」を「対人関係スキー

マ」として捉えて，実践に取り入れやすくしてあるという特徴があります。

　STAIR-NTは16セッションからなる治療で，下記の2つのモジュールに分けられます。

　最初の部分（セッション1〜8）は「感情と対人関係を調整するためのスキルトレーニング（STAIR）」と呼ばれ，感情のコントロールや対人関係の困難などといった現在の課題に焦点を当てたスキルトレーニングを念頭に置いて，患者の日々の問題を取り扱います。その中で対人スキーマを同定し，より社会的機能と健全な人間関係の発達が損なわれない新しいスキーマを獲得します。

　「ナラティヴ療法（NT）」と呼ばれる2番目の部分（セッション9〜16）では，自分に起こったことを意味づけるために過去に焦点を当てた物語を語ることでトラウマ体験を処理します。想像エクスポージャー（曝露）の手法を用いて，トラウマとなった記憶を起承転結のある物語として整理し，自伝的記憶の一部として話すことを求められます。「トラウマは，人生の多くある物語の一部の章にすぎず，そこから何らかの意味を見出すことができる」と考えるようにクライエントを促すため，物語は使用されます。回復した人は，自分自身を「自分の物語」の作者として主体的に考えられるようになり，未来を自由に想像できるようになります。

　STAIR-NTは，特に2番目の部分（NT）がナラティヴ（物語り）によるトラウマへの曝露という意味で行動療法的ではありますが，現在の問題に焦点を当てた1番目の部分（STAIR）だけでも効果があることが示されています。

②トラウマに対する認知療法（CT-PTSD）

　トラウマに対する認知療法（CT-PTSD）では，エーラーズとクラーク（Ehlers & Clark, 2000）の認知モデルがケースフォーミュレーション（見立て）の骨組みになっています。CT-PTSDのモデルの中では，（a）トラウマとその後の影響における過剰にネガティブな評価を修正する，（b）トラウマ記憶の精緻化，誘因の識別によって再体験を減らす，（c）現在の脅威の感覚を維持するような行動や認知的方略を減らす，の3つを治療における目標としています。目標を達成するために想像上の追体験やナラティヴ筆記を行い，患者の根底にあるトラウマの意味づけを理解し，トラウマを上書きする情報を引き出していくという技法を使用します。ソクラテスの質問法や，円グラフを使用した認知療法の技

法も使用します。治療期間は，毎週60分〜90分のセッションで最大12回，その後，月1回の追加セッションを3回まで加えることがあります。

③認知処理療法（CPT）

　認知処理療法（CPT）は，認知療法を理論的基盤とした，PTSDに関連する症状の軽減に焦点を当てた心理療法です。治療は毎週行われる12セッションで構成され，自然回復を妨げるスタックポイント（引っかかり）を特定していくために「信頼，力とコントロール，安全，価値，親密さ」という5つのテーマを扱います。

　CPTでは，スタックポイントが「同化」と「過剰調節」によって生じると捉えます。「同化」とは，トラウマ的出来事と自分の持っていた信念とを一致するように解釈することです。人の持つ典型的な信念として「世界公正信念」があります。これは「良いことは良い人に起き，悪いことは悪い人に起きる」という信念です。このような信念を持つ人がトラウマ的な体験をした場合，「自分が悪かったからだ」と考えるようになり回復を妨げます。「過剰調節」とは，新しい情報を自分の認知的枠組みに組み込むことで，世界を新たに理解することです。もともと「世の中は安全だ」と何となく思っていた人が，トラウマ的な体験をした後に「世の中は，危険に満ちている」と考え，自分の周囲の人や物を，危険であり，自分は無力で，すべての人は信頼できないと考えるようになった場合は，過剰調節が起きていると考えるのです。

　CPTでは，このようなスタックポイントを特定し，解きほぐしながら治療が進められます。CPTは他のPTSD治療法と比較して，PTSDの症状の軽減に大きな効果があることが示されています。

（5）トラウマ対処に効果的なボトムアップ方式の心理療法

　ボトムアップ方式の心理療法群は身体志向心理療法という名称で呼ばれることもあり，中には日常生活や個人の臨床上の経験則がきっかけとなり誕生した方法もあります。したがって，身体に働きかけるという意味で共通していても，それぞれ異なる理論的背景を持っています。

①ソマティック・エクスペリエンシング®（SE™）

　ソマティック・エクスペリエンシング®（Somatic Experiencing®: SE™）では，トラウマは脳，心，身体といった全人的な影響を与えるという考えに基づいています。

　動物は危険が迫ると，防衛反応としてシャットダウンし，固まったり（凍りつき反応），倒れたりします。動物では「持続性不動」と呼ばれ，一時的な麻痺状態を意味します。この急性の生理的ショック反応を示す野生動物は，捕食動物が立ち去らなければそのまま食べられてしまいますが，捕食動物が他の事柄に気をとられ立ち去って，助かった場合には，深い呼吸をし，身体を震わせたりして恐怖のエネルギーを身体から解放し，防衛反応を完了させることで起き上がり，何事もなかったかのようにいつも通りの生活に戻ります（つまり，トラウマはない状態）。しかし，人間はほかの動物と違って，圧倒的なトラウマにさらされた後に，もとの生活に戻れないことがあります。これは，本来持っている自己調整能力が失われ，恐怖と無力感を繰り返し体験しているためです。そして，このようなトラウマ体験をした人は，逃れられない脅威に対する最終的な防衛反応である麻痺がいつまでも残り，これが感情が強く喚起される様々な状況に対する「デフォルト」の反応となります。

　SEでは，トラウマは，身体や心や精神，神経系がトラウマ的体験を処理できないことで生じると考えており，未完了の防衛反応を完了させて自律神経の自己調整能力の回復を目指す，統合的な治療が行われます。

②EMDR（眼球運動による脱感作と再処理法）

　EMDR（Eye Movement Desensitization and Reprocessing）は，シャピロ（Shapiro, F.）が散歩中に不安がふと消えた体験をしたときに，自らが目を動かしていたことに気がついたことを機に開発された心理療法で，当初は「EMD」と呼ばれ，不安を低減する脱感作の一種として考えられていました。その後，肯定的な認知が上昇するなどの理由から，脳の「適応的情報処理（AIP）」によって未処理のトラウマ記憶が再処理されるという考えに至り，再処理（reprocessing）の「R」を加えた「EMDR」となりました。

　治療プロトコルは8段階となっており，その中で苦痛な外傷的経験に関する記憶を取り上げ，代表的場面を特定し，問題となる場面（映像・思考・情動・

身体感覚）を思い出し，自分に対する「否定的認知」「肯定的認知」を尋ねるなどの手続きを行います。そして，これらに注意を向け，一般的には追視による両側性刺激，つまり左右に動く治療者の指を目で追い，眼球運動を行っていきます。このような手続きの中で，トラウマ記憶が適切な記憶とのつながりを持つ（たとえば，ある失敗経験があるとして，それは経験済みであるとか，大きな影響はなかったという記憶とつながる）ことで，トラウマ記憶の情報処理（代謝・消化）ができるとの考えに基づいています。

　EMDRでは1回のセッションでも，大きな治療的変化が起きることも多く，自然災害，自己など単発的な外傷的出来事である単回性トラウマでは，3回から5回のセッションで治癒や大幅な改善が認められます。しかし，EMDRはセッション終了後にもクライエントに対する影響が続き，感情が不安定となる可能性もある技法のため，正式な訓練を受けてから使用する必要性があります。

③ボディ・コネクト・セラピー（Body Connect Therapy: BCT）

　ボディコネクトセラピーは，日本で開発された身体感覚に働きかけるボトムアップ方式の心理療法です。従来からあった身体的に働きかける心理療法が統合され，新しい知見が加えられて開発されました。トラウマ記憶を思い浮かべたときに感じる身体感覚を手がかりの中心として，中心から左右どちらか片側の眼球運動とツボをタッピングすることを同時に行うことでトラウマ処理を行う技法などを用います。特徴としては，トラウマに関する内容をあまり言語化する必要性がなく，強度のトラウマでなければ，ひとつのトラウマの処理速度は15〜20分程度，つまり，トラウマの苦しさが減じていく処理速度が速いことや安全性が高いこと，時間をあまりとられないために様々な場面で使用しやすいことが挙げられています。すでにEMDRなどを学んだ多くの現場の臨床家に支持されている心理療法といえますが，エビデンスについては今後の課題とされます。

（6）まとめ

　トップダウン方式とボトムアップ方式の心理療法は決して対立するものではなく，互いに補完することができ，より高いトラウマへの治療的効果も期待できます。一般の人にもトラウマの知識が広く知られるようになれば，より多く

の人が，適切な援助を求められるようになり，また様々な場面で効果的なトラウマ治療を受けることができるようになれば，救われる人々も増えていくと思います。今後，さらに多くのトラウマ治療を行える公認心理師・臨床心理士が養成されていくことが期待されます。

4　対人関係療法

（1）対人関係療法とは

対人関係療法（Interpersonal PsychoTherapy：以下，IPT：Klerman et al., 1974）はサリヴァン（Sullivan, H. S.）をはじめとする精神分析ムーブメントにおける新フロイト派（対人関係学派）を原点として発展したコミュニケーションを最適化する心理支援法です。

この方法の特徴は，コミュニケーションに注目し，対象者のパーソナリティや無意識には相対的に言及しない姿勢をとることです。その分，対象者に自分を省みる負担を与えにくいと考えられています（杉山崇，2019）。ただし，心理支援者にはコミュニケーションの中で個人と個人がお互いに何を感じているかを察するセンスが必要とされます。ここではIPTを使いこなすために必要となる，コミュニケーションする動物としてのヒトの本質に迫るヒントも含めて紹介します。

①医療領域における原則

IPTは医療領域において，よい意味で「医学モデル」や「診断」を重視し，対象者に「病者の役割」を引き受けてもらい，それを積極的に活用します。医学モデルにのることで「治る（改善する）」という期待を抱いてもらうことを目指します。

たとえば，対象者が抱えている問題は，対象者の対人的な機能が妨害する何かがあるためだと説明（心理教育・明確化）します。すべての妨害要因（環境要因，および本人の脆弱性）をすぐに変えられるわけでありませんが，IPTによって環境に変化をもたらし，症状が改善する可能性を示唆することで治る期待を持ってもらい，その上で協働します。

IPTを必要とする人で医学的なケアが必要なほどの症状を示す人は，経験的

に対人関係の中で情緒的な混乱を持ちやすいことから，対象者が心理支援者に依存したり，心理的に退行することを防ぐために期間限定で行います。

医療領域における IPT の活用の姿勢は以下のような要点にまとめられます。

- 患者のパーソナリティを認識はするが，パーソナリティへのアプローチはしない。
- 精神内界よりも現実的な対人関係スキルの向上を目指す。
- 自主性，主体性を尊重する（対象者に求める）。
- 患者の味方・代弁者として，提案はするが評価を下さない。
- 心理支援者と患者は「共同研究者」として，共にポジティブな展望を共有して協働する。
- 治療関係については基本的には言及しないが，心理支援者に対する患者の気持ちが改善の妨げになる場合のみ扱う。
- 心理支援者は患者に対して率直なコミュニケーションをとるが，友人関係のような親密さは持たない。

②医療領域以外の場合

医療領域以外では，基本的に対象者に「病者の役割」を引き受けていただくことは求めません。したがって，医学モデルにのっていただくことも必須とはしない場合が多いようです（杉山崇, 2019）。また，IPT で支援が完結しない場合もあるので，他の心理支援法と統合的に活用することもあります。

心理支援者が IPT を使用する際には医療領域の姿勢を援用することが多いのですが，対象者との対話の中で対象者がどのように体験しているのか，感じているのかを聞き取りながら，対象者にとって最適な心理支援者の姿勢を探る運用もあります（杉山崇, 2019）。

（2）対人関係療法のプロセス

IPT は，図 4-1 のようなプロセスでよい変化をもたらすという仮説に基づいています。

この図に沿って，対人関係療法の実施の実際を紹介しましょう。

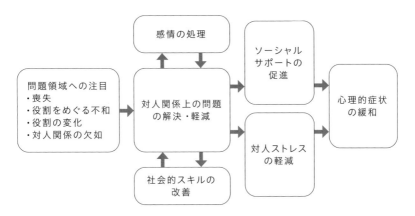

図 4-1　対人関係療法の変化の仮説（Lipsitz & Markowitz, 2013 をもとに作成）

①仮説モデルを導入するか否かのアセスメント

　多くの心理支援法がそうであるように，IPT も心理支援に導入するか否かの判断から始まることになります。そのためには，まずはインテーク面接などで対象者の苦悩の概要を理解する必要があります。

　まずは対象者が今困っている事柄を聴取し，対象者がその状況をどのように体験しているか共感的に理解します。対象者にストレス反応や何らかの症状があれば，それが始まった時期やそのきっかけ，またはより悪化したきっかけについての情報を得ます。そして，ストレス反応や症状がどのような経過をたどってきたのか聴取する中で，それらに対人関係が関わっていないか検討します。後述しますが，人の脳が最も敏感に反応する刺激は人なので，対象者の苦悩や事例に全く人が関わっていないことは少ないです。そこに対人関係の問題，言い換えればコミュニケーションの問題があるか否か検討するのです。これは心理支援者が一人で行うものではなく，対象者との対話の中で対象者の実感も確認しながら行う必要があります。

②誰を IPT に誘導するべきか？

　IPT では対象者自身のことではなく，周りの人とのコミュニケーションに焦点を当てます。そのため，対象者には相対的に自分と向き合う負担が軽くなります。

　たとえば，怒りに満ち溢れた対象者は何でもかんでも人のせいにしてしまう

ことがあります。このような状態では，自分と向き合うことは困難でしょう。先述のように対人関係が全く関わっていない事例は少ないので，周りの人への怒りに満ちている場合は暫定的にIPTに誘導して，他者がどの程度関与しているか検討する場合もあります。

③IPTにおけるケースフォーミュレーション

IPTの導入を検討するために，IPTにおけるケースフォーミュレーションを行う場合もあります。ケースフォーミュレーションを通して，対人関係の問題の影響がより明らかになると，心理支援者にとっては導入への迷いが軽減しますし，対象者にはIPTへの動機づけが高まります。

ケースフォーミュレーションには様々な方法がありますが，「対象者要因（愛着スタイルや感受性，価値観など）」「現在の対人関係上の危機」「慢性的な社会的援助の不足」の3項の相互作用を描く方法がひとつです。たとえば，「拒絶に過敏な感性」「職場における上司との険悪な関係」「職場およびプライベートにおける慢性的な孤立」，この3項が相互に影響し合って今の問題を維持しているというフォーミュレーションを描いて対象者と共有するなどがあります。

また，複数の人とのコミュニケーションをフォーミュレーションする方法として，横軸に対人関係の重要性，縦軸に問題のひどさの2次元空間をつくり，それぞれの他者が空間上のどの位置に配置できるか検討するというフォーミュレーションもあります。

筆者は心理社会プロセスモデル（杉山, 2005）という独自のモデルを活用していますが，対象者にわかるようにフォーミュレーションすることが重要です。

④問題領域に焦点を当てる

フォーミュレーションなどを通して，対象者とIPTを導入することの合意が形成できたら，次は対人関係の問題領域に焦点を当てます。IPTでは問題領域を次の4つに整理しています。

- 悲哀：重要な人の喪失や死別など
- 対人関係上の役割をめぐる不和：身近な人間関係でお互いに期待する役割の不一致

- 役割の変化：身近な人間関係でお互いに期待する役割の変化
- 対人関係の欠如：身近に親しい人がいないなどの孤独や孤立

　IPTではこの中からクライエントが直面している問題領域を1つか2つ選び出します。以下，それぞれについて説明しましょう。

悲哀

　家族との死別後など，明らかな重要な他者の喪失がある場合は，喪失に対する否認反応や絶望などで喪の仕事（mourning work）がうまく進まずに苦悩が長引いている状態と捉えます。このような場合は，心理的に安心できる環境を提供して，ポジティブな変化，ネガティブな変化も含めて，現実の受容を協働して図ります。その中で，喪の仕事を進め，現在の対人関係の中に新たな愛情や対人関係を再確立できるように支援します。

　なお，愛着対象との別離や愛着対象の何かが変わって，これまで通りのコミュニケーションができない機能消失などは，「役割の変化」として扱います。原則として死別以外は悲哀とはしません。

役割をめぐる不和

　重要な他者とのコミュニケーションにおいて，お互いの役割に関して抱いている期待にずれがある状況です。人はお互いに何かを期待し合って生きています。他者が期待に沿ってくれないと裏切られたような気持ちになってしまい，そのショックから，強いダメージを受けてしまいます。

　多くの対象者で，役割をめぐる不和を自覚していることは少ないようですが，心理支援者との対話の中で明らかになることがあります（杉山崇，2019）。

　心理支援者は役割をめぐる不和の可能性が明らかになったら，以下のどの段階にあるか検討する必要があります。

（a）再交渉：喧嘩など，お互いのずれに気づいて積極的に双方が変化をもたらそうとしている

（b）行き詰まり：家庭内別居など，お互いのずれに関する交渉を諦めてしまい，相互に沈黙している

（c）離別：離婚の準備など，不和が取り返しのつかないところまできており，物理的にも心理的に距離をとるためのサポートが必要

表 4-3　役割の変化を伴いやすいライフイベント（杉山崇, 2019）

・転居	・健康上の変化（病気の診断など）
・転職	・家庭内での役割の変化（出産・介護など）
・離婚	・職場での役割（立場）の変化
・実家を出る	・引退
・経済的変化	

　この検討においては，コミュニケーション分析などを通じてやりとりの実際を確認する必要があります。その上で，期待とコミュニケーションの両方を把握し，対象者を極端で短絡的な選択に導かない配慮が必要とされています。

　主な支援として，(a) の段階では問題解決の促進に向けて感情を落ち着かせ，喧嘩ではなく建設的に話し合えるようにコミュニケーションを整え，(b) の段階では再交渉が可能になるように相互の期待のずれを明確にする，(c) の段階では (b) または (a) に移行できる可能性を探りつつ（決定分析），可能性がない場合は離別に伴う喪の仕事を助けることが重要とされています。

役割の変化

　多くは表 4-3 のようなライフイベントに伴って役割が変化する中で問題が生じます。また，役割の変化が自分自身の喪失，あるいは重要な他者の喪失と感じられる人もいます。このような場合は，一種の悲哀にあたるような心理的反応を示すこともあります。

　役割の変化についてのアセスメントにおいては，たとえば，昇進のように一般的にはポジティブに捉えられることでも，クライエント個人にとってはストレスフルな出来事になっていないかどうか，つまり，変化をクライエントがどのように経験しているかが最も重要です。アイデンティティの喪失など，古い役割の喪失についての喪と受容の問題があったり，新たな役割にポジティブな側面を発見しにくい場合もあります。

　支援の目標としては，新たな役割への適応感を得ることで自尊心の回復を図ること，新しいスキルを身につけつつ新旧の変化に伴う気持ちを語り合うこと，重要な他者などとのソーシャル・サポートの変化に注目し，喪失したソーシャルサポートの再構築を図る機会を探っていくことが重要です。

対人関係の欠如（社会的孤立）

　この問題領域は，ここまでに紹介した3つの領域に問題が収まる場合は選択しないことが多いとされています（岡, 2018）。しかしながら，ソーシャルサポート研究ではソーシャルサポートを得られない環境にいることそのものがストレスであることが示唆され（杉山, 2015），他者に頼らないという信念が心理不調の一因になる可能性も示唆される（たとえば杉山, 2005）など，孤立の悪影響が考えられています。また，対象者をよりよく理解するためには「実際に孤立した環境にいるかどうか」だけでなく，「自分が孤立しているように感じているかどうか」にも注目する必要があるのです。積極的には採択しないとしても，対象者の孤立感には配慮する必要があるといえるでしょう。

（3）コミュニケーション分析

　IPTではコミュニケーションの不和に焦点を当てて，コミュニケーション分析を行います。コミュニケーション分析では対象者が他人の考えや気持ちについて抱いている憶測を注意深く傾聴します。特に，他者との最近の不和についてやコミュニケーションが不調に終わった場面などを詳しく聞きます。

　心理支援者は特に対象者が重要な他者との間で行った会話や無視も含めたストレスフルなやりとりについて詳細な話を聞くことで，コミュニケーションにおける問題点を探し出しましょう。可能な限り，対象者と周囲の人々との逐語記録のような詳しい会話の実際の情報をもとに，対象者の気持ちや意図，相手方の気持ちや意図の両方を扱いましょう。

①コミュニケーション分析の目標

　コミュニケーションの問題を精査し，同定することで，より効果的で効率的なコミュニケーションを探る方向に対象者を誘導することを目標とします。そのために次の事柄を理解できるように努めることが必要とされています（Weissman, Markowitz, & Klerman, 2000）。

- 対象者本人が有形無形（言語的・非言語的コミュニケーション）で伝えている気持ちを理解する
- それらのコミュニケーションが周囲の人や重要な他者に与える影響を理解し，同

時に他者からのコミュニケーションが対象者に与える影響を理解する

- 対象者が可能な限り，具体的なコミュニケーションを明らかにし，対象者に可能なよりよいコミュニケーションについて協働で検討する

②対象者が陥りがちなコミュニケーションの問題

対象者が陥りやすいいくつかのコミュニケーションの問題があることが知られています（Weissman et al., 2000）。まず，自分は適切にコミュニケーションを行っているので，自分の気持ちを相手はすでに理解しているという誤った認識が挙げられます。これは社会心理学では透明性錯覚と呼ばれるものです。自分の心の中が相手に伝わっているという錯覚で，認知バイアスのひとつとして知られていますが，この状態に陥っている対象者は少なくありません。

また，自分は相手の意図やメッセージを理解しているという誤った認識です。多くの場合，相手のメッセージが多義的，またはあいまいであるにもかかわらず，確認もせずにわかっていると思い込んでしまうことがあります。

さらに，意図的にやっているわけではないにせよ，他者への敵意や嫌悪感が有形無形で表現されている場合もあります。たとえば，聞こえるようなため息をつく，睨むような目つきを向ける，顔がこわばっているなどが挙げられます。また，意図せず相手を卑下する発言や嫌味ととられる発言をしている場合もあります。沈黙によってコミュニケーションを打ち切ることで，相手に悪意が伝わってしまう場合もあります。

③人は，人の中で傷つき，人の中で癒やされる

コミュニケーション分析では，可能な限り逐語に近い対象者の実際のコミュニケーションを分析します。その中で，コミュニケーションにおける感情に気づき，その感情の処理を促します。同時に，新しいよりよいコミュニケーションの可能性を探り，対象者の社会的スキルの改善も図ります。

その結果として，周囲の他者がソーシャルサポートの資源として機能し，対人ストレスの軽減が見込めます。ストレス反応や症状があった場合はその軽減も目指します。

対象者が陥りがちなコミュニケーションの問題は，対象者本人はなかなか気づけない場合も多いのですが，心理支援者は強く直面化させて侵襲的になるこ

とは避けつつも，ひとつの可能性として，あるいは事実確認として，先述のような問題に陥っている可能性について対話を行いましょう。前提としては，必ずよりよい方法が見つかるというポジティブな展望のもとで，対象者を責めるのではなく，対人関係はそういう罠に陥りやすいという前提で，対象者が前向きによりよいコミュニケーションに取り組めるように支えることが重要です。

5　アドラー心理学的アプローチについて

（1）アドラー心理学は深層心理学か

　アドラー心理学（Individual Psychology）は，精神分析学のフロイト（Freud, S.）や分析心理学のユング（Jung, C.）と，同時代を生きたアドラー（Adler, A., 1870–1937）によって創始されました。フロイトとアドラーは共同研究をしていた時期もあったせいか，精神分析学や分析心理学などとともに「深層心理学」のひとつに分類されることがあります。

　しかし，実はそれらの心理学が焦点を当てているポイントは，全く違います。フロイトやユングの心理学は「個人・心」に焦点を当てていたのに対して，アドラー心理学は「対人関係・関係性」に焦点を当てているという大きな違いがあるのです（八巻, 2020）。この焦点の当て方の違いは，そこから生まれてくる治療理論や人間観の根本的な違いにもつながっていて，それらの隔たりは想像以上に大きかったと思われます。実際，フロイトとはその後，考え方の違いから 1911 年に決別しています。

　このような違いから，アドラーの心理学は深層心理学ではなく，「文脈心理学（context psychology）」と呼ばれることもあります。アドラー心理学は，無意識を重視する深層心理学あるいは精神分析の一派というよりも，むしろそのアンチテーゼであるといえるのです。そして，コミュニケーションを重視する現代のシステム論的家族療法やブリーフセラピーの理論と実践の先駆けともいえるものを，アドラー心理学の考え方は示しています（八巻, 2017）。

　アドラー心理学の体系は，「思想」「理論」「技法」の三位一体をなしているのが，大きな特徴（鈴木・八巻・深沢, 2015）ですが，本節では，特に「理論」の代表的なものをご紹介していきたいと思います。

（2）アドラー心理学の「理論」

①アドラー心理学の「基本前提」について

アドラー心理学の「理論」には，代表的な5つの「基本前提（basic assumptions」があります。

「**目的論**」：人は，目標や目的なしでは，思考・感情・意思・行動が機能しない。
「**対人関係論（あるいは社会統合論）**」：人間の悩みは，すべて対人関係の悩みである（岸見・古賀，2013）。
「**認知論（あるいは仮想論）**」：人のものの見方は十人十色であり，それぞれ違う色の眼鏡をかけて世界を認識していると考える。
「**全体論**」：人の心は分割できない全体である。その全体は部分の総和以上である。
「**主体論（あるいは個人の主体性）**」：人間は主体的なものであり，人生における選択は，すべて自分が決めている。

これらの基本前提は，アドラー心理学による人間理解の理論・人間観でもあります。この5つの「基本前提」がそろって，初めてアドラー心理学であるともいえる大切な基本理論です。あらためて，シンプルにその人間観を述べてみると「人は絶えず，社会の人間関係の中で（対人関係論），一貫して（全体論），人生を選びながら（主体論），意味づけて（認知論），目的に向かって生きている（目的論）」となります。

これらの5つの「基本前提」の中で，特に心理臨床活動において重要な考え方を示唆しているのが，「目的論」と「対人関係論」でしょう。次にこの2つを取り上げて解説していきます。

②「目的論」について

「目的論」とは「人間の行動は，何らかの目的があって，発動・実行されていく」という考え方です。この「目的論」の対義語は「原因論」です。「原因論」とは「人間の行動は，何らかの原因があり，その結果としてその行動が現れている」という考え方で，フロイトやユングの心理学は，人間の行動の原因を無意識に求めていく「原因論」を採用しています。原因は過去に存在するもので

すから，過去（生育歴など）を探りながら分析をしていくことになるわけです。

　アドラー心理学で採用されている「目的論」は，過去を見ていくのではなく，むしろ現在から未来に向かう方向を探ろうとします。「どこからきているのかを考えるのではなく，どこへ向かっているのかを考える」のです。クライエントが起こしている問題行動に対して，「何が原因か」と問うのではなく，「何を目的としているか」と考えることによって，セラピストとして，その問題行動にどう対処していくかという指針が得られる可能性が広がります。

　たとえば，ある不登校になっている子どもに対して，それまで喧嘩が絶えず不仲だった両親が一緒になんとかしようと協力する姿勢を見せていたケースがあったとします。これを「両親の不仲が不登校の原因だ」と考えるよりも，「両親を協力関係にさせようという（無意識的な）目的で，子どもが不登校になった」と考えたほうが，誰かを悪者にすることなく解決のための方策の選択肢が増やせるということがわかると思います。

　「原因論」は事態を「解説」することには長けています。しかし，セラピストとして「解決」を目指すためには，それだけでは不十分です。セラピストがこの「目的論」を採用することによって，「問題解決」の方向性をつくり出すことができるのです。まさにブリーフセラピーでいわれている「解決志向」「解決構築」の考え方と同じものといえます。

③「対人関係論」について

　アドラーは，「社会的存在」としての人間，あるいは「対人関係」における人間，という「個人だけにとどまらない視点による人間理解」を常に重視していました（Adler, 1929/1969）。つまり，人の行動の本来の意味を理解するためには，その行動を起こすことが，その人の周りの対人関係（あるいは社会的文脈）上において，どのような影響を及ぼすのかを考えてみるということです。このような考え方をアドラー心理学では「対人関係論（interpersonal theory）」あるいは「社会統合論（social embeddedness）」と呼んでいます。

　臨床心理学の歴史をさかのぼってみると，アドラーが「対人関係論」を唱え始めた後には，同じような対人関係的な視点を唱える人が，次々と現れ始めてきました。たとえば，1960年代から提唱され，家族療法に積極的に取り入れられた「システム論」という考え方も，人と人との相互作用を重視することから

「対人関係論」的な視点といえるでしょう。家族療法家である東（2012）は，システム論的家族療法における相互作用による理解，つまり「対人関係論」的な理解の重要性について強調しています。

　このように個人ではなく社会（あるいは家族）システムをいかに変化させるかを重視するという点では，アドラー心理学によるカウンセリングの考え方と，いわゆる現代のシステム論的家族療法の考え方は，ほとんど違いはないといってよいでしょう。

　ある意味，先見の明があったアドラーの「対人関係論」ですが，実際にアドラー心理学においては，どのような説明がなされているのかを，あらためて見ていきます。

　アドラーは「人生のあらゆる問題は，結局のところ，対人関係の問題である」（岸見・古賀，2013）と繰り返し述べています。問題は個人一人だけに生ずるのではなく，必ず「相手役」との対人関係で発生すると考えるのです。あらゆる人間の行動は，その人と「相手役」との対人関係上の問題解決を目的として，発動・実行されます。その行動の「意味」は，その人の心の中にあることだけからではなく，その人と「相手役」の人との対人関係に及ぼす影響から，判断・理解することができると考えるのです。

　ある人の言動について理解しようとする場合，その本人が「周りの人」に対してどんな態度をとっているのか，どのように関わっているのかという点を丁寧に調べてみることによって，その人がそのような言動をする「目的」もわかって（＝目的論）きます。ある人の言動は，その人個人内だけで自然発生的に起こるのではなく，その「周りの人」のような言動を向けられる「相手役」がいて，その相手役から何らかの応答を引き出そうとしている，と考えるのです。人の言動について，対人関係の文脈でその行動の意味を見出そうとするのがアドラー心理学です。

④臨床現場における「目的論」「対人関係論」の採用

　臨床現場においては，トラウマなどに代表されるように，問題行動を起こす人の「心」の中には要因や原因となる「何か」があって，カウンセリングやセラピーの目標は，その「何か」を除去することであると「原因論」的に考えていくことは多いでしょう。臨床現場では，圧倒的に「原因論」の考え方が支配

しています。セラピストにとっても，原因論的思考は強力であり，一時的な結論（それは一時の安心感でもあるかもしれません）を得るには，とても便利な思考だと思います。

　しかし，セラピストが「目的論」や「対人関係論」に立って考えてみると，クライエントの問題行動は何らかの「目的」を持って，相手役との「関係の中で起こっている」と考えるので，原因探し（＝悪者探し）をすることを重視しなくなります。このような考え方は，現代における「オープンダイアローグ」（斎藤，2015）などの対話を重視したセラピーと同じ発想であり，アドラー心理学の「目的論」「対人関係論」は，その源流ともいえるでしょう。

　クライエントの行動や心理を，過去の分析ではなく，どこに向かっているのかという「近未来志向の目的で見る視点」，そして社会全体も含めて様々な「関係の中で理解していくこと」が，問題解決につながっていくという発想を提供しているのが，「目的論」「対人関係論」の考え方なのだと思います。

　このように「目的論」と「対人関係論」は，セラピストがクライエントの問題行動の原因にとらわれず，解決へと導いていくための基礎的発想法であると考えられます。

⑤「勇気」について

　もうひとつアドラー心理学において大切な理論概念をご紹介します。それは「勇気（courage）」です。人々が真に幸福になる，そして健康に建設的に暮らしていくための重要な鍵を握っているのは「勇気」であるとアドラー心理学では考えます。ただしこの「勇気」は，辞書に書いてあるような，勇ましく，困難・危険を恐れない心などを指す「勇気」とは違う概念といっていいでしょう。

　アドラー心理学における「勇気」とは，「その人の人生における流れを有益で建設的な方向へ向かわせるようなその人の内面を叙述したもの」（Manaster & Corsini, 1982）と定義されています。建設的というのは，アドラー心理学で強調される幸せになっていくための方向性です。そういう方向に向かわせる心のありようを，それに向かう態度や行動も含めて，アドラー心理学では「勇気」という概念で説明しています。

　アドラー心理学では，この「勇気」を「高めていくこと」を大切にしていて，それを「勇気づけ（encouragement）」といっています。これを岸見・古賀

（2013）は「横の関係に基づく援助」と定義しています。「勇気づけ」は，あらゆる人間関係において重要であり，もちろん，セラピーにおけるセラピスト‐クライエント関係においても，お互いに「勇気」を高め合う「勇気づけ」は極めて重要といえるでしょう。

　アドラーは，セラピストに対して「治療によるすべてのステップにおいて，私たちは，勇気づけの道から外れてはならない」と述べて，臨床において終始「勇気づけ」をしていくことの重要性を強く説いています（Ansbacher & Ansbacher, 1964）。またアドラーの高弟であるドライカース（Dreikurs, R.）も「サイコセラピーが，何らかの役に立つものであるとすれば，それは永続的な勇気づけを与えるものであるに違いありません」（Dreikurs, 1950/1989）とセラピーにおける「勇気づけ」の重要性を述べています。

　では，セラピーにおける「勇気づけ」とは，どんなものなのでしょうか。

　晩年のアドラーは，治療における患者家族への関わり方について，次のように述べています。

> 　私は，通常自分が治療する子どもを自立心があるようにしようと試みるが，母親を敵に回すことはない。（中略）私はいつも親が私の**仲間**であるように話します。教条的な表現はすべて避けようとします。さもなければ親は責められていると思い，裁判の法廷であるかのように感じるかもしれません。（Adler, 1929）（**強調**は筆者による）

　この当時は，セラピストであった医師がクライエントや患者に対して権威を持っている時代でしたが，アドラーは，セラピストがクライエントや家族と「仲間になるような協力的な治療関係」を確立することの重要性を述べているのです。このような考え方は，現代の家族療法でよくいわれている「ジョイニング（joining）」とほぼ同じ考え方であるといってよいでしょう。ジョイニングとは，もともとは「セラピストが，セラピーに来た方々（家族）に，波長を合わせ，上手に溶け込む，あるいは仲間入りすること」という意味です（東, 2013, p. 21）。クライエントとセラピストが「仲間」関係になれば，その間での良好なコミュニケーションが成立し，お互いによい影響を与え合う関係になっていくと考えられます。セラピストがクライエントにジョイニングすることと「仲間」関係

をつくっていくこと，そして「勇気」を高め合う（＝勇気づけ合う）関係になることは，ほぼ同じ作業を指しているといえるでしょう。

アドラー心理学における臨床が「勇気づけから始まり，勇気づけに終わる」といえるのならば，この臨床的「仲間」関係をつくっていくことは，臨床的な「勇気づけ合う関係をつくる」ことと同じ意味を示しています。むしろ対等な「仲間」関係をつくることは，臨床的な「勇気づけ」の関わり方・関係構築の前提として考えられます。

（3）セラピストとして「臨床思想」を持つ

アドラー心理学による臨床活動を行うにあたって，重要な理論概念3つである「目的論」「対人関係論」「勇気・勇気づけ」について説明してきました。前者2つは，様々なケースを見ていくにあたってのセラピストの視点を提供していますし，「勇気・勇気づけ」は，セラピストとしての関わり方の方針を示しています。

今回は詳しくご紹介できませんでしたが，アドラー心理学では，これら「理論」の背景にある「思想」として，「共同体感覚（social interest)」というものも提示しています。アドラー心理学は，臨床活動を単なる「技法・理論」レベルでとどまらせず，「共同体感覚の相互育成」という「臨床思想」を加えた形での支援のあり方を，セラピストとして模索することが必要であることを強調しています（八巻, 2017）。現場で「理論」や「技法」を駆使するだけに終始せずに，セラピストとして「臨床思想」をもって臨むことが，アドラー心理学による臨床活動において重要視されているのです。このことも，アドラー心理学的アプローチの大きな特徴であるといえるでしょう。

第5章 心理支援でクライエントのリソースを活かす

　心理支援というものは，単に支援者が被支援者に対して「与える」だけの支援ではありません。医学においても古くから知られるように，人間には自己治癒力（自然治癒力）が備わっています。また，カール・ロジャーズ（Rogers, C. R.）が「実現傾向」と呼んだ成長へと向かう力のほか，トラウマセラピーのEMDRで用いられる考え方である「AIPモデル（適応的情報処理モデル）」，解決志向アプローチなどで重視される「例外」や「資源（リソース）」と，被支援者が元来持っている力をエンパワーする力を見逃すわけにはいきません。

　本章では，他章で触れたアプローチと重なる部分も多分にありますが，「リソース」という観点から各種アプローチを概観したいと思います。第5章1の解決志向アプローチは，まさにリソースを最大限に用いることを中心に据えたアプローチ，第5章2の臨床催眠は，クライエントの持つリソースを賦活する仕掛けともなるアプローチ，第5章3の身体接触を伴うアプローチは，タッピングタッチやタッチケア，TFTといった身体接触が持つリソースを重要視しており，様々な視点からリソースというものに触れることができるでしょう。

1　リソースから見た解決志向アプローチ

　解決志向アプローチ（Solution-Focused Approach：以下，SFA）は，スティーヴ・ド・シェイザー（de Shazer, S.）とインスー・キム・バーグ（Berg, I. K.）夫妻を中心としたチームによって開発された，解決に焦点を当てた心理療法のひとつです。

　従来の心理療法は，問題に焦点を当てて，原因を取り除くことで解決を図ることを主眼に置くアプローチが主流でした。一方，SFAは，問題の原因追究を

せず，解決つまり，クライエントが望んでいること，ありたい姿などに焦点を当てていき，何が問題であるかと解決は関係ないというスタンスをとります。

たとえば，「夜眠れない」という主訴で大学生のクライエントが来たとします。従来型のカウンセリングでは，その背景や原因を探っていくかと思います。しかし，SFAでは，解決についてクライエントに尋ねます。「どうなったら解決といえるのか」ということにカウンセラーは関心を向け，話し合い，「遅刻せずに学校に行って親友のAと楽しくお話をする」という解決のイメージが出てきたとします。カウンセラーは，さらにその解決が起きることによって起こる変化に関心を向け，イメージを拡大させていきます。「Aとは，最近見たドラマの話をすると思う」「土日に遊び行く約束をするかもしれない」「そしたらお母さんは驚くと思う」などという語りです。続けて，今まで遅刻せずに済んだ例外（SFAでは問題のないときや状態のことを「例外」といいます）や解決に役に立つリソースを探していくと，《目覚ましを2つセットした》《お母さんに頼んだ》の2つの経験が見えてきました。さらに「約束は守る性格だから，友達に遅刻しない宣言をしたら行ける気がする」といったクライエントの洞察も手伝って，それらを実行することで眠れなかった日も学校に行けて，友達と楽しい時間を過ごすことができ，いつの間にか夜眠ることもできるようになりました。

いかがでしょうか。こんなにすべてがスムーズに行くかどうかはわかりませんが，問題（眠れない）に焦点を当てるのではなく，解決（遅刻せずに学校に行って親友のAと楽しくお話をする）に焦点を当て，拡大し，そこに向けてリソースを探していくカウンセリングのイメージが多少持てたのではないでしょうか。

この節では，SFAの基本を説明した上で，SFAにおいてリソースをどう扱うかをメインに解説していきます。

（1）ウェルフォームド・ゴール（well-formed goal）

SFAにおけるリソースは，クライエントの望むゴールに近づくために役立つものを指します。そのため，まずカウンセリングがどこを目指しているのかを設定しないと，何がゴールに近づくためのリソースになるのかを考えることができません。SFAでは，クライエントと一緒に達成可能で現実的な目標である，ウェルフォームド・ゴールをつくり上げていきます。デ・ヨングとバーグ（De

Jong & Berg, 2012）が，ウェルフォームド・ゴールの特徴として挙げている項目を一部抜粋して説明します。

①クライエントにとって重要である

目標はクライエントにとって重要なことが，何よりも大切です。そして，必ずしもセラピストが重要であると判断する必要はありません。クライエントが何を望んでいるのかに耳を傾け，クライエント自身がそのゴールを達成したときに価値があるとポジティブに思えるものにする必要性があります。

②他者との関係の中で示される

ゴールを説明するにあたり，他者との関係の中で示されたものであることはゴールの価値を高めます。たとえば，「もし問題が解決したら，お母さんは今のあなたとのどんな違いに気づくでしょう」と尋ね，クライエントが「お母さんはきっと，笑顔が増えたね，朝ごはんを毎日食べてくれて嬉しいと言ってくれるような気がします」と答えるかもしれません。重要な他者から見た解決をイメージすることで，より具体的な解決のイメージ，つまりウェルフォームド・ゴールが明確につくられていきます。

③状況を限定する

「常に元気でありたい」などといったゴールは，常に元気な人はいませんので現実的ではなく，かつ抽象的で達成したかどうかの判断が難しくなります。状況を限定し，たとえば友達と遊びに行くときは自分から楽しい話をしたい，デート中に落ち込んでもトイレで気持ちを立て直したい，といったように，ゴールは具体的にどんな状況でのことなのかを限定した上でつくることが大切になります。

④問題の不在よりも望ましい行動の存在

問題の不在，つまり「○○がない」という表現ではなく，「○○している」など望ましい行動でゴールを表現する必要性があります。たとえば，不安がなくなればいいとクライエントが望んでいるかもしれません。それをセラピストは，「不安がなくなったあなたは何をしているの」など問題の不在によって起こるク

ライエントにとってポジティブな行動をイメージすることを促しながら一緒に
ゴールをつくっていきます。

⑤具体的で，行動的で，測定できる言葉

　最後に，具体的で，行動的で，測定できる言葉でゴールを設定する必要があ
ります。たとえば，「充実した日々を送りたい」や「思いやりのある人間になり
たい」など抽象的で，達成したのか達成していないのか客観的に判断できない
ものをゴールにしてしまうと，永遠にゴールを追いかけ続ける状態をつくって
しまう可能性があります。

　そこで，客観的に見て達成しているかどうかがわかるゴールをつくるように
促します。「充実した日々を送りたい」は，もしかしたら「平日は週に2回は友
達と飲みに行って，土日は趣味のサイクリングに出かける」などに変わるかも
しれません。「思いやりのある人間になる」は，「人が困っていると気づいたら
声をかける」や「友達が相談してきたらしっかり時間をつくるようにする」な
どになるかもしれません。ビデオカメラが常に回っていたとして，そのカメラ
の映像から達成されたかどうかがわかるゴールでなくてはなりません。

　勘のよい方ならお気づきかもしれませんが，ゴールをつくる過程で，「あれ？
これって望んでいたことだっけ？」とクライエントが疑問に抱くこともあれば，
状況が変わるとゴールも変わることもあります。そうなった場合は，一緒に再
度ゴールを検討していきます。

（2）SFAでのリソースとは

　SFAでは，解決のための資源，つまりリソースを重要視します。リソースは
内的リソース，外的リソースの2つに分けられます。内的リソースはクライエ
ント自身が持っているものです。たとえば，好きなものには集中できることや，
誰とでも仲良くなれる，時には嫌な人を直感的に嗅ぎ分けて距離をとるなども
入ります。一方，外的リソースは外にあるものです。たとえば，不安なときに
一緒にいると安心する配偶者かもしれません。毎日電車で見るだけで元気にな
れる違う学校の素敵な彼かもしれません。困ったときに相談できるペットのウ
サギかもしれません。

　リソースは無限に存在します。ウェルフォームド・ゴールをクライエントと

一緒につくり上げた後，その達成のために手助けとなるものを一緒に探していきます。それこそが解決のためのリソースです。このリソースの考え方は，SFAの哲学とも結びつきが強いと思われます。つまり，原因追究のプロセスでは「何が悪いのか，何が問題なのか」という視点で考えていくため，ネガティブな要素を探しやすくなりますが，SFAの，解決構築を目指していくプロセスでは，「この人はどうなりたいんだろう」という視点とともに，「そのための手助けになるリソースは何があるだろうか」と考えながらクライエントの前に立つため，クライエントの強みやよいところといったリソースを見つけることが必然になっていきます。

　極端な例ですが，もしクライエントが死にたいと語ったとき，「この人は死にたいほどつらい中で，いったい何が今日まで死なずに生きていることの力になっているんだろう」と考えると，クライエントが持つリソースが見えてくるのではないでしょうか。

（3）リソースを活用した事例

　ここでは簡単な事例を2つ紹介します。

叔母というリソースを思い出した事例

　30歳専業主婦のAさん。彼女は25歳で結婚しました。誠実で穏やかな夫の人柄に惹かれての結婚でした。結婚当初はうまくいっていたものの，子どもが産まれて忙しくなってきたときに，夫の態度が一変しました。子どもが泣いていると，「お前が悪い」と罵倒したり，帰って家が汚れていると壁を殴ったりもするようになったかと思うと，数日帰らない日もありました。

　カウンセリングルームへの来所のきっかけは，家族で旅行に行った際に，夫が突然車の中で怒りだし，子どもがいるのに乱暴な運転をされ，怖くなったので離婚するかどうかを考えるためでした。「ここでどんな話ができたらカウンセリングに来た意味があったと思えますか」というゴールを聞く質問に対して，「まず，関係修復か，離婚するか，どっちを頑張るかを決めたいです」と返ってきました。セラピストは，さらに「ここでどんな話ができるとその役に立ちますか」と徐々に話を進めていきました。

　セラピストはAさんの決断に役立つリソースを知りたくて，今まで困ったとき

にどういうふうに解決してきたのかを尋ねました。Aさんはすごく考えてから，海外に住んでいる母方の叔母を尊敬しており，叔母が帰国するたびに会って重要な相談をしてきたのを思い出したこと，母と叔母が仲違いしてからここ数年連絡をとっていないことを話してくれました。

　セラピストが指示したわけではありませんが，次のカウンセリングのときにクライエントは叔母さんと連絡を久々にとって相談してきたと語ってくれました。そこで叔母から「あなたが何か悪いわけじゃないから自信を持ちなさい。母親でしょ」と怒られてまずは家を出ることを決めたと報告がありました。

　その後，Aさんが家を出たことで夫が反省して，カウンセリングに訪れ，徐々に関係を戻す話になりました。

　このケースでは，叔母さんという外的なリソースを思い出すことができたことが大きなきっかけになりました。もちろん，そこにたどり着くためにはセラピストがクライエントとの関係をつくり，クライエントの望んでいるゴールをしっかりと共有できていることが前提として必要です。その上でセラピストがゴールに向かうためのリソースについて問うことで，クライエント自身の意識が問題から解決に向けて動き出してきます。

たくさんのリソースを見つけて活用した事例

　35歳のBさんがカウンセリングに来たきっかけは妻との関係でした。子どもが産まれて，片づいていない部屋を見るとイライラしたり，妻が子どもばかりに目がいくことが嫌だったりして，徐々に怒りが抑えられなくなり，結果妻が家を出ていってしまった，状況を改善したいとのことでした。

　思い通りにいかなくて怒りをあらわにするようなことは前の彼女との交際中にもあったようです。それが理由で振られてしまったため，変わろうと決心して交際し，結婚したが，途中でそういった意識が薄れてしまったと話してくれました。自分の何が問題なのか，自分は病気ではないかと悩むBさんに，セラピストは「どういう状態になれば解決したと思えますか」と尋ねました。Bさんはなかなかその答えにたどり着けなかったものの粘り強く考えてくれ，イラッとしたときでも相手にぶつけず，その場を離れたり，相手をコントロールせず自分で解決するというゴールのイメージを共有するところまでたどり着きました。

そのゴールに向けて，今までの人生での問題解決のやり方を尋ねていく中で，Bさんはコツコツ続けて問題を解決するのが得意なこと，過去にはアプリを利用しながらダイエットに成功したことが話題に上りました。また本を読むのも好きで，カウンセリングに来るまでにたくさんのDVの本やアンガーマネジメントの本を読んでいました。

　他方で，妻が出ていったつらさを小学校からの同級生の友人夫妻に相談して支えられていること，その夫婦から変わらないといけないと叱咤激励されているという話も出ました。Bさんは，その友人のことを信頼しており，厳しい目で自分の変化を見てくれていることがありがたいと話してくれました。

　Bさんとセラピストは，できる限り活用できるものは活用しようという話になりました。コツコツと問題解決をするのが得意な性格を活かして，日常の中で感じた怒りについて，そこから離れられたり，自分で動けたりするかどうかを観察する日記を書いてもらいました。またそのチェックを友人夫妻が引き受けてくれ，定期的に話し合う時間をつくってくれることになりました。

　また，本での学びも継続してもらい，カウンセリングや友人夫妻との時間の中で，その学びをどう取り入れていくのか話し合うことをしていきました。

　その後，Bさんは努力を続け，妻と電話や手紙を交わしながら徐々に関係修復に努めていき，妻も少しずつBさんを信頼して関係を戻してもいいと思うようになっていきました。実際に会うという段階でも，Bさんの出したアイデアが光りました。最初に外で会うということになったとき，妻は当然不安で，Bさんもそのことを理解していました。カウンセリングの中でBさんと妻が一番安心できる場所はどこなのか考えているときに，出会ったときによく行ったカフェをBさんが口にしました。そこのオーナーには2人ともよくしてもらった記憶があり，そこなら人の目もあるし怖さも軽減されるであろうとの提案に妻も合意し，オーナーに初めて子どもを見せるということを目的に会いに行きました。その後も妻の信頼の獲得や，自身の怒りのコントロールを目指してBさんは努力を続け，もとの生活に戻るところまでたどり着きました。

　皆さんは，このケースでいくつリソースが見つけられましたか？　夫の柔軟さ，熱心さ，協力してくれる友人，コツコツ積み上げていく性格，思い出のカフェ。まだまだあります。それらリソースがBさんとセラピストでつくったゴー

ルへの過程を手助けしていきました。

　今回リソースというテーマに沿って解説しましたが，リソースを見ることはあくまでSFAの一部でしかありません。SFAの本質は，包括的な世界観，考え方であり，一連の臨床的な操作ではありません（Lipchik, 1994）。SFAの考え方をたどっていくと，必然的にそこにリソースがあります。SFAは援助者にとっても健康的なアプローチといえます。SFAを中心にしたケース会議や事例検討会では必然的に，クライエントや事例発表者の悪いところ，うまくいっていないところではなく，よいところ，うまくいっていることなどにフォーカスされます。結果，会場の雰囲気がとても穏やかで，参加者全員がエンパワーメントされる場になります。

　SFAは個人のカウンセリングにとどまらず，カップルセラピー，ケース会議のやり方や，コーチング，DV加害者のグループワークなど多領域にもその方法論が広がっています。もし多少でも興味を持っていただけたなら，ご自身の領域でのSFAに関する書籍を手にとったり，学会やワークショップに参加したりしてみてください。きっと臨床で実際に役に立つものが見つかるはずです。

2　臨床催眠

　一般的な催眠のイメージは様々です。人を操ることや無意識的に支配すること，内なる力を開花させることができる力があると考える人も多いでしょう。催眠はそもそも存在しない，インチキや詐欺と考える人もいるかもしれません。このように，催眠はネガティブなイメージが抱かれています。

　しかし，催眠は科学的な現象の一種として，ヒルガード（Hilgard, 1975），ウォルピ（Wolpe, 1954）といった著名な心理学者も研究対象としてきました。催眠は臨床心理学の科学的発展に大きく寄与していたことも指摘（長谷川, 2014）されています。そのため，催眠は臨床心理学にとって重要な位置を占めるといってもよいでしょう。

　したがって，対人援助の専門家である公認心理師は，催眠についての知識を深めておく必要があります。催眠は，上述したように一般的なイメージこそ芳しくありませんが，公認心理師が催眠の正しい知識と技術を持つことで，日々の臨床実践の助けとなるでしょう。

（1）催眠の定義

催眠の定義は，専門家でも難しいとされています。高石・大谷（2012）は，催眠の定義の要点を4点にまとめました。1点目は催眠とは暗示を用いること，2点目は暗示によって身体的・精神的な変化が引き起こされること，3点目は催眠者と被催眠者の関係が重要であること，4点目は催眠を中心とした心理療法や既存の技法に催眠を付与した心理療法が存在することとしました。以上から，催眠の中核のひとつは暗示であることがわかります。

（2）催眠における暗示

暗示とは，他者から与えられた言葉や態度などの刺激を受け入れ，不随意的に反応する現象（高石, 2008）です。そのため，催眠による暗示がマインドコントロールであると誤解されてしまうことがあります。しかし，催眠の暗示では，他人に反社会的行為をさせたり自分自身を傷つけたりすることは不可能とされており，自分にとって有益で自分が正しいと判断した方向に向かいます（Ledochowski, 2003）。また，暗示は，セラピストとクライエント間で共感的かつ双方向的に進み受け入れられていくとする立場（松木, 2018）もあります。つまり，催眠とは，催眠者の一方的な暗示を被催眠者が無抵抗に受け入れることではなく，催眠者と被催眠者のコミュニケーションである（高石・大谷, 2012）ことがわかります。

催眠状態は暗示に対する反応性が高められている状態です。催眠状態は，催眠性トランスやトランス状態と言い換えられることがあります。クライエントが催眠状態にあるかを確認するためには，トランスサイン（Ledochowski, 2003）で確認することができます。具体的には，呼吸パターンの変化（呼吸数の増減），声の変化（ゆっくりとした口調），表情の変化（能面様表情），瞬きの変化（増加または減少）などが挙げられています。なお，被催眠者を催眠状態に誘導する手続きを催眠誘導といいます。

催眠誘導では，被催眠者を観察しながら，被催眠者が必要としている暗示を伝えていきます。この際に重要なのは，観察とペーシングであり，催眠誘導の成否を左右する重要な技術とされています（高石・大谷, 2012）。クライエントに暗示を受け入れてもらうには，クライエントが受け入れたいと思う暗示を催

眠者が「観察」して見極める必要があります。そして，観察を基に適切に暗示を与えていくことが「ペーシング」です。また，イエスセットも催眠誘導において重要な要素といわれています。「イエスセット」とは，催眠者のコメントに繰り返し同意させることによって，暗示に対する反応性を高めていくことです。こうした，共感に基づいた観察やペーシング，イエスセットによって催眠者と被催眠者の独特のラポールが築かれていくことがわかります。

なお，『催眠誘導ハンドブック—基礎から高等テクニックまで』（Ledochowski, 2003／大谷訳, 2009）では，24の催眠誘導の原則や，催眠における独特な言葉遣いのトランス言語がまとめられています。

（3）臨床催眠とは

臨床催眠とは，催眠現象を利用した心理療法の総称です。そして，臨床催眠家とは，催眠を臨床実践で行う専門家（公認心理師・臨床心理士・医師など）を指し，舞台催眠やショー催眠を行う催眠術師は含まれません。

臨床実践において催眠を利用できるようになるためには，通常の心理療法の知識と技術を研鑽することに加えて，催眠に対する知識と技術も研鑽する必要があります。本節は，臨床催眠の基礎的な知識を簡単にまとめたものであるため，通読のみで催眠を臨床実践現場で適用することはできません。また，誤用や濫用を避けるためにも，催眠を臨床で実践する際には，後述する学術団体のトレーニングを受け，臨床催眠家のスーパービジョンのもとで実践してください。

臨床催眠の詳細については，臨床催眠の理論と技法の本格的な解説書である『現代催眠原論』（高石・大谷, 2012）やその他の専門書を参照してください。

（4）臨床催眠家の倫理

臨床催眠家は高い倫理観を求められます。催眠が適切に用いられない場合にクライエントに対して不利益を与えてしまいかねないからです。

臨床催眠家は催眠術や催眠を見世物とした活動をしてはいけません。臨床催眠に関する学術団体である日本臨床催眠学会（2021）と日本催眠医学心理学会（2020）のウェブサイトに記載の倫理綱領を見てみましょう。日本臨床催眠学会では「この会の会員は催眠の臨床適用および実験的研究以外の目的に催眠を

利用してはならない。また，娯楽の対象とする活動に参加・協力することは認められない」と明記しています。また，日本催眠医学心理学会では「本学会の会員は，実験的研究および臨床的業務のため以外の目的に催眠を利用してはならない。本学会の会員が催眠を娯楽の対象とする計画・活動に参加・協力することは認められない。また，本学会の会員が本学会の会員たりうる条件にない非専門家に対して，催眠に関わる計画・活動のコンサルタントとして協力したり，催眠技法の訓練をしたりすることも認められない」と明記しています。実際に，クライエントの立場になれば，催眠術やショー催眠を行う人から催眠を用いた心理療法を受けたくないことは容易に想像がつくでしょう。

　2つの学会が定めている他の倫理綱領は，公認心理師が遵守すべき基本的な倫理観でもありますので割愛します。また，臨床催眠の倫理の詳細は，「臨床催眠の倫理と実践」（水谷・大谷・高田，2019）が参考になります。

（5）催眠の危険性

　臨床催眠家は，催眠による有害現象についても理解しておく必要があります。高石（2003）は，研究・臨床・娯楽における催眠の有害現象事例から，臨床催眠家の心理療法への知識や技術，人格の重要性を述べています。

　また，臨床催眠家自身の催眠に対する理解の仕方も重要になってきます。もし，前世療法的な催眠や，霊的な催眠を臨床催眠家自身が信じている場合には，クライエントに前世の偽記憶が形成されたり憑依現象が起きたりして，有害現象が引き起こされるかもしれません。

（6）臨床催眠家に求められる特性

　臨床催眠の実践において，セラピストの人格は大きく影響するといわれています。以下に，大谷（2005）がまとめた臨床催眠家に必要な特性5点を紹介します。

　1点目は，共感性です。クライエントを観察し，それに基づくセラピストの共感が不可欠です。ペーシングやイエスセットといった技法は共感がベースとなっている技術です。しかし，こうした技法にとらわれることなく，クライエントに対する「思いやり」や「あたたかみ」をもって，クライエントに共感することが不可欠です。

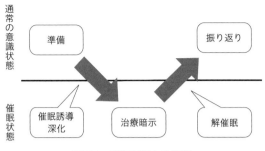

図 5-1　催眠面接の 5 段階

　2 点目は，クライエントへの敬意と関心をセラピストが持つことです。セラ
ピストはクライエントの苦悩の奥にある人間性を尊重します。また，セラピス
トの恒常性も必要とされています。セラピストが一貫した態度をとることで，ク
ライエントに信頼感と安心感をもたらします。

　3 点目は，セラピストの技量・信望・好感です。これらが高いセラピストは，
クライエントに対するトランス誘導や暗示において，強い影響力を発揮できま
す。

　4 点目は，柔軟性です。臨床催眠全般において，技術に固執せずにクライエ
ントのニーズに応じたコミュニケーションが行えることです。つまり，形式に
とらわれずに，クライエントの観察や反応を利用しながら催眠を行う必要があ
るということです。

　5 点目は，適切な善悪の規範を持つことです。催眠の良心的な活用を心がけ，
悪用と誤用をしないことです。催眠技術を見せびらかしたり，価値観をクライ
エントに強要したりするような，人格が未成熟な催眠家には治療はできないと
いわれています。

（7）臨床催眠の手続き

　臨床催眠の手続きについては，「準備→誘導→深化→治療暗示→後催眠暗示→
覚醒→振り返り」（福井，2014）の 7 段階が標準的です。本節では，わかりやす
さを重視するために，標準的な催眠手続きを 5 段階に分類しました（図 5-1）。
第 1 段階は準備段階，第 2 段階は催眠誘導・深化段階，第 3 段階は治療暗示段
階，第 4 段階は解催眠段階，第 5 段階は振り返り段階です。これらについて，1

段階ずつ簡単に解説しますが、臨床催眠を専門とする上述した学術団体の研修を受講したりして、実際に催眠を練習することをお勧めします。

第1段階は準備段階です。まず、セラピストとクライエントが催眠に対して共通の正しい理解をしておくことが必要です。これからどんな催眠をするかをセラピストがクライエントに伝えますが、必要に応じてクライエントに意識化させない方法をとる場合もあります。第1段階では、セラピストとクライエントの催眠に対する理解を十分にすり合わせていきます。

第2段階は催眠誘導・深化段階です。催眠誘導は、様々な手続きによって、クライエントを催眠状態に誘導する手続きです。深化は、クライエントの催眠状態を適切な深度まで誘導する手続きです。第2段階では、観察とペーシングを用いて必要な暗示を繰り返し、暗示に対する反応性を高めるのです。

第3段階は治療暗示段階です。クライエントは、前段階で暗示に対する反応性が高められた催眠状態に入っています。セラピストは、催眠状態にあるクライエントに対して必要な治療暗示を行います。このときに、必要に応じて、催眠後に何らかの反応・行動が生じるような後催眠暗示をする場合や、催眠状態での体験を忘れる健忘催眠の暗示をする場合があります。この第3段階における治療暗示では、様々な心理療法の技術や知識が必要です。

第4段階は解催眠段階です。解催眠では催眠状態を解除する暗示を行い、覚醒させていきます。第4段階でのクライエントの催眠からの覚醒不十分は、クライエントに有害な現象を引き起こす危険性もあるので、十分に解催眠させる必要があります。セラピストには催眠状態と非催眠状態を観察する技術が求められます。

第5段階は振り返り段階です。この段階では、治療暗示がクライエントに適切な形で入っているか確認し、必要があれば修正をします。また、万が一、解催眠が不十分である場合には、4段階目に戻って再度、解催眠を行います。第5段階では、クライエントが催眠から確実に覚醒していることと、治療暗示の効果を間接的に確認する必要があります。

(8) 催眠を利用した心理療法

催眠とは治療暗示の増幅器である（福井，2014）とされるように、臨床催眠の技法は、催眠を併用した心理療法と催眠を主体とした心理療法に分類するこ

とができます。催眠を併用した心理療法には，催眠分析，催眠認知行動療法，自我状態療法などがあります。催眠を主体とする心理療法には，症状除去法，自我強化法，方略的支持療法などが挙げられます。

　また，EMDR（福井，2007）やマインドフルネス（大谷，2020）といった，新しい心理療法に催眠を併用する試みも行われています。

（9）催眠の適用範囲

　催眠の適用範囲については諸説あり，多数の報告があります。高石・大谷（2012）は，パニック障害・恐怖障害・強迫性障害・全般性不安障害といった不安障害，急性ストレス障害や心的外傷ストレス障害，解離性障害，うつ病性障害，喫煙などの物質関連障害，性機能不全，心身症，過敏性腸症候群，皮膚系疾患，疼痛への効果をまとめました。それぞれの疾患に対して催眠を適用する場合には，それぞれの疾患に対する専門知識も必要になります。

　また，トラウマ治療に対する催眠ではSARIモデル（Phillips & Frederick, 1995）を用いる場合があります（仁木，2020）。第1段階で安全感と安心感を獲得させ，第2段階でトラウマ記憶に関連するリソースにアクセスできるようにさせ，第3段階でトラウマ体験の再処理と再安定化を行い，第4段階でパーソナリティの統合と新しいアイデンティティを獲得させます（McNeal, 2020）。この治療モデルでは，催眠を各段階で使用します。

（10）催眠の初学者へ

　私と催眠の出会いは，心理臨床の初学者時代に，解離性障害のクライエント（今井田，2022）と出会ったことに始まります。当時の私は，臨床催眠の専門書や催眠事例の論文を読み漁り，催眠研修やスーパービジョンを受けました。しかし，心理臨床についても催眠についても初学者だった当時の私は，催眠の要素とその他の心理療法を区別して理解することに難しさを感じていました。本節では，当時の私が必要としていた解説を心掛けました。本節を通して，初学者の皆さんに催眠の有用性を伝え，催眠についての誤解や臨床催眠の実践に対する不安を払拭することができたなら幸いです。

　本節では，催眠の濫用を防止するため，催眠誘導の具体的な手順や暗示の言葉遣いの記載は避けています。本節の通読のみで催眠を実践せず，必ず催眠の

体験的な理解も忘れないでください。また，催眠を臨床実践に適用する際に不安がある場合には，必ず臨床催眠家からコンサルテーションを受けてください。催眠自体を日々の臨床に取り入れることが難しいと感じている専門家は多いといわれています。しかし，たゆまぬ催眠の練習と臨床実践が上達を保証します（福井，2013）。よりよい臨床実践のためには，催眠の理解・経験・実践のいずれも欠かさないことが必要です。

3　身体接触を伴うアプローチ

　従来の心理療法では，言語面接が主流でクライエントに触れることは禁忌とされていました。それは，身体接触がセラピストとクライエントの心理的距離を近づけてしまい，性的な感情が生じやすくなるため，セラピーの中立性が保てなくなってしまうと考えられてきたからです。また，触れる行為は，相手の境界を侵襲したり，トラウマの引き金になりえたりするリスクを伴います。身体接触によってクライエントの未解決の問題を呼び起こしてしまい，治療を滞らせてしまうだけでなく，状態を悪化させてしまう可能性もあります。

　公認心理師は，基本的に対話によってクライエントの問題解決を図るため，クライエントは心理師から身体接触があることを想定していないでしょう。よって，軽い気持ちでクライエントに触れることは絶対にするべきではありませんし，仮に触れる必要がある場合には，クライエントに対してインフォームド・コンセントを丁寧にとる必要があります。心理臨床における身体接触を伴うアプローチの使用については，慎重になる必要があります。

　一方で，小さい頃に親から抱っこしてもらった経験が心地よい記憶として残っていたり，親しい人に触れたくなったり，反対に触れられることで相手に親しみを覚えるなど，私たちの発達や対人関係において，触れ合う行為が重要な役割を担っていることは，多くの人が感じていることでしょう。また，東洋医学において「心身一如」という表現があるように，心と身体は分離できるものではありません。後述しますが，触れる行為には，心理・身体的な効果だけでなく，人間関係の改善効果もあることが様々な研究からわかっています。

　心理療法においては，20世紀の初頭にライヒ（Reich, W.）が，身体的視点から神経症的症状の解消を試みたことが，その萌芽であるといわれています。そ

の後，徐々に心理療法に身体性の概念が取り入れられるようになり，様々なアプローチが開発されてきました。身体性を伴うアプローチは数多く存在しますが，本節では，その中でも心理臨床に取り入れやすいと思われる身体接触を伴うアプローチに限定して紹介したいと思います。

　身体接触を伴うアプローチの特徴は，言語を（ほとんど）必要としない，または非言語的コミュニケーションが中心であるということでしょう。一般的にカウンセリングは，クライエントの語りを傾聴することにより進行します。しかしながら，他者に悩みを語りたくないときや，言葉で表現することが難しい感覚を持つこともあります。また，乳幼児や重度障害者など言語能力が乏しい人は，自身の状態について語ることが困難です。このような場合に，身体接触を伴うアプローチは有効な手段のひとつになると考えられます。

　以下では，触れることの効果を簡単に説明した上で，身体接触を伴うアプローチを紹介します。関心を持たれた方は，専門書を読んだり，研修会に参加したりして十分に知識を深めてください。なお，身体接触を伴うアプローチには，ここで紹介するもの以外にもアレクサンダー・テクニーク，クラニオン・セイクラル，ローゼンメソッド，ロルフィングなどの各種ボディワークもあり，これらも非常に有効ですが，今回は心理臨床に取り入れやすいという観点から筆者の視点で選定しました。

（1）触れることの効果

　皆さんは，痛みを感じたときに患部に触れることで痛みが緩和された経験をお持ちではないでしょうか。また，人前での発表など緊張する場面では，緊張を抑えようと自分の胸や腕，足などをさすったりして，落ち着かせようとした経験はないでしょうか。このように，私たちは意識・無意識的にかかわらず，様々な場面で触れる行為をしており，それには心理・身体的な効果があります。ここでは，まず触れることの効果について，いくつかの研究を報告します。

　川原・奥田（2009）のレビューによると，侵襲的な検査，術前，急性期などのストレス状況下では，軽く触れたり，擦ったりすることは，それをしない場合に比べ，ストレスの緩和，不安や苦痛の軽減，血圧上昇の抑制，鎮痛剤の使用を抑制する傾向が高いことが明らかになっています。また，会話しながら相手に触れた場合のほうが，会話のみの場合よりも，ストレス緩和効果が大きい

ことも明らかになっています。さらに，健常者への全身または背部へのマッサージは，それを行わない場合よりも，リラクセーション効果が高く，皮膚温を上昇させる効果が高いことも明らかになっています。

　他にも手術について説明を行う際，患者に触れた場合のほうが触れない場合に比べて不安が低下すること（Whitcher & Fisher, 1979）や，相手の背中や手をなでると不安や抑うつが低下するだけでなく呼吸がゆっくりと安定し，心拍数や血圧も下がることが報告されています（山口, 2012）。

　加えて，触れる行為は人間関係を改善することも示唆されています。たとえばヤクビアクとフィーニー（Jakubiak & Feeney, 2016）は，成人カップルを，ビデオ視聴の間パートナーに触れる群と触れない群に分け，ビデオ視聴後のパートナーとの関係を質問紙を用いて測定しました。その結果，触れた群のほうが触れなかった群よりも互いの関係が良好であると評価しました。さらに，触れる行為はオキシトシンの分泌を促すことが明らかになっています。オキシトシンは，神経伝達物質のひとつであり，分娩時の子宮収縮や乳腺の筋繊維を収縮させて乳汁分泌を促す働きを持つほかに，信頼や愛情といった感情などの社会的行動に関わっており，「絆ホルモン」とも呼ばれています（山口, 2012）。オキシトシンは人に対する信頼感を高めることが明らかになっていることから，触れ合いによって相手に対して親しみが湧くのは，オキシトシンが分泌されているからであると考えられます。オキシトシンは5分ほどの接触で分泌されるといわれていることから，家族や恋人と日々5分間程度のスキンシップの時間を持つことによって相手との関係をより良好なものにできることでしょう。

（2）身体接触を伴うアプローチの紹介

　ここでは，身体接触を伴うアプローチを具体的に知っていただくために，TFT，タッチケア，臨床動作法，ソマティック・エクスペリエンシング®，タッピングタッチを紹介します。特に，タッピングタッチは心身への効果に加え，関係性への働きかけもあり，身体接触の利点や特徴がわかりやすいアプローチです。また，そのシンプルさと安全性から，心理臨床に取り入れやすいと思われるため，より詳しく解説することにします。

①TFT（Thought Field Therapy）

　キャラハン（Callahan, R. J.）によって開発された技法で，様々な心理的問題や身体症状に対して用いることができます。治療理論は，思考場とパータベーションと呼ばれる概念を用いて説明されます。たとえば，不安は特定のことを考えたときなどに生じますが，TFTでは，私たちが特定のことに関する思考場に焦点を当てている（チューニングしている）と考え，不安を感じるのはその思考場にパータベーションと呼ばれる「心のトゲ」のようなものが刺さっているためであるとされます。思考場は対象ごとに存在し，その思考場にパータベーションがなければ，心理的苦痛を感じることはありません。TFTでは，心理・身体的苦痛を生じさせる思考場にチューニングし，特定の身体部位を決まった手順でタッピングすることによって，パータベーションを除去できるとしています。この理論が独特であると感じる人もいると思いますが，TFTはアメリカのエビデンス登録機関にも認められています（森川, 2016）。

　TFTの効果研究として，たとえば，サカイら（Sakai, Connolly, & Oas, 2010）は，ルワンダでPTSDに悩まされている戦争孤児に対しTFTを適用した結果，PTSD症状に改善が見られ，1年後でも効果が継続していたことを報告しています。また，林ら（2015）は，大規模災害後遺症の苦痛軽減にTFTを実施し，自律神経の活性を表す心拍変動に改善が見られたことを報告しています。

　TFTは，手順がシンプルかつ非常に短時間で実施でき，セルフケアとして用いたり他の技法と組み合わせたりすることができます。また，有害事象が極めて少ないことから幅広い目的で用いることができます。

②タッチケア

　フィールド（Field, T.）によって確立された低体重出生児向けのマッサージ法です。赤ちゃんと親が見つめ合い，親が語りかけながら赤ちゃんの素肌にしっかり触れる，なでる，少し圧をかけながらマッサージする，手足を曲げ伸ばしするなどの手法を通して，親子があたたかいコミュニケーションをとりながら，親子の絆を深めていくことをサポートするのが目的です。

　タッチケアの効果として，情緒の安定や感情表出の活性化といった心理的効果，寝つきや夜泣きの改善，便秘の解消といった身体的効果，愛着行動の形成といった母子関係の効果，また母親側には育児不安の低下といった効果がある

とされています（山口, 2003）。

　実際，タッチケアの効果に関する実証的研究によって以下のような効果が確認されています。リンドリアとステイントン（Lindrea & Stainton, 2000）は，抑うつ状態の母親にタッチケアを2週間実施した結果，母親と乳児の交流がスムーズになったこと，吉永・橋本（2001）は，タッチケアを行うことで母親は子どものためにできることがあるという満足感を得ることができ，それにより母性が誘発されるという効果があることを明らかにしています。

　タッチケアは，研究でも示されている通り，母と子（特に乳幼児）との交流の改善や，母親の支援として使用できるアプローチであるといえるでしょう。

③臨床動作法

　臨床動作法（以下，動作法）は，成瀬悟策によって開発され，身体を通して体験する心理的変化によって日常生活体験を望ましい状態にする心理療法（成瀬, 2016）です。脳性まひ児の手が催眠暗示によって動くようになったのが契機となって誕生しました。言語面接が中心である一般的な心理支援と異なり，動作法は，主に動作によってクライエントの心の変化を促します。成瀬（2016）は，このたとえとして，猫背の人が身体を楽にまっすぐ立てられるようになると，表情が明るくなり，声が大きく明瞭になり，身体全体の動きが自由で活発になってくると同時に，明るく前向きで積極的な気分に変わってくることがあることを挙げています。動作法におけるセラピストからの身体接触は，クライエントが課題としている動作を実施する際に，それをしやすくするための援助として用いられます。

　臨床動作法の適用範囲は，自閉症，うつ病，不安神経症，統合失調症，心身症，アルコール中毒，PTSD，不定愁訴，不登校（成瀬, 2016）だけでなく，スポーツ選手のメンタルトレーニング（星野, 2002），ストレスマネジメント（桑島・吉川, 2020）など，非常に幅広いです。実証的研究として，たとえば桑島・吉川（2020）は，未就園児の母親36名を対象にストレスマネジメントを目的として動作法を実施した結果，ストレス反応の抑うつ・不安，不機嫌・怒り，無気力が低下したことを報告しています。

　動作法は，上で述べたように適用範囲が非常に広く，また，クライエントによるところはありますが，言語面接よりも気楽に取り組めて継続しやすいとい

うのが利点です。

④ソマティック・エクスペリエンシング®

　ソマティック・エクスペリエンシング®（以下，SE™）は，ラヴィーン（Levine, P.）によって開発された身体志向のトラウマケアの心理療法です。SE™では，トラウマによって様々な症状や問題を呈するのは，自律神経系が調整不全の状態に陥っているからであると考えます。また，このような状態に陥る背景に，トラウマ体験に対する自己防衛反応が未完了になっていると考えます。したがって，回復のためには，安全感を高めた上で未完了の防衛反応を完了させることによって，自律神経系の調整を図る必要があります。未完了の防衛反応の完了のためには，身体感覚に焦点を当て，手続き記憶にアクセスします。

　クライエントが訴える症状や問題の中には，トラウマ体験が影響を及ぼしているものもありますが，そのエピソードを健忘している場合があります。また，言語獲得以前の乳幼児期の記憶は，エピソード記憶として保存されないため，クライエントが想起できないこともあります。SE™は手続き記憶にアクセスするため，このようなクライエントにも適用できるという強みがあります。SE™の効果研究も少しずつ実施されており，PTSD症状や抑うつ，不安，痛みなどの改善効果が報告されています（レビューとして，Kuhfuß et al., 2021）。

　なお，SE™における身体接触は，クライエントの身体に非言語的に働きかけ，安全感を高めることにより未完了の防衛反応を完了させるための補助として，タッチという形で用いられることがありますが，SE™は身体接触を必ず伴うアプローチというわけではありません。SE™はトラウマケアの心理療法であることから，ここで紹介している他のアプローチとは，利用目的や場面が異なると思われます。

⑤タッピングタッチ

　タッピングタッチとは，「ゆっくり，やさしく，ていねいに，左右交互にタッチすることを基本とした，ホリスティック（統合的）ケア」（中川，2022a）です。臨床心理学者の中川一郎によって開発され，これまでに心理，教育，医療・看護，福祉・介護，子育て支援，被災者支援など，様々な分野で利用されてきました。3つの側面（技法，ケア，生活）があり，技法的には，お互いをケア

図 5-2　お互いにする基本形　　　　**図 5-3　セルフタッピング**

する「基本形」（図 5-2），自分自身をケアする「TTセルフケア」（図 5-3），相手をケアするときの「ケアタッピング」があります。また，タッピングタッチの効果には，①心・体・スピリチュアリティの癒し，②気づき・マインドフルネス，③関係性とコミュニケーションへの働きかけ，があるとされています。

　タッピングタッチは，誰でも簡単に学ぶことができ，手続きがシンプルであるため，専門的な利用だけにとどまらず，家族間や職場のスタッフの間でお互いをケアしあうこともできます。つまり，「誰でも日常的にできる心のケア」（中川，2022b）として利用可能です。たとえば，家族が入院しているとき，何かしてあげたいという気持ちになることがあると思います。そんなときに家族がタッピングタッチを使って患者のケアの時間をとることができます。また，家族が身体的苦痛を訴えた場合，タッピングタッチを実施してケアの時間をとることによって，それまで話せなかったことを話す時間を持つことになり，身体だけでなく心のケアも行うことができます。さらに，これによって家族関係に肯定的な変化が生じる可能性も高まります。後述しますが，タッピングタッチには心理・身体的効果だけでなく，人間関係を改善する効果もあります。

　公認心理師の活動は，カウンセリングルームで何度も時間をかけて心理療法を提供するだけではなく，たとえば，時間や場所の制約のある災害現場で多くの人に支援を提供する必要があるなど，多様です。また，クライエントの訴えも心身の問題や人間関係の問題など様々です。タッピングタッチは，手続きがシンプルであり，集団でも実施できるため，心理臨床の様々な場面で取り入れやすく，クライエントの様々なニーズにも対応可能であると思われます。セルフケアの方法も3つありますから，セラピストからの身体接触なしでの利用も可能です。利用にあたって注意や配慮すべきことはあるものの，副作用のリス

クが非常に小さい安全なアプローチです。

　以上のことから，タッピングタッチはどのような現場で活動する公認心理師にとっても，安心して活用できるものであると思われます。次のセクションでは，タッピングタッチの治癒的要素とその効果に関するエビデンスを紹介します。

（3）タッピングタッチの治癒的要素

　中川（2022a）によると，タッピングタッチの治癒的要素として，次の4つが挙げられており，タッピングタッチを理解する上で重要です。

①ゆっくり，やさしく，ていねいに

　「ゆっくり，やさしく，ていねいに」は，タッピングタッチにおける大切な概念です。ゆっくり，やさしく，ていねいにケアしあうことで，心が静まり，気づきが生まれます。また，タッピングタッチをするほうもされるほうもよい気分になり，大切にされた感じが残ります。「タッピングタッチは，そのあたたかさ，優しさ，思いやりなどの気持ちを，誰でもが簡単に共有できるケアの方法である」とも説明されています（中川，2022b）。

②タッチ・ふれあい

　すでに紹介したようにタッチには，不安軽減をはじめとした様々な効果があることが知られています。タッピングタッチは，「タッチ・ふれあい」を治癒的要素に取り入れることで，私たちが本来持っている自己治癒力と相手をケアする能力を活かすことができると考えられています。また，「ふれる」には「ふれてケアする」身体的タッチと，「一緒にいて心を通わせる」心理的タッチがあり，タッピングタッチはこの両方を大切にしています。

③左右交互・ゆらぎ

　タッピングタッチでは，特定の身体部位に対して，ゆっくりと左右交互にタッチします。この「左右交互へのタッチ」は，タッピングタッチの開発当初に，中川がEMDRと呼ばれるトラウマケアの心理療法からヒントを得たものです。EMDRでは，ターゲットとなるトラウマ記憶を活性化させた上で，両側性の刺

激（眼球運動や触覚刺激，聴覚刺激）を加えることにより，トラウマ記憶の再処理が生じます。しかしながら，EMDRでは記憶を活性化させた上で，非常に速いテンポの両側性刺激を加えるのに対して，タッピングタッチでは記憶へのアクセスはせず，両側性刺激のテンポも遅いため，その効果のメカニズムは異なっていると考えられています（福井，2016）。また，この「左右交互のタッチ」には，自然界に存在する「ゆらぎ」という治癒的な要素が含まれています。物理学には「1/fゆらぎ」という概念があり，小川のせせらぎ，小鳥のさえずりなど，自然界の様々なものにみられます。この「1/fゆらぎ」はリラックス効果といった肯定的な効果をもたらすといわれています。左右交互のタッチを含んだタッピングタッチから発生する自然なゆらぎが「1/fゆらぎ」と同様に心身によい効果をもたらしていると考えられています。

④ケア・ケアリング

タッピングタッチでは，「ケア」を「大切にする・いたわる」という意味で，「ケアリング」を「ケアしあう・お互いのケア」という意味で使用します。「ケア・ケアリング」には，「身体的・非言語的なケア」と「心理的・言語的なケア」があります。幼い頃は，「身体的・非言語的なケア」が中心ですが，成長するに伴い「心理的・言語的なケア」の割合が増えていくでしょう。つまり，「身体的・非言語的なケア」を基礎として，それが十分に満たされることで「心理的・言語的なケア」が充実してくると考えられます。タッピングタッチは，「身体的・非言語的なケア」が基礎にありますが，「心理的・言語的なケア」も大切にしています。

（4）タッピングタッチの効果

タッピングタッチの効果に関する実証的研究の一部を紹介します。中川・櫻井（2003）は，19歳から70代までの250人に対して，タッピングタッチの心理・身体的効果を検討した結果，実施前に比べ実施後には，否定的感情やストレス・疲れ・緊張が減少した一方で，肯定的感情が増加したこと報告しています。また，福井（2016）は人間関係の効果を検討した結果，タッピングタッチ実施後には孤独感や被拒絶感が減少したのに対し，被受容感やタッピングタッチのペアを組んだ相手に対する信頼感が増加したことを報告しています。

タッピングタッチの効果は神経生理学の見地からも検討されています。中川（2001）は，タッピングタッチ実施前後の皮膚表面温度や心電図心拍感覚変動計数（CVRR），脳波（α波）の変化を測定しました。その結果，すべての項目において増加がみられました。皮膚表面温度の上昇は血管系の交感神経の緊張が解かれ血流が増加した結果を，CVRR値の増加は心臓系の副交感神経活動が活発になったことを，α波の増加はリラックス度が高まったことを示していると考えられています。分析の結果，皮膚表面温度の上昇，CVRR値とα波に増大傾向が認められたことを報告しています。さらに中川（2009）は，19名の一般成人を対象に，タッピングタッチの基本形を実施し，その前後で気分と血中・尿中セロトニン（5-HT）濃度を測定しました。セロトニンは，神経伝達物質のひとつで，安心感や落ち着きと関連があります。分析の結果，タッピングタッチ実施後には，セロトニン濃度が有意に増加したとともに，否定的な気分が減少しました。これらの結果から，タッピングタッチの効果の背景に神経生理学的な変化が生じていることが考えられます。

　また，タッピングタッチの心理的な効果や人間関係における効果については，タッピングタッチを受ける側だけでなく，する側にも同等の効果があることが報告されています（福井，2016）。これはタッピングタッチが，する側もされる側も両方が元気になるものであることを示すひとつの証拠といえるでしょう。

　他にも，コロナ禍におけるストレス・ケアを目的としたオンラインによるセルフケア・プログラムを実施し，その効果を検証した研究もあります（中川ら，2021）。このプログラムは，週1回，合計3回（各2時間）のオンライン講座を実施し，講座外にも1回20分程度のTTセルフケアを各自で実施してもらうものでした。プログラムの実施により，否定的感情と不眠，抑うつ・不安，無力感などが改善しました（坪田ら，2021）。

　以上，タッピングタッチについて紹介してきましたが，このアプローチは「治療法」ではなく，「ケア」であることを強調しておきます。タッピングタッチは，症状や問題を治そうというよりは，やさしいタッチとケアによって，その人の持っている自然治癒力やケアの能力をサポートする，といった全体的なケアなのです。実施方法はじめ，詳細については，関連書籍（『〈ふれる〉で拓くケア —タッピングタッチ』（中川，2022a）やタッピングタッチ協会のウェブサイトを参考にしてください。

（5）身体接触を伴うアプローチの実施における注意

　本節では，触れることの効果およびそれを用いたアプローチについて述べてきました。ご覧いただいたように，身体接触は私たちの心身および人間関係に対して様々な効果をもたらします。

　しかしながら，冒頭で述べたように，身体接触を伴うアプローチを実施する際には，十分に配慮し，注意を払う必要があります。具体的には，まずインフォームド・コンセントの必要性です。たとえば，マッサージを受けるためにマッサージ師のもとに訪れる際には，クライエントのほうにも治療に身体接触が伴うことを想定しているでしょう。一方で，公認心理師のもとを訪れるクライエントは，基本的に相談による問題解決を求めているのであって，身体接触による問題解決を来談当初から想定しているわけではありません。また，問題解決のために身体接触が必要である理由も理解していないと思います。そのため，公認心理師が何かしらのタッチを用いたアプローチを実施する際には，①接触を伴う部分は身体のどの部分であるか，②用いるアプローチにはどのような効果があるか，③クライエントの問題に対して身体接触を伴うアプローチを使用する理由などを明確にかつ丁寧に説明し，クライエントが疑問を持つ部分には真摯に回答する必要があります。その上で，クライエントが実施の可否の判断を下せるようにしなければいけません。なお，②に関して，副作用やデメリットが想定される場合には，それらを説明するのも当然のことです。

　また，これも冒頭でも書きましたが，触れる行為は相手の境界を侵襲したり，トラウマの引き金になりえたりする行為であることを忘れてはいけません。そのため，暴力被害や性被害といった個人の境界を深く傷つけられた体験を持つクライエントには実施を控えたほうがよいでしょう。その他，各アプローチを実施する際には，その効果を最大限に発揮できるように，それぞれのアプローチで定められた実施手順に忠実に従わなければなりません。

　身体接触を伴うアプローチは，言語によるアプローチにはない効果が期待できる非常に有効な手段である一方で，リスクも伴います。そのため，このようなアプローチを取り入れたいと考えている人は，関心のあるアプローチの研修会に参加したり，関連書籍を熟読したりした上で，理論や実施方法，倫理などについて，十分な知識とスキルを身につけてから実施していただきたいと思います。

日本の心理療法② 内観療法

内観療法は，吉本伊信が考案したもので，浄土真宗の異端派といわれる一派に伝わる求道法の「身調べ」をもとに，クライエントに内観を行わせる治療法です。ほかの心理療法に比べ，極めて簡単で，標準化された治療プログラムであるのが特徴です。内観とは，自分自身と向き合うことです。自分自身と関係のあった人間との関わりを，幼いころから今日まで時系列的にたどりながら，事実関係を思い出していきます。多くの場合は，母親であり，その他，父親や兄弟などについて，「してもらったこと」「お返ししたこと」「迷惑をかけたこと」の３点について，ひたすら事実を思い出していきます。この３つの観点を「内観三問」といいます。

内観の方法として，集中内観と日常内観の２つの段階に分けられます。集中内観は研修所や病院などの静かな部屋に１週間こもり，外界とのやりとりを制限し，自分と関わりの深い他者に対して具体的事実を過去から現在まで３〜５年刻みで，内観三問を内省していきます。数時間に一度，クライエントはその時間に調べた内容を告白し，面接者はその内容を傾聴します。それに対し，日常内観は，集中内観で会得した反省の技術を活かし，日常生活の中で毎日，一定時間，内観三問を通して自分を調べる方法です。吉本はこれを非常に重視しました。

内観三問を通し，自分自身の人生に登場するすべての人々との関係を詳しく思い出すことになります。それにより，実は多くの人々との関係性の中で自分は「生かされてきた」ということに気づくことになります。これは，一種の認知の変容となり，ものの捉え方が大きく変化します。人生という長い時間の中でその人がずっと持ち続けているこだわりや心の歪みのようなものに変化が起きたとすれば，心理的問題を解決の方向に進めることができるとされています。内観療法で有効とされているものは幅広く，特に，アルコール依存症や薬物依存症，摂食障害，心身症，抑うつなどの精神疾患，さらに，不登校や非行などの問題，親子関係や夫婦関係など家族の問題に対する効果が知られています。

日本の心理療法③　臨床動作法

　成瀬悟策によって考案された，動作体験を通して心や生活のあり方を見直す方法です。1960年代の半ばに，脳性まひの患者に催眠を試みた結果，アイロンがけやミシンの作業ができるまでに回復したというエピソードを聞いた成瀬は，脳性まひには脳内の生理的な仕組み以外に心理的な要因があると仮説を立てました。そして，催眠法を用いながら，脳性まひの患者が身体の動かし方を習得する訓練法を開発しました。後に催眠法を用いない訓練法が生まれ，1968年からこれらを動作訓練と呼ぶようになりました。その後，1980年代以降はその適用範囲が拡大していき，治療の対象によって障害動作法，スポーツ動作法，健康動作法などと呼ばれるようになり，現在はそれらをまとめて「臨床動作法」と呼んでいます。

　臨床動作法における動作とは，目に見える身体の動きだけではなく，身体を動かそうとする意図も含みます。人間の身体の動作は，心によって意図された後に身体活動として実現されるため，心の働きと深く関わっています。そのため，治療としては動作の際の体験の仕方に注意を向け，体験の仕方自体を望ましいものに変化させることが目的です。具体的には，言葉かけを中心にクライエントの緊張を緩め，症状の改善のための動作課題を設定します。クライエントは動作課題のどの部分に緊張しているのかに気づき，そのたびにリラクセーションを繰り返し，自ら緊張を緩める方法を身につけられるようにします。それによって，緊張からくるストレスを防ぐことができるとともに，心の緊張も緩めることができます。技法としては，他者に身体をゆだねて脱力するというお任せ脱力があります。適応範囲は大人から子どもまで幅広く，脳性まひ児童やダウン症だけでなく，自閉スペクトラム，チック障害などの発達障害，統合失調症などの精神疾患や，スポーツ選手の能力向上，高齢者の健康維持増進を図る健康法としても用いられています（鶴, 2007）。

第6章　心理支援でクライエントの主体性を支持する

　第5章では，単に支援者が被支援者に対して「与える」ことだけでなく，被支援者が持つ「リソース」に焦点を当てました。心理支援を「（支援者が）心理的に（被支援者の）支援をする」こととして捉えると，被支援者は支援者に対して客体でしかありません。ですが，被支援者の人生は被支援者自身のものであり，その人生の主人公でもあるということを考えると，支援者はあくまで脇役でしかありません。支援者は被支援者の人生を常に伴走することはできず，被支援者の人生のごく一部でご一緒するにすぎません。

　以上のことから，本章では，心理支援においてクライエント（被支援者）が本来的に持っている主体性を，支援者が一時的に支えるということについて検討します。クライエントが支援を必要としなくなるプロセスにつきあっていくという意味で，限られた時間において支援者には何ができるかを考えるため，ナラティヴ・アプローチとヒューマニスティック・アプローチという立場から眺めてみたいと思います。

1　ナラティヴ・アプローチ

(1)「ナラティヴ」とは

　narrative（ナラティヴ）という用語は，「物語」と訳されることが多いですが，ナラティヴ・アプローチでいうところの「ナラティヴ」には「物語」という意味のほかに，「語り」という意味も込められています。

　「語り」とは，人が誰かに向かって何かを語ることやその語られた内容のことを指します。私たちは日頃，様々な「語り」を生み出しています。たとえば，自己紹介もそうです。

私は現在，勤務先の大学と大学院で心理学（臨床心理学）を教えています。高校生のときに心理学に興味を持ち，大学で心理学を専攻しました。大学生のときに家族療法を知り，それを学ぶために大学院に進学しました。大学院を出た後は，医療現場や学校現場を中心に臨床心理士として勤務してきました。

　何の変哲もない筆者の自己紹介ですが，この中にも「語り」が見て取れます。これらはいずれも筆者が語ったことですので（実際には「書いたこと」ですが，ここではこれを口頭で伝えたこととしておきます），すべてが「語り」ということになります。

　一方，「物語」というと「イソップ物語」や「源氏物語」といった，いわゆる「お話」を思い浮かべるかもしれませんが，「物語」は何もこうした有名なものばかりではありません。先ほど述べた筆者の自己紹介もひとつの「物語」だということができます。なぜなら，この自己紹介は筆者の人生の中でも「心理学」に関するいくつかの「語り」をつなぎ合わせたものだからです。この「物語」にタイトルをつけるならば，さしずめ「心理学を学んできた私の物語」というところでしょうか。このように「物語」というものは，複数の「語り」をつなぎ合わせてでき上がっているものなのです。

　つまり，「物語」は「語り」から生まれるわけですが，反対に「語り」が「物語」から生まれる場合もあります。また例を挙げてみましょう。

　筆者が先ほどのような自己紹介をしている際に，それを聞いている人から「ところで，明日のご予定は？」と聞かれたとします。これに対して筆者は「明日はカウンセリングに関する授業があります」と答えます。間違っても「明日の夜は家でワインを飲む予定です」とは答えません（たとえそのような予定があったとしても）。なぜなら，自宅でワインを飲むという「語り」は「心理学を学んできた私の物語」とは関係ないからです。筆者は，自らを「心理学を学んできた私」として語っているわけですから，そのような会話の中で明日の予定を語る場合，その語りは「心理学を学んできた私」という物語に沿ったものになります。「語り」は「物語」の延長線上に生み出されるのです。

　このように「語り」と「物語」は相互的で連続的な関係にあります。そして，この関係を一言で表す言葉が「ナラティヴ」という言葉なのです。

（2）ナラティヴと心理支援

ナラティヴ（語り，物語）という言葉は，心理支援とは一見無関係なように思われそうですが，そうではありません。今度は別の例を挙げて説明します。

> ある女子大学生が学生相談室を訪れました。彼女は，2か月ほど前から気分が落ち込んだ状態が続いており，趣味だった読書が全く楽しめなくなってしまったと話します。また，授業や課題に集中して取り組むことができなくなり，何もしたくない状態だといいます。物事に集中することが難しいため，アルバイト先の飲食店ではミスをすることが多くなり，社員から叱責を受けることが増えたそうです。また，食欲がないため昼食をとる気になれず，以前は一緒に昼食を食べていた友人と話をする機会が減ってしまったと話します。さらに，休日も何もしたくない状態が続いているため，彼氏からのデートの誘いを断ることが増え，2人の関係はだんだん気まずくなってきたといいます。そして，そんな自身の状態を「うつっぽい」と感じているそうです。

いかがでしょうか。この女子大学生は心理支援（学生相談）の場で，「抑うつ気分」「興味の著しい減退」「集中力・気力の減退」「アルバイト先でのミスの増加と叱責」「食欲の減退」「人間関係の変化（悪化）」について語っており，これらの語りは「うつっぽい私」という物語として語られています。

このように心理支援の場では「ナラティヴ」が展開されているのです。そして，ナラティヴ・アプローチとは，このように心理支援を「ナラティヴ（語り，物語）」という視点から眺め直す方法なのです。

（3）「問題」とナラティヴ

ナラティヴ・アプローチの背景には，社会構成主義という考え方があります（Gergen, 1999）。社会構成主義では，言葉は単なる「コミュニケーションの手段」や「物事を示すもの」ではないと考えます。また例を挙げてみます。

> アカネさんという女子高校生が髪を赤く染めて登校しました。その高校では染髪は校則で禁止されていましたので，担任の先生はアカネさんを「校則違反を犯

した問題の生徒」と見なし，指導を行いました。アカネさんはその指導を受けて髪の色をもとに戻しましたが，その後大学に入学すると再び赤く染めました。つい先日，高校の同窓会に参加したアカネさんは，高校時代の担任の先生から「垢抜けてステキな女性になったね」と言われました。

さて，アカネさんは「問題の生徒」なのでしょうか？　「ステキな女性」なのでしょうか？

アカネさんが髪を赤く染めたのはまぎれもなく「事実」であり，それは高校時代も大学生の現在も変わりありません。ところが，高校時代には髪を赤く染めるという行為や，そのような行為をとったアカネさんは「問題である」と意味づけられました。しかし，大学生になった現在，髪を赤く染めていることもそのようにしているアカネさんも「問題」とはなっておらず，むしろ肯定的な評価を受けています。つまり，アカネさんやその染髪という行為が「問題」であるかどうかは，変化したのです。

では，なぜアカネさんに対する評価は変化したのでしょうか？　その理由は，アカネさんの染髪という行為がどのように語られるか，つまり「アカネさんの染髪にまつわるナラティヴ」が変わったから，ということになります。

アカネさんの高校では髪を染めることは校則で禁止されていました。だから，アカネさんの染髪は「問題」であるということになったわけですが，これは担任の先生（とおそらくその他の学校関係者）が「アカネさんが髪を染めたことは問題である」と語ったからなのです。しかし，大学生になったアカネさんに対しては，当然のことながらこの校則は適用されませんので，今度は同じ染髪という行為をとったにもかかわらず，それは「問題でない」（むしろ「ステキ」）と語られるようになったのです。

つまり，人やその行為が「問題」であるか否かは，その人や行為がどのように語られるか（意味づけられるか）によって決まる，ということなのです。社会構成主義では，このように「言葉が事実をつくり出す」と考えるのです。

（4）いまだ語られていないナラティヴ

ここでもう一度，本書p. 169の女子大学生の話に戻ってみたいと思います。彼女は初回の相談で「うつっぽい私」という物語を語っていました。ところが，そ

の後も継続的に相談に通う中で，以下のような語りが語られるようになりました。

　　気分が落ち込んだ状態はまだ続いているが，先週一日だけだったが読書をすることができ，しかも楽しむことができた。集中力は戻っていないが，授業には出席しているし，課題もなんとかこなしている。中間試験の成績も授業になかなか集中できないわりには悪くなかった。カウンセリングを受けていることをアルバイト先の社員に伝えたところ，ミスをしても以前のように厳しく叱責されることはなくなり，ミスをすることも少し減ってきた。友人や彼氏も気遣ってくれるので，少し気が楽になった。うつっぽい感じはあるが，できることが増えてきている。

　このカウンセリングを「ナラティヴ」という視点から見てみると，図 6-1 のようなナラティヴが語られているといえます。初回のカウンセリングでは「うつっぽい私」というナラティヴが語られていましたが，カウンセリングで会話を重ねる中で「（うつっぽい感じはあるが）できることが増えてきている私」という新しいナラティヴが生み出され，それが展開されつつあります。
　このようにナラティヴ・アプローチにおいてセラピストは，クライエントが自身にとって好ましい新しいナラティヴ，つまり「いまだ語られていないナラティヴ」を展開・発展させていくことができるように支援していくのです。

（5）ナラティヴ・アプローチのモデル

　ナラティヴ・アプローチとして，いくつかのモデルを挙げることができますが，ここでは代表的なものを 3 つ紹介します。

①ナラティヴ・セラピー（White & Epston, 1990）

　このモデルでは，クライエントが語る問題のナラティヴを「ドミナント・ストーリー」，いまだ語られていないナラティヴを「オルタナティヴ・ストーリー」と呼び，前者が後者へと書き換えられていくことを目指します。
　オルタナティヴ・ストーリーの展開に向けて着目されるのが，「ユニークな結果」です。これは，問題を孕んだドミナント・ストーリーの外側にある語りの

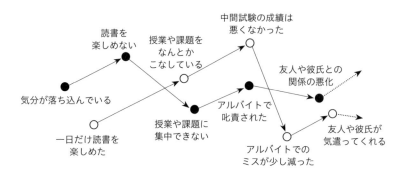

図6-1　2つのナラティヴ

ことを指します（図6-1の白の○がこれに当たります）。問題がどれほど人の生活や人生に影響を及ぼしていたとしても，問題の影響が及んでいない部分や出来事は必ず存在します。ナラティヴ・セラピーの実践においてセラピストは，クライエントがこのユニークな結果を見つけ，それをオルタナティヴ・ストーリーへと展開・発展させることができるように支援していきます。

　また，ナラティヴ・セラピーの実践においては，問題が人の生活や人生に及ぼしている影響を理解していく際に，「外在化する会話」が展開されることがあります。「外在化する会話」は，問題と人を切り離して会話を展開していく会話のあり方です。たとえば，「××（問題の名前）は，あなたが勉強に集中することをどのように邪魔するのですか？」「××はあなたと周囲の人との関係にどのような影響を及ぼすのですか？」といった質問が挙げられます。これによって問題と人が切り離されると，クライエントが問題の影響を受けている部分だけでなく，さほど影響を受けていない出来事（ユニークな結果）も語られるようになり，これがオルタナティヴ・ストーリーに展開・発展するのです。

②コラボレイティヴ・アプローチ（Anderson, 1997）

　クライエントが心理支援の場で語るナラティヴがクライエントにとって問題となっているものであるのに対し，ナラティヴ・アプローチによって展開・発展するいまだ語られていないナラティヴは，クライエントにとって好ましいも

のです。しかし，クライエントが自身の生活や人生がどのようになれば好ましいと思うかということについて，そもそもセラピストは知る由もありません。それはクライエントに語ってもらうこと，つまりセラピストがクライエントから教えてもらうことで初めて明らかになります。このようなセラピストのスタンスを「無知の姿勢（not-knowing）」と呼びます。これは，セラピストが専門知識や理論に基づいてクライエントの問題を理解し，その解決を探るという，いわゆる「専門性」とは対極にあたります。

　コラボレイティヴ・アプローチの実践において，セラピストは無知の姿勢をとり続けます。セラピストは，クライエントのナラティヴに対して常に無知の姿勢で質問を重ね続け，クライエントのナラティヴを理解したつもりにならないように，常に理解の途上にとどまり続けるように会話を重ねていきます。そうすることによって，クライエントの生活や人生における経験やそれに関する理解は，絶えず新しい解釈によって更新されていき，いまだ語られていないナラティヴが語られるようになるのです。

③リフレクティング・プロセス（Andersen, 1991）

　家族療法では，問題を客観的に観察し分析するためにワンウェイ・ミラー（いわゆるマジックミラー）やインターホンが用いられてきました。クライエント家族と直接向き合っているセラピストは，家族の言葉や感情の影響を受けてセラピストとして適切に対応することができなくなることがあります。そのため，必要に応じて，ワンウェイ・ミラーの向こう側（観察室）からその様子を観察している別のセラピストやスーパーバイザー（一人ではなく複数人からなる観察チームであることが一般的）が必要に応じてインターホンを通じてセラピストに指示を与えることによって効果的な支援を行うという方法がとられてきました。

　アンデルセン（Andersen, T.）は，この形で家族療法を進めていたある日，その家族に対して観察チームの会話を聞いてもらうことを提案しました。観察チームはそれまで家族を「観察する立場」でしたが，反対に「観察される立場」になったのです。これは家族にとって新しいものの見方を獲得する機会となり，いまだ語られていないナラティヴの展開・発展につながりました。

　この方法は，のちに「リフレクティング・プロセス」と呼ばれるアプローチ

へと発展しました。リフレクティング・プロセスの実践では，家族とセラピストの会話を観察チームが聞くことと，観察チームの会話を家族とセラピストが聞くことを交互に繰り返していきます。そのようなプロセスを経て，会話に会話が重ねられていくことで，いまだ語られていないナラティヴが展開し，発展していくのです。

（6）ナラティヴ・アプローチに共通するもの

前項（5）で紹介したナラティヴ・アプローチの3つのモデルはいずれも「ナラティヴ」をキーワードとしています。これらのアプローチは，心理支援の場で展開される問題にまつわるナラティヴから，いまだ語られていないナラティヴへの移行を目指す実践であるという点で共通しています。

また，これらのアプローチには，クライエントを責める立場に立たない，という共通点があります。ナラティヴ・セラピーでは，「外在化する会話」によって問題とクライエントを切り離して会話を展開していきます。コラボレイティヴ・アプローチでは，セラピストが「無知の姿勢」をとり続けることによって，専門知識や理論に基づいてクライエントの問題を理解することを放棄します。リフレクティング・プロセスでは，「客観的な観察者」というセラピストの立場が放棄されることで，セラピストはクライエントと対等な立場に自らの身を置くこととなります。このようにナラティヴ・アプローチの実践においてセラピストは，クライエントを責めない立場に身を置くことによって，対等な関係性の中で会話を展開・発展させていくのです。

さらに，ナラティヴ・アプローチの実践においては，クライエントの主体性が尊重されます。ナラティヴ・アプローチが目指すいまだ語られていないナラティヴは，クライエントにとって好ましいものであることが重要です。誰かから何かを強いられたナラティヴではなく，クライエント自らが主体となり，いまだ語られていないナラティヴを展開・発展させていく，というのがナラティヴ・アプローチなのです。

2　ヒューマニスティック・アプローチ

ヒューマニスティック（人間性）・アプローチとは，人間性心理学（humanistic

psychology）に基づく心理支援のアプローチの総称のことで，精神分析や行動主義に続く第三勢力として，欲求階層説で有名なアブラハム・マズロー（Maslow, A.）により1960年代に提唱されました。ヒューマニスティック・アプローチでは，人間の持つ主体性や成長可能性，創造性，自己実現というところに重きを置いています（第2章2節も参照ください）。

　ヒューマニスティック・アプローチにおいて代表されるものとしては，ロジャーズ（Rogers, C. R.）によるパーソン・センタード・アプローチ（PCA），ロジャーズの共同研究者であったジェンドリン（Gendlin, E.）によるフォーカシング，パールズ（Perls, F.）によるゲシュタルト療法，またバーン（Berne, E.）による交流分析（TA）があります。

　本節では，ヒューマニスティック・アプローチの「クライエントの主体性の支持」という観点から論考を進めたいと思います。

（1）ロジャーズのパーソン・センタード・アプローチ

　クライエントの主体性の支持ということを考えるにあたって，パーソン・センタード・アプローチに関する論考は外せません。従来，カウンセリングという言葉がパーソンズ（Parsons, F.）による「職業指導」という文脈の中で使われていた指示的なものであったのに対し，ロジャーズは非指示的かつ支持的な意味合いで，カウンセリングという言葉を使いました。

　ロジャーズのカウンセリングは，「指示をしない」ことに力点を置いて非指示的療法（non-directive therapy）と呼ばれていましたが，来談者中心療法（client centered therapy），パーソン・センタード・アプローチ（person centered approach）あるいはパーソン・センタード・セラピー（person centered therapy）へとその名称も変遷していきました。ロジャーズのカウンセリングでは，セラピストは受容的に，あたたかくクライエントの話を傾聴し，クライエントが主体性を持って，自らの衝動や行動，（肯定的・否定的）認知に対して自由に理解し，自己成長していけるようにしていました。

　クライエントのことを受容していることが伝わるように，クライエントの使う言葉を繰り返したり，クライエントの伝える感情をそのまま伝え返したり（感情の反射），あるいはクライエントの伝える不明瞭な感情を少しはっきりしたものになるよう代わりに言葉で表現したり（感情の明確化）ということを行いま

す。これらは単にオウム返しのようなものと思われたり，技法として形式的に使われるものと誤解されがちですが，クライエント自身が主体性を持って自分自身のことを考え，言葉に表し，自身の感情や感覚における体験を感じられるように，セラピストがクライエントの鏡となってその姿を映し返せるようにするものです。実際，ロジャーズ自身も技法化されることは好まず，伝え返すことはクライエントの言葉を確認するためとしていたそうです。

(2) ジェンドリンのフォーカシング

ロジャーズの元共同研究者であったジェンドリンは，体験過程理論を唱え，フォーカシングと呼ばれる方法を体系化しました。フォーカシングは，来談者中心療法（あるいは，パーソン・センタード・アプローチ）においては重視されなかった「まだ言葉にならないけれども，意味のある身体で感じる感覚」をフェルトセンスと呼び，そのフェルトセンスにピッタリくる言葉（ハンドル）を見つけ，その体験と言葉とを突き合わせることを繰り返し，その感覚体験が変化していくプロセスを，セラピストがガイド，あるいはリスナーとなり，聴いていきます。フォーカシングを行う人（クライエントなど）のことを，フォーカシングの主体としてフォーカサーと呼び，フェルトセンスとハンドルがピッタリと合えば，フェルトシフトと呼ばれる身体感覚などの変化が起きるとされています。

このように，ジェンドリンによるフォーカシングも，クライエント自身がフォーカサーという主体として，セラピストがその主体性を支持する形をとるといえるでしょう。

(3) パールズのゲシュタルト療法

医師フリッツ・パールズは，精神分析のフロイト（Freud, S.）に受け入れられなかったことから，精神分析とは決別し，自らのゲシュタルト療法を創始しました。ゲシュタルト療法は，分析家であったライヒ（Reich, W.）やホーナイ（Horney, K.）の影響も受けながら発展しました。ゲシュタルト療法も，フォーカシングと同じく身体性を重視し，今ここでの身体的な体験も含めた経験を重視します。

（4）ヒューマニスティック・アプローチと主体性

　ここまで紹介してきたように，ヒューマニスティック・アプローチに分類される心理療法では，セラピスト（主体）に対する客体としてクライエントのことを見るのではなく，クライエント自身が主体として自らの人生，今ここ（here and now）を生きていけるように支持します。医療やその他サービスの提供という場面では，どうしても提供する側（主体）と提供される側（客体）とに分かれてしまいがちです。クライエントは，これまでの人生の中で困難や問題に対峙することによって，力を一時的に失ったり弱めてしまったりしたことからカウンセリングに来ているのかもしれません。クライエントは，セラピストから一方的に力を与えられるのではなく，クライエント自らその主体性を取り戻すことによって，自分自身の人生をよりよく，元通りに生きていくことが望まれます。

（5）ヒューマニスティックなアプローチとしての新しい心理療法

　第1章2節や第7章3節で紹介されているオープンダイアローグや，本章1節で紹介されているナラティヴ・セラピー，コラボレイティヴ・アプローチなどは，ヒューマニスティック・アプローチの一種としてではなく，その歴史的背景から家族療法の流れとして，社会構成主義的なアプローチの中に含まれています。しかし，クライエントの主体性を支持するということや，今ここでのクライエントに向き合うという点において，これらのアプローチもヒューマニスティック・アプローチに含めることができるのではないでしょうか。

　私たちは，患者やクライエントという立場になったとき，弱い存在へと変わり果ててしまうわけではありません。医師やセラピストも患者やクライエントも同じ人間であり，それぞれが自分自身の人生の主人公として生きています。人生の中で困難に出会ったとき，たまたま一時的に力が弱まってしまったり，力が失われたように感じられることもあるでしょう。しかし，常に私たちは支援する側とされる側とに分けられているのではなく，人生の場面場面で助ける側にも，助けられる側にもなりうるのです。

　自分自身の人生の主人公はほかならぬ自分であって，それはセラピストやクライエントというラベリングがされていても，されていなくても同様に主人公

なのです。そのように，自分自身の人生の主人公として，主体性が弱まってしまっているときに，セラピストが一人の人間としてクライエントのことを尊重し，そのときに支える対等な存在としていられることを願います。

第7章 複数人に対する心理支援

　公認心理師の行う心理支援は，すべてが個室での一対一のカウンセリングとは限りません。むしろ，社会においてそのような一対一の関係は特殊といえます。多くの人間関係が複雑に入り組んだ忙しない社会の中で，複数人に対して心理支援を行うということも求められています。

　親が子どものことで悩んでいたり，カップル関係（同性・異性カップル，婚姻の有無を問わず）で悩んでいたり，家族や企業，コミュニティなど集団の中で複数人が悩んでいたりと，人間関係の悩みは枚挙にいとまがありません。このような複数人に対する心理支援を考えたとき，心理療法の中では家族療法や，そこから派生して出てきたアプローチの考え方が役に立つでしょう。ここでは，それらのアプローチで用いられる考え方や事例について見ていきたいと思います。

1　家族療法

　従来，精神分析から始まる心理療法は，一対一での面接が基本でした。現在もカウンセリング，あるいは心理療法の多くは一対一で行われています。家族療法とは，そのような一対一の心理療法のあり方に一石を投じたといっても過言ではありません。ここでは，複数人に対する心理支援の方法として，家族療法の考え方をご紹介します。家族療法には複数の流派があり，家族療法をひとつのセラピーとして学ぶには，本節では紙幅が足りません。第4章1節のシステムズアプローチは，家族療法から生まれたもので，「システムズアプローチによる家族療法」ともいわれ，重なる部分も多いことから，第4章で触れられていない部分を中心に，家族療法において「複数人に対する心理支援」の方法と

して工夫されているポイントについて述べたいと思います。

(1) 家族療法は家族合同面接のことではない

家族療法はしばしば家族合同面接と混同されるため，注意が必要です。家族療法では必ずしも家族を全員呼んで面接をするわけではありません。複数人の家族メンバーを呼んで同じ部屋で面接を行うことは，「家族合同面接」と呼ばれます。

(2) システム論とコミュニケーションの暫定的公理

家族療法には多くの流派がありますが，その中でも一般的に家族療法という言葉が使われたときには，システム論的家族療法と呼ばれるシステム論に基づく家族療法のことを指していることが多いように思われます。

そのシステム論的家族療法をもとにするアプローチとして，第4章1節のシステムズアプローチが存在しています。システム論に基づく具体的なアプローチの方法や例については，そちらに譲るとして，本節では「家族内のコミュニケーションの相互作用」という点についてフォーカスできればと思います。

ワツラウィック（Watzlawick, P.）らによると，コミュニケーションに関する公理（つまりコミュニケーションとはどういうものか？）として5つの軸が考えられます（表7-1）（Watzlawick, Bavelas, & Jackson, 1967）。

（ここでは人間関係の）システムと呼ばれる2名以上の人間間で行われるコミュニケーションは常に相互に作用し合っています（表7-1の公理1参照）。もちろん，世界には2人しか人間がいないわけではなく，家族や地域，学校，職場など別のシチュエーションにおいても2人あるいは3人以上の人間がいます。それら各々の互いにコミュニケーションをし合う関係性のことをシステムと呼んでいます。コミュニケーションしないことは不可能とあるように，私たちはコミュニケーションをしているという自覚がなくても，そこに存在するだけで「行動をしない（何もしない）」ということや「沈黙する」ということすらコミュニケーションであると捉えることができます。

そこに（システム内に）いるにもかかわらず，「行動をしない（何もしない）」「沈黙する」ということが引き金になって，別のシステム内のメンバーに影響を与えることもあります。たとえば，家にいて，父親を除いて家族全員が一生懸

表 7-1 コミュニケーションの暫定的公理（浅井, 2021）

1. 人がコミュニケーションをしないことは不可能である。
2. コミュニケーションには,「情報」と「情報に関する情報」の 2 つのレベルがある。
3. 人間関係は, 人間間のコミュニケーションの連鎖の「区切り（punctuation）」によって規定される。
4. コミュニケーションでは,「デジタルモード（digital）」と「アナログモード（analogic）」の両者が使用される。
5. すべてのコミュニケーションは,「対称的（symmetrical）」か「相補的（complementary）」かのいずれかである。

命家事をしているのに, 父親だけが「行動をしない（何もしない）」ということをしていると, その「行動をしない（何もしない）」ということ自体が, 他の家族メンバーに影響を及ぼします。ある家族メンバーは, 何もしない父親に対して,「怒る」という行動（コミュニケーション）を起こすかもしれませんし, はたまた別の家族メンバーには,「あきれる」という感情が引き起こされるかもしれません。以上のように, コミュニケーションとは,「何かしていること」のみを指すのではなく,「何もしていないこと」自体も含むといえるのです。

　本節では,「複数人に対する心理支援」という文脈において, 家族療法という「家族」がクローズアップされているため, ここでは特に「家族システム」と「クライエント - セラピストシステム」, また「クライエント - セラピストとその家族システム」というふうに考えてみましょう。

（3）コミュニケーションの相互作用として考える

　先に,「行動をしない（何もしない）」ということや「沈黙する」ということすらコミュニケーションであると述べましたが, これらのコミュニケーションは, それぞれのシステムの構成メンバー間で影響を与え合うため, 一方向的なものではなく継続して行われていきます。そのコミュニケーションがいったいどこから始まって, どこで終わったのか, あるいはどちらが原因で, どちらがそれに対する結果なのかについては, 常に継続して連綿と行われているコミュニケーションの連鎖を, どの部分で区切るか（punctuate）によって異なってきます（表7-1 の公理 3 参照）。

　家族療法では, 円環的因果論（円環的因果律とも）という考え方が用いられています。コミュニケーションはAからBへの一方的なものではなく（どちら

かが確固たる原因で，もう一方が確固たる結果ではなく），ＡもＢも（あるいは他のメンバー，要素も）含む形で円環（循環）しているというふうに考えます。

普段の生活の中では，何か事象が起これば「何が原因か？」と考えるのが通常でしょう。たとえば，咳が出始めたら，アレルギーのせいか，風邪を引いたか，コロナかインフルエンザか……とその咳の原因を突き止めようとします。身体医学においては，それは非常に大事なことであり，原因となるウイルスや菌，アレルゲンなどが発見されればそれをどう排除するかという次の行動に出ることができます。

しかし，心や人間関係においてはいかがでしょうか？　身体医学のように原因となるウイルスや細菌が身体内（あるいは精神内）にいるわけではなく，また人間関係も上述の通り，区切り方によって大きく異なります。家族療法においては「何が原因か？」を探し求めるのではなく，コミュニケーションの相互作用の中で「問題」と呼ばれるものが生じていると考えるのです。

(4) 社会構成主義

第6章1節でも触れられていますが，社会構成主義とは「言葉（などによる意味づけ）によって現実はつくられる」と考える社会の捉え方です。言葉によって現実がつくられるって？と思うかもしれませんが，第6章1節の例でもあるように，ある出来事や行動などを「問題」という言葉で表現し，またその捉え方を周りが採用することで，その出来事や行動などは「問題」として構成されてしまいます。

他の例として，新型コロナウイルス感染症が広がる前と後の社会を比較して考えてみましょう。マスクに対する意識も，オンラインで授業やカウンセリングを行うことの意味合いも，様々な「常識」とされていたことが大きく変わってしまいました。緊急事態宣言や濃厚接触者という言葉で，不登校でなくても学校に行く機会はぐっと減り，ギリギリの気持ちで学校へ行っていた子の中には，（ほかの子も学校に行かない日が増え，制限されていることから）少しホッとした子もいるかもしれません。

オンラインでカウンセリングを行うことに否定的だった人も，現在では「考慮に入れるべき」と変わった人が多く（セラピスト側もクライエント側も），今や世界的に「よくある取り組み」となりました。

（5）「問題」という枠組み

何が問題か（問題ではないのか），あるいは「素敵」かどうか，「普通」かどうかといったことは，複数人でそのことに関する対話が行われることによって，定義づけられていき，問題な○○，素敵な○○（素敵な人など），それは普通（変ではない）という社会・思考・雰囲気・文脈が構成されていくと考えられます。家族療法では，特に1980年代ごろから，よりこの社会構成主義の影響を受けた考え方が取り入れられるようになっていき，他の章でも取り上げられているナラティヴ・セラピーや解決志向アプローチなどが，家族療法から発展しています。

（6）家族療法の視点を心理支援に活かす

いわゆる家族療法には，前述のようにシステム論的家族療法をはじめとして，多くの流派が存在し，本書では紹介しきれません。そのため，家族療法そのものを実践するためには専門書で学んだり，学会・研修会などに参加したり，スーパービジョンを受けることをお勧めします。また，システム論的家族療法の発展の形ともいえる第4章1節のシステムズアプローチや，家族療法の中でもカップルにフォーカスしたアプローチとしての本章2節のカップルセラピーの項も，この家族療法の考え方をより理解するのに役立つでしょう。

本書において，本節の役割は「複数人に対する心理支援」における考え方のいくつかを提示することです。一対一でのカウンセリング，心理療法は，二者間での交流の中で，クライエントの深層心理や，クライエントとセラピストの関係にのみフォーカスを当てたり，あるいは過去の親子関係などの交流にフォーカスを当てることから，ある意味シンプル化して考えやすい長所があります。ただ，現実社会はそのようなシンプルなものではありません。一人のクライエントの心理には，社会を生きる複数の人生が関わっており（システム理論），クライエントの心理やコミュニケーションは，様々な人たちとの相互作用の一部として位置づけられます（コミュニケーションの相互作用）。また，その社会の中で（あるいは過去に）クライエントに向けられた言葉，クライエントの周りで飛び交っている（いた）言葉，クライエントの心の中で用いられている言葉など，多くの言葉によってそのクライエントの現実が構成されています（社会構

成主義）。

　このような歴史を背負い，かつ今もなお複雑な社会の中に生きるクライエント個人や，その家族などの関係者を支援するため，様々な立場から心理支援の形，考え方が形成されてきました。すべての構成要素（あるいは変数）を考慮した上での心理支援は，複雑すぎて現実的ではありません。心理療法や技法を折衷したり統合したりすることはありえても，全部をひとつのまとまりとして見ることは全知全能の神でもない限り叶いません。深層心理や認知，行動，対人関係など，構成要素のうちのどこかにあえて限定してフォーカスすることで，心理療法やそれに基づく心理支援を可能にしているとも考えられます。

　もちろん家族療法も例外ではありません。家族療法では，「家族」や「システム」，あるいは「コミュニケーション」という構成要素に限定的にフォーカスして，いわゆる「問題」といわれるものを扱っているといえるでしょう。あるいは，家族療法では「人と人とで形成されるシステムにおけるコミュニケーションの相互作用」にフォーカスするという意味では，各構成要素そのものはあまり見ず，「A要素とB要素（あるいはさらに複数のC，D，E……の要素）の関係性を見ている」という捉え方をすることもできるかもしれません。

　どのような支援を行っていく場合においても，このような家族療法的な捉え方を頭に置いておくことは重要であり，個人に対する支援を行う際にも，よりよく関わるための素材となるのではないでしょうか。

2　カップルセラピー

（1）カップルを取り巻く環境

　心理療法家を対象とした最大規模の国際調査では，70％の心理療法家がカップルを治療していることが明らかになっています。（Orlinsky & Rønnestad, 2005）。一方，我が国では，どれほどの心理士がカップルにカウンセリングをしているのでしょうか。データはないものの，カップルセラピーはまだまだ一般的なアプローチとはいえないのが現状だと思います。

　しかし，実際にはカップルの葛藤場面は私たちの身近にたくさん存在します。ジェクスが発表した，2020年のジャパン・セックスサーベイによると，不倫の経験について，男性で67.9％，女性で46.3％が「ある」と回答しています。ま

た，同調査によると，婚姻関係の中でのセックスレスは51.9%も存在します。

　厚生労働省の人口動態統計特殊方向によると，2020年の日本の離婚件数は19万3,000件です（厚生労働省，2022）。浮気・不倫，セックスレスを「問題」であるとするラベルを貼るかどうかは，それぞれのカップルの価値観によるものです。離婚も一概に悪いこととはいえません。しかし，それらの背景にカップルの高葛藤が存在する可能性は極めて高いと想定されます。それ以外にも，DVやモラルハラスメント，不妊などカップルの高葛藤が想定されるデータは枚挙にいとまがありません。

　カップルの高い葛藤は，当事者の精神的健康だけにとどまらず身体的な健康にも大きな影響があり，子どもの精神的健康への影響もいくつかの研究で相関が示されています（たとえば，山本・伊藤，2012）。その点で，何らかの心理的ケアの必要性がある場合が想定されます。

　一方で，そういった高葛藤時の夫婦に対してのアプローチのみが，カップルセラピーの領域ではありません。カップルの問題にとどまらず，うつ病などの精神疾患に対する補助治療や，がんなどの身体的な病を持つカップルへの介入といった幅広い分野でカップルへのアプローチが期待されています。（たとえば，Baucom et al., 2012）

　まだ我が国ではメジャーなアプローチではないカップルセラピーですが，とても可能性に満ち溢れた世界でもあります。

（2）カップルセラピーの理論の発展

　夫婦の問題を扱うセラピーの歴史をたどっていくと，1930年代前後から始まったとされる牧師など聖職者や地域の長，産科医などが中心になって行っていたマリッジカウンセリングにたどり着きます。初期のマリッジセラピストは，理論からではなく，教育的な視点でアドバイスや情報提供を行っていました（Snyder & Balderrama-Durbin, 2020）。その後，当時隆盛を極めていた精神分析理論と融合し，家族療法の台頭とともにカップルの領域が家族療法に取って代わられていきます。さらにその後，行動療法／認知行動療法，人間性心理学，愛着理論を基にした療法など，多くの方法論がカップルセラピーの領域に入り，発展してきています（詳しくはGurman & Fraenkel, 2002を参照ください）。

　『クリニカルハンドブック・オブ・カップルセラピー（*Clinical handbook of*

couple therapy)』の各療法の項目を一部抜粋したものが以下の通りです。いかに
カップルセラピーの領域に多くの理論が持ち込まれているのか理解できます
（Gurman, Lebow, & Snyder, 2015 から一部抜粋）。

- Cognitive-Behavioral Couple Therapy
- Integrative Behavioral Couple Therapy
- Emotionally Focused Couple Therapy
- Gottman Couple Therapy
- Integrative Problem-Centered Metaframeworks Approach
- Functional Analytic Couple Therapy
- Object Relations Couple Therapy
- Bowen Family Systems Couple Coaching
- Narrative Couple Therapy
- Solution-Focused Couple Therapy
- Brief Strategic Couple Therapy
- Structural Couple Therapy

（3）カップルセラピーの難しさと有効性*

中釜（2021）は，以下のように夫婦合同のカウンセリングについて言及して
います。

> 潜在・顕在する夫婦問題を携えて夫婦で面接に訪れるものの，援助者側の
> 事情から，どちらか片方の個人面接へと面接構造をしつらえてしまうのは
> もったないという気持ちと，反面，夫婦合同面接を実施することはそう簡単
> ではないという，日頃抱いている意見が同時に思い起こされる。（中釜, 2021）

カップルセラピーの有効性と難しさをとても端的に表現しています。カップ
ルセラピーには個人療法とは異なる，有効性と難しさがあります。

---

* ここでのカップルセラピーはカップルが同席して行うカウンセリングセッションを想定します。

①カップルセラピーの難しさ

　まず，カップルセラピーの難しさとして，共感の難しさが挙げられます。個人のセッションでは，クライエントの言葉を純粋に受け止めながら共感していくことができます。他方で，カップルセラピーの場合，一方の発言に対して共感することが，もう一方を否定したり，非難したりしていると受け取られてしまう可能性が出てきます。

　たとえば，「夫からなぜ浮気をしたんだと怒られると，すごく怖くて頭が真っ白になっちゃうんです」と語っている妻の「怖い」という感情を共感的に聞くことで，浮気をされた夫側は自分が加害者だと批判されていると感じてしまう場合があります。また，夫が仕事の大変さを話し，セラピストがそれを共感的に聞くことで，もしかしたら妻は，専業主婦を軽んじているように受け取ってしまう場合もあるかもしれません。セラピストは，そういった一方への共感的態度が一方を否定したり，非難したり，または疎外感を感じさせるリスクを考えながら，共感的な言葉がけをする必要性が出てきます。

　次に，ゴールの設定の難しさがあります。個人のカウンセリングでさえ，クライエントが自分自身で何を望んでいるのかを整理できていないことも多く，明確なゴールやセラピーの目的を設定することは簡単ではありません。カップルセラピーではさらにその難易度が上がります。離婚したい／したくない，子どもが欲しい／いらないなど，目的意識が反する場合などは，特にセラピーの目標設定の難しさが顕著になります。先ほどの共感の話と同じで，一方に肩入れしてしまうともう一方との信頼関係は崩れ，セラピーは失敗します。だからこそ，セラピーの場の意味やゴールについての考えを一致させておくことはカップルセラピーの成否を大きく分ける要因といっても過言ではありません。

　最後に，夫婦関係の相談には性の問題が密接に関わっていることが多く，デリケートな問題を扱うことの難しさがあります。セックスレスのテーマだけではなく，不倫や夫婦の親密性のテーマにおいても，夫婦の性に対する意識などに触れていく必要性があります。そのときに，セラピスト自身の性に対する意識やジェンダーバイアスが色濃く反映されてしまい，それが図らずもセラピーに悪影響を及ぼす可能性があります。セラピストは，自身の持つ性に対する意識が，セラピーにどう影響しているかを，絶えずモニタリングすることが求められます。

②カップルセラピーの有効性

　このように，独特な難しさがあるものの，カップルセラピーにはそれを補って余りあるいくつもの有効性が存在します。ここではその代表的なものを紹介します。

　まず1つ目は，ゴールへのプロセスをカップルで共有できることにあります。個別カウンセリングと比較して説明します。

　ある男性が「妻とのセックスに対する抵抗感を乗り越えたい」といって個人カウンセリングに訪れたとします。セラピストと話し合う中で，なんとか改善の兆しが見えてきて，その男性はセラピストと喜びを分かち合ったとします。

　前向きな気持ちでカウンセリングから帰った男性が，「あなたは何も努力していない，何も変わっていない」とパートナーからなじられたらどうでしょうか。男性のショックが大きいことは想像にかたくないと思います。もちろん，パートナーはカウンセリングの内容を知らないので，そう捉えるのも無理のないことですが，セックスレスの状態はさらに悪化するでしょう。

　もちろん，そんなパートナーの気持ちを考慮して，夫婦間で話し合う時間をカウンセリングの中に取り入れることも可能です。しかし，どうしても「言い訳」と受け取られ，さらに関係を悪化させてしまうリスクがあります。

　その点，カップルの合同面接では，セラピストを交えて夫婦一緒にゴール設定をつくり，ゴールへ進むプロセスを夫婦で共有しながら進めていくことができるのです。プロセスの共有によって，上記のような揉め事が起こるリスクを最小限に抑えることが可能になります。一緒にカウンセリングに参加することで，「またごまかされて，ウヤムヤにされる」という不安は，少なくとも取り除くことができます。

　セックスレスに限らず，個別カウンセリングで浮気癖を克服しても，パートナーはそのことを簡単に信用してくれません。アルコール問題も同じです。しかし一緒にセラピーを受けている場合は，2人で同じゴールに進んでいくプロセスを共有できるので，自分の知らないところで個別カウンセリングを受けた結果よりも，信じることができるのです。

　2つ目の有効性は，ゴールの共有にあります。前述したように求めるゴールが異なるカップルではゴールの共有が大変難しいのですが，カップルセラピーでは，そこに直接アプローチできることが大きな利点といえます。

何のためにこの話をしているのか。

何のためにこの行動をしているのか。

　この2つの問いは，人の感情に大きな影響を与えます。たとえば，関係をよくしたいというゴールが共有されている中でなら，相手の嫌なところについて話し合ったとしても，それは関係改善の材料として取り扱うことが可能です。一方，その枠組みがない中で相手の嫌なところについて話してしまうと，相手を否定するための材料になってしまいます。

　日常の夫婦喧嘩を思い浮かべてください。喧嘩になって，ヒートアップしたときに一方が突然席を立って出ていったらどう感じるでしょうか。人によっては「無責任」「向き合っていない」と，さらに怒りを感じて追いかける人もいるはずです。しかし，カウンセリングで「喧嘩を減らす」というゴールが共有されていて，そのために何ができるかという話し合いの中で，「喧嘩がヒートアップしたときには，気づいたほうがその場を離れる」と決めていたらどうでしょうか。その場合，席を立つ行為は，無責任な行為から，関係をよくするための努力に変わります。

　3つ目の有効性としては，カップルセラピーの枠組みへの安心感が挙げられます。人は多少の苦痛も，見通しを持つことができれば耐えられます。高葛藤なカップルは，実に多くの問題を抱えています。異性関係，子育ての価値観の違い，家事分担の不一致，実家との距離感……。そして，それらを抱えながら，同時に日常生活も行わなければならないのも事実です。そんなときにカップルセラピーの存在が，日常にメリハリをつけてくれるのです。

　つまり，夫婦が抱える問題についてはカウンセリングの中で話し，日常はなんとか協力してうまく回していくことに集中します。多少嫌なことがあっても，次のカウンセリングで話し合えばいいと思えば，我慢できます。絶対喧嘩になると思いつつなんとか話し合ってみたものの，やっぱり喧嘩になり，会話の糸口さえ見つからなくなったカップルも，無理に日常生活で話し合わず，次のカウンセリングでまとめて話したらいいと思えたら，日常はスムーズに回せるようになります。そのメリハリが心の余裕を生み，さらにカウンセリング内での会話を円滑にし，ひいては2人でも話ができる流れをつくれるようになってきます。

今回は限られた紙面の中で，カップルセラピーの概要をお伝えしました。しかし一言でカップルセラピーといっても各オリエンテーションによって大きくアプローチが異なります。また，オリエンテーションを超えての共通要素を取り出した文献も多数存在します（たとえば，Weeks & Fife, 2014）。本節で扱ったのはほんの一部でしかありません。

前述したように，臨床現場では否応なくカップルの葛藤が持ち込まれるケースが多数あります。カップルセラピーは独特な難しさを持つものの，とても効果的で劇的に状況を改善する可能性を秘めたアプローチです。多少興味を持っていただけたのでしたら，ぜひこれをきっかけにカップルへのアプローチの学びを深めてください。

3　オープンダイアローグ

オープンダイアローグとは，フィンランドの西ラップランド地方のトルニオにあるケロプダス病院という精神科病院で行われるようになったダイアローグ（対話）によるアプローチのことで，主に急性期の統合失調症を対象として30年以上の実践が行われてきました。起源としては家族療法からとされていますが，その家族療法の実践を脱ぎ捨てて，トム・アンデルセン（Andersen, T.）のリフレクティング・プロセスを取り入れて生まれました。具体的な方法論や技法論といったものが押し出されてはおらず，主要7原則が軸となっています。

（1）オープンダイアローグの主要7原則

オープンダイアローグの主要7原則は第1章2節にてご紹介していますので，先にご参照ください。オープンダイアローグでは，このような原則はあるものの具体的な技法のようなものは「リフレクティング」くらいしか存在しません。

主要7原則とは別に，アメリカのオルソンら（Olson, Seikkula, & Ziedonis, 2014; 浅井, 2021）は，うまくいった面接における共通要因を調べ，対話実践が実を結ぶために鍵となる次のような12要素を見出しました。

（2）オープンダイアローグの12要素

以下は，オルソンら（Olson et al., 2014）によるオープンダイアローグの対

話実践が実を結ぶために鍵となる 12 要素です。

オープンダイアローグの対話実践において守るべき鍵となる 12 の要素

1. **2 人（あるいはそれ以上）のセラピストがチームに参加していること**──Two (or more) therapists in the team meeting

   通常，オープンダイアローグは 2 ～ 3 名のセラピストがチームに参加します。セラピストが 1 人ではなく複数人いることは，1 人のセラピストが権威を持つ支配的な形を避けやすくなり，またセラピストの間でもポリフォニックな（多声的な*）状態をつくりやすくなります。また，セラピストが 2 名以上いることによって，リフレクティングも可能となります。

2. **クライエントの家族と，関わる人たちのネットワークが参加していること**──Participation of family and network

   ミーティングには，クライエントとその家族，また関わるネットワーク（訪問看護師，ソーシャルワーカーなど）が参加し，ポリフォニックな状態をつくります。つまり，クライエントにとって安全，安心と思える支援ネットワークにミーティングへと加わってもらいます。クライエントにとってミーティングに加わってほしい人にははじめから関わってもらいます。クライエントにとって加わってほしくない人は参加させないことも決めることができます。

3. **開かれた質問が使われていること**──Using open-ended questions

   ミーティングにおける質問は，「はい・いいえ」で答えられるような閉じた質問ではなく，「どのようにして～」や「何を～」で始まる自由度の高い開かれた質問を使用します。また，家族療法で用いられる質問法や解決志向アプローチ，ナラティヴ・セラピーなどで用いられる質問法も用いられます。そのため，これらの質問法がどのような考え，文脈において生まれたかについて理解しておくことが望まれます。

4. **クライエントの発言に応答すること**──Responding to clients' utterances

   「誰からも応答されないことよりも恐ろしいことはない」（ミハイル・バフチン）といわれるように，クライエントの発言に対して，対話が続くように常に応答ができるようにしていきます。一問一答のような，あるいは詰問のような

★ 多声的・多声性とは，異なる考えや意見が存在している状態のことを指す。

形や閉じた質問にならないように，対話が広がっていくようにクライエントに
応答をします。精神医療などにおいて，クライエントによる妄想や幻聴に関す
る話や，セラピスト側が「とるに足らない」と考えた話は無視されるかぞんざ
いに扱われることがありますが，応答がなされないということはその存在が受
け止めてもらえないことにつながります。応答されるための発話として，セラ
ピストたちは丁寧に受け止め，応答していくことが大切です。

5. **対話において，今この瞬間を大切にしていること** ── Emphasizing the present moment

ミーティングでは，過去や未来について考えたり，どういう方法で話を進めて
いこうかといったことに気持ちが行ってしまい，自分自身の気持ちが「今，こ
この身体の中」にないことが少なくありません。自分自身の身体を感じ，今，
この瞬間にその場所（面接室やクライエントの家など）に存在していることを
感じながら，対話を行います。

6. **対話において，複数の視点を引き出すこと** ── Eliciting multiple viewpoints

7 要素の「対話を続けること（多様性のある声を歓迎すること）」でも記しま
したが，ひとつの方向，目標，結論に収束させることを目的とするのではなく，
複数の考え・意見・視点があり，それぞれが異なったものであるということを
大切にし，それら複数の考えをひとつにまとめていくのではなく，戦わせるの
でもなく，対話の場で異なった複数の考えをできるだけ出し，それぞれと共有
します。

7. **対話において，関係性という観点を創造すること** ── Creating a relational focus in the dialogue

ミーティングにおいて，クライエントの問題行動や言動，感情の発露などを単
にクライエントの症状として，あるいは診断名をつけることでラベリングする
のではなく，家族関係をはじめとした関係性の中でクライエントを見ていくこ
とが重要です。

8. **問題とされる言説や行動に対し，「（《問題》として脚色せず）ただそういう事
実がある」とありのままに捉え，その意味を慎重に吟味すること** ──
Responding to problem discourse or behavior as meaningful

問題行動や問題に関する言説を，ただ「問題」として扱うのではなく，その
「問題」と呼ばれる事象・事実が「ただそこに在り（そこに生じ）」意味のある

ものとして捉え，その行動や言説がどのように生じたのか，そこにはどのような意味があるのかということを考えていきます。

9. **症状ではなく，クライエント自身の言葉やストーリーを大切にしていること** ──Emphasizing the clients' own words and stories, not symptoms

クライエントを，そのクライエントが持つ症状のみの一側面で捉えてしまうことは，あくまで部分的な理解にしかなりえません。その症状がクライエントの生きてきた人生でどのような意味を持つのかを考え，大切に取り扱うことは，クライエントをよりよく理解することにつながります。

10. **治療ミーティングにおいて，専門家間で会話が行われていること（リフレクティングの形式）** ──Conversation amongst professionals（reflections）in the treatment meetings

ここでのリフレクティング*とは，リフレクティング・プロセスから借用したものを指します。オープンダイアローグのリフレクティングでは，ワンウェイミラーは用いずに，クライエントやその家族，社会的ネットワークなどの参加者の目の前で，セラピスト同士が向かい合って（クライエントや家族，社会的ネットワークのほうを見ずに），ミーティング中に対話を行います。

対話は，クライエントに聞かせたいことを話すのではなく，他の参加者たちに敬意を払いながらも，各セラピストが思ったことを互いに話し合います。この間，クライエントらは心の中に幾分か余裕（スペース）を持ち，それらの考えや意見を聴くことができ，参加者の心の中での内的な対話も促されます。

11. **クライエントに隠し立てをせず，透明性を保つこと** ──Being transparent

精神科病院においては，日本も含めた多くの国々で患者の意思とは関係なく強制的に入院させられたり，投薬や今後の方針について患者からは見えないところで決められたりという事態が起きています。

オープンダイアローグでは，そのように患者のいないところで患者に関する決定を行わないことが原則とされており，必ず患者を含めたミーティングの中で今後についての話し合いが行われます。

---

* オープンダイアローグにおける技法が「リフレクティング」くらいしか見当たらず，一風変わった方法であることから，「リフレクティング＝オープンダイアローグ」と捉えられがちですが，これらは別物です。オープンダイアローグで用いられるリフレクティングは，あくまで面談におけるポリフォニー（多声性）を生み出すための仕掛けであり，面談をダイアロジカル（対話的）なもの（「視点の切り替え」「ポリフォニーの生成」「対話の継続」）にするためのものなのです。

12. あいまいな状態に耐えていること ── Tolerating uncertainty

これは7原則における「あいまいな状態に耐えること（Tolerance of uncertainty）」と同様ですので，説明は省略します。

（浅井, 2021）

（3）オープンダイアローグの構造について考える

オープンダイアローグでは，構造（治療構造／治療的枠組み）が独特です。主要7原則にあるように「患者（クライエント）にとって精神的危機の状態になれば，できるだけ早く患者のもとに駆けつけ（アウトリーチ），90分程度の対話を家族やその関係者を含めて行う」という形をとります。この対話は危機的状態が落ち着くまで，できる限り毎日続けられます。落ち着いてくると，面談の間を空けたり，必要がなくなればいったんそこで終わりとなります。

これは，従来の治療構造という概念（治療構造については第12章参照）から考えると，「すぐ駆けつける」「毎日のように続けて対話を行う」ということが，患者の依存につながると思われることもあるでしょう。また，要請があるたびに毎日行うということは，途方もなく感じられ，支援者側が疲弊してしまったり，人件費などの面で継続して行うことはとてもじゃないが不可能だと思われることもあるでしょう。危機的状態に即時対応（即時対話）を行うことで，予後がよくなり，その後の医療費が結果的に少なく抑えられるという研究もなされていますが，現実問題としても，同じ方法を，他の地域，他の国でもそのままの形で取り入れることは難しいかもしれません。

オープンダイアローグの理論的リーダーであり，オープンダイアローグの名づけ親でもあるヤーコ・セイックラは，「オープンダイアローグは，そのままのパッケージとして適用するのではなく，各国・各地域に適用できる形をつくっていくべきだ」と，筆者の参加した第1回国際オープンダイアローグトレーナーズトレーニング（2015–2017年）でも述べていました。主要7原則や12要素を盲目的に適用するのではなく，どのように奏効しているのか，いったい何がオープンダイアローグの中でキーになっているのかについては，今後も引き続き考えていくことが重要です。

（4）心理支援にオープンダイアローグの要素を活用する

　さて，ここまで非常に簡単ではありますが，オープンダイアローグについて
ご紹介してきました。本節の目的は，言わずもがな「複数人に対する心理支援」
の方法をお伝えすることです。果たしてオープンダイアローグは，公認心理師
による心理支援にどのような意味を与えてくれるのでしょうか。

　オープンダイアローグの主要7原則や鍵となる12要素から得られることは，
以下のようにいくつかあります。

- ・（精神的な）危機状況にはできるだけ早く対応すること
- ・対話の場を安心・安全な場にするよう努めること
- ・社会的ネットワークや家族といった関係性の視点を持ち，複数人で対応すること
- ・対話において，ポリフォニー（多声性）を重視すること
- ・縦割りや専門分野を厳密に分けたり，診断名や何が原因かということに固執せず，柔軟性を持って対応し，答えが出ない（あるいは名前がつかない）ものに対しても，答えが出ない（名前がつかない）状態を許容すること
- ・問題の解決でなく，対話の継続を目的とすること

　オープンダイアローグを本格的に心理支援に取り入れていくには，本書に書
かれている以上のことを，頭でも身体でも（体験的にも）学び，日本で適用可
能なものにしていく必要があるかもしれません。ですが，オープンダイアロー
グそのものを本格的に学ぶ前にも，オープンダイアローグのこのような考え方
から得られることは多いと考えられます。

- ・**（精神的な）危機状況にはできるだけ早く対応すること**
  「本当に早くなんとかしてほしい！」という状況において，すぐに話を聞いてく
  れる（対話をしてくれる）相手がいることは，孤軍奮闘している患者（クライ
  エント）にとっては，安心につながります。このように，危機状況にできる限り迅
  速に対応することは安心感・安全感をつくるためには重要ということがいえるで
  しょう。
- ・**対話の場を安心・安全な場にするよう努めること**

対話の場が安心・安全な場であるためには，患者（クライエント）にとって，慣れ親しんだ場であったり，自身にとって脅威がないと感じられる場である必要があります。どこで話すのが侵襲性を低くするか，急がず焦らずに患者（クライエント）ご本人に尋ねて場所を決めることが重要です。

- **社会的ネットワークや家族といった関係性の視点を持ち，複数人で対応すること**
  オープンダイアローグでは，複数人が対話の場にいることが前提となっています。セラピストも2名以上，クライエント側もクライエント本人だけでなく，その家族やクライエントを支える支援者（社会的ネットワーク）がいて，共に対話するという想定です。これは，関係性の視点を見るという特殊な形を用いているため，個人カウンセリングとは大きく異なると思われます。

  このあたりを考えるにあたっては，第4章1節のシステムズアプローチや4節の対人関係療法，第6章1節のナラティヴ・アプローチ（システム論，コミュニケーションの暫定的公理，社会構成主義など）が役立つかと思います。このように様々な形で「関係性」という視点を持つことで，心理支援を個人・個別的で平面的なものから立体的なものへとしていけるでしょう。2名以上のセラピストによって，対話の場はよりダイアロジカル（対話的）かつポリフォニカル（多声的）なものとなりやすくなります。

- **対話において，ポリフォニー（多声性）を重視すること**
  対話的であるということはどういうことでしょうか。通常の会話とは何が異なるのでしょうか。また，ポリフォニー（多声性）とはどんなものでしょうか。
  カウンセリングにおいてアドバイスを行うと，多かれ少なかれ，アドバイスを行う側が上の立ち位置，アドバイスをもらう側が下の立ち位置という権力構造が自然にできてしまいがちです。参考としては，ブリーフセラピーのワンダウンポジションという言葉があります。これはセラピストがその構造上，ワンアップポジション（ひとつ上の立ち位置）になりがちなことから，セラピストが一歩下がることで，権力勾配をできる限り減らそうとする試みです。

さて，オープンダイアローグに話を戻しましょう。対等性を維持しようと思っても，人はその対等性を維持することは非常に難しいのです。医師やセラピストという名前がついているだけで，あるいはそういったラベリングがなされた人に依頼する構造自体が，「先生に教えを請う」構造となっているといえます。

上記のような「原則アドバイスはせず傾聴にとどめる」という方法や，「セラピストがワンダウンポジションをとる」という方法もありますが，その別の方法としてセラピストが2名以上という方法をとることが可能です。

　セラピストとクライエントが1名ずつという構造では，「専門家が正しい」となりがちです。ですが，セラピストが2名以上いて，多様な異なる考えや意見を持ち，セラピスト間で「私が今思っていること」が話し合われることは，クライエントにとって，「色んな考えや意見があるが，自分ならどうしたいか」を考えるチャンス（機会）を与えることにつながります。

　以上のように，対話的であるということは，権力勾配ができてしまわないような安全な場をつくり，色んな考えや意見があること（多声性）をクライエントに押しつけず，その場にただ漂わせ，（権力関係にない）他者の様々な声を聞いて，その反応あるいはフィードバックとして発言をする，ということが絶え間なく行われている状態であるといえるのではないでしょうか。

- 縦割りや専門分野を厳密に分けたり，診断名や何が原因かということに固執せず，柔軟性を持って対応し，答えが出ない（あるいは名前がつかない）ものに対しても，答えが出ない（名前がつかない）状態を許容すること
  社会における人間関係の営みや，精神疾患などは，もともとカテゴリがはっきり分かれていません。たとえば，精神疾患の診断においては，操作的診断基準といわれるように，原因ベースではなく症状ベースで分けられています。オープンダイアローグでは，診断名や人間関係などは元来あいまいであることを認め，権力勾配や時間の制限，セラピストや医師との関係性によって，本当にクライエント（患者）に寄り添えていない状況になりやすいと認めることで，結論や決断を急がず焦らず，柔軟性を持った対応が望まれます。
- 問題の解決でなく，対話の継続を目的とすること
  オープンダイアローグでは，問題の解決ではなく「対話を続ける」ということを目的とします。上述のような対話において自ずと変化が起きることがあります。それは変化を目指して作為的に対話らしきものを行うのではなく，対話の中で偶然その結果として変化が起きることがあるというものです。

　以上のように，オープンダイアローグでは，何かの変化を起こそうと戦略的

に試みたり，早期の問題の解決を目的にせず，対話を継続させること自体を目的とすることを大切にしているのです。

4　未来語りのダイアローグ

　未来語りのダイアローグ（Anticipation Dialogues: AD）は，オープンダイアローグ（Open Dialogue: OD）とともに，フィンランドで発展したダイアロジカル・アプローチです。ODが精神科領域での危機的状況への対応としてスタートしたのに対し，ADは教育や福祉現場を対象として始まりました。それぞれ，ダイアローグの哲学と臨床姿勢を基にすることで共通しており，ヤーコ・セイックラ（Seikkula, J.）とトム・エーリク・アーンキル（Arnkil, T. E.）の共著『*Dialogical meetings in social networks*（オープンダイアローグ）』（2006）と『*Open dialogues and anticipations*（開かれた対話と未来）』（2014）ではODとADが同等に紹介されています。

　複雑な状況での子どもや青少年とその家族への対応として開発されたものですが，今では精神医療，心理臨床，教育，福祉や産業臨床の領域から，さらにコミュニティケア，組織改革，行政運営にまで幅広く応用されています。フィンランドのロヴァニエミ，ヌルミヤルヴィ，ヤルヴェンパーなどの自治体では行政に取り入れられ，公的な市民サービスとして定着しています。

（1）未来語りのダイアローグは，社会的ネットワークのダイアローグ

　ADは，最初のテキスト『*Dialogical meetings in social networks*』でオープンダイアローグと並び扱われているように，社会ネットワークにおけるダイアロジカル・ミーティングであり，それを目的としたアプローチなのです。その意味でODと共通の哲学と臨床姿勢の基盤に成り立つものだといえるでしょう。ポイントとしては，

- クライエントや家族のプライベートなネットワークが最も重要なリソースだと捉え，その日常生活の中にある，生活の場（現場），コミュニティのリソースを活用，活性化することが重要だと考える
- 問題や課題を抱えた人たちの生活・現場・文脈の中で，縁とゆかりのある人たち

を招いて一緒にミーティングを行うこと。本人，家族だけでなく，親族や友人の
ほか，種々の支援関係者もサポート・ネットワークとして対象に含まれる

・ 様々な領域の専門家の支援を，クライエントのニードに適合させ（need adapted
approach）日常生活のリソースと結びつけられるようにすること

などがあります。

　ADの場合は社会的ネットワークを 2 つに分けて考えるとわかりやすいかも
しれません。ひとつは，当事者の家族や親族など，子どもや当事者と生活を共
にし，直接（養育や世話など）の関わりがある人たちのプライベートなネット
ワーク，もうひとつは，専門職として子どもや家族の援助に関わっている，様々
な機関の人たちの（公の）パブリックなネットワークです。後でも紹介します
が，ADミーティングでは，これら 2 つのグループには少し異なった役割，参
加の仕方が期待されています。

(2)「未来語り」について

　ADは，「未来語りのダイアローグ」と訳されていますが，より正確にその意
味を把握するためには，AD成立時と後の改良によって変化した部分を踏まえ
て理解しておく必要があると思います。

　当初は，通常のanticipationの語が意味するように，(a) 現在の時点・視点か
ら，未来の状態（望ましい）を予想，予期して語ってもらう，という方式だっ
たようです。つまり，現在の時点に身を置いたまま，将来のことを想像しても
らう，という形式です。この方式は，現状の問題を分析し，将来の目標を設定
し，その目標に向かっての道程，スモールステップを想定し，目標に向かって
努力を続ける，という一般的な問題解決アプローチと発想は変わりないでしょ
う。

　ただ，この方式には難点があったようで，その問題の解決・改善のために
(b) 未来の時点・視点において，（望ましい）未来の状況について語ってもら
うこと，そして (c) 未来の時点・視点において，その過去（実際の現在）から
現在（実際には未来）までに至った道筋・プロセスを振り返り，回想してもら
うというプロセスがつけ加えられたのです。

　つまり改良版（現在のバージョン）の「未来語り」には，future dialogues

（未来でのダイアローグ：「未来の時点・視点で，その状況・現状（望ましい未来）について語ること」）と，remembering（from）future（未来の時点・視点において「過去（現在）からその現在（未来）に至った過程を回想して語ってもらう」プロセス）が含まれており，この未来の時点・視点の中でダイアローグが続き，展開することが極めて重要だとの認識になっています。繰り返しになりますが，ADの最重要ポイントは，（現在から未来を予想するのではなく）未来からその現状に至ったプロセスを回想すること，つまり「未来からの回想」にあるのです。

　ADが目指しているダイアローグの特徴を示すとすれば，「未来からの回想（的）ダイアローグ」とでもするべきなのかもしれないのですが……。

　ミーティングの構造と手順のところでも紹介しましたが，未来語りで留意するべきポイントが２つあります。ひとつはダイアローグで語られるべきなのは，クライエントや家族にとって望ましい未来，彼らなりにうまくいっている，うまくやれている未来の姿であること。もうひとつは，その望ましい未来の姿を語ってもよいのは，クライエントや家族に限られるということです。支援者たちは，その望ましい未来の姿に関して，自分たちの援助や関わりについて語るということになっています。

（3）未来語りのダイアローグが有効とされる状況

　ADが特に有効とされるのは，ODの危機的状況とは異なって，複数の支援者が関わりながらも改善が見られず，停滞あるいは悪化が危ぶまれるような事例，あるいは状況とされており，以下のようなものが挙げられています。

- 問題（状況）には，複数の関係者が含まれている。
- それぞれの関係者が何をしているかはっきりしない。どんな関係者が含まれているかが不明なことさえある。
- （それぞれの）関係者は他の関係者がやっていることに不満，不信がある。
- 心配，懸念が増大し，それら（問題，不満）を軽減するために，（様々な）リソースが組み合わされ，結合されなければならない。
- 連携や協調が失われている（機能していない）。

こういった事例は，マルチセクター（複数の関係機関），マルチ・プロフェッショナル（複数の専門家・専門職）ケースと説明されることもあります。アーンキルはこういった状況を“multi helpers' muddle”（数支援者の混乱・ゴタゴタ）と呼んでいます。

　たとえば子どもの発達や養育，家族の状態などの問題に関して，複数の機関の複数の担当者が関わっていながらも状態が改善せず，家族や関連機関との対話や協力，連携もうまくいっておらず，先行きへの不安，懸念があるという状況です。差し迫った危機的状態ではないものの，悪化の恐れがありながら協力や連携への手立てが見つからず，様々な理由から援助者の不安，懸念が増大している場合です。こういった状況に対処するために，ADミーティングが招集されるのです。

（4）ADミーティングは関わりのある支援者のために開催される

①支援者がミーティングを要請し，招集する

　一般のセラピーや家族療法などでは，治療セッションやミーティングを要請するのは，当事者（本人や家族など）であることがほとんどでしょう。ODにおいても，多くは当事者のプライベートネットワークの人が，SOSコールをするのでしょう。ADでは原則としてミーティングを要請するのは，「援助者ネットワークの中の専門職の誰か」なのです。この点が，ADの最も際立った特徴だといえるかもしれません。ADのミーティングを要請するのはクライエントや家族ではなくて，彼らの支援に関わっている援助専門職なのです。それには以下のような発想があります。

②支援者が自らの懸念を伝え，自分への助力を求めること

　2006年のテキスト（Seikkula & Arnkil, 2006）には，The initiative to seek a network meeting is a plea for help という一文があります。「ネットワーク・ミーティングを求めることの第一歩・導く力は，援助・力添えの嘆願・懇願である」とでも訳しましょうか。支援者である専門職の誰かが，自分の援助，援助者としてのあり方について感じている worry（不安，心配，懸念）を取り上げ，援助を求めるということが，ミーティング開催を求める理由であり，最初のステップです。さらに援助・力添えを懇願する対象は，当事者ネットワークであり，自

分以外の関わりのある支援ネットワークのメンバーなのです。支援専門職が自分のworryを取り上げ，その軽減のためにミーティングの開催を要請するという形がADの文脈なのです。

ADのもうひとつの重要な特徴，構造は，その事例とは関わりのない，外部のファシリテーター（通常2人）がミーティングを運営するということです。ファシリテーターは事例の支援には（直接的には）関与しないという立場・スタンスで，その場のADミーティングの進行に専心するのです。

（5）ミーティング構造と手順

未来語りのダイアローグは構造化されたプロトコールがあり，ファシリテーターの役割も規定されているので，テキストを参考に具体的な進め方を紹介しましょう。

ミーティングのルールとして，（a）ファシリテーターが参加者一人ひとりと話をする，（b）参加メンバーはお互いの発言には直接コメントをしない，（c）話しかけられている以外の参加メンバーは，ひたすらその話に耳を傾ける（その間に起こる内的会話はOK），があります。これは，ミーティングでの会話・対話はファシリテーターをハブ（車輪の中心，中継点）として行うということです。

ファシリテーター（F）は2人で参加し，一人がミーティングの進行役となり，もう一人はメンバーの発言・語りをホワイトボードやポストイット（大型の付箋）に記録し，共有できるようにします。ミーティングには，本人や家族，親族や友人たちが当事者ネットワークとして，そして関わりのある複数の関連機関の専門職たちも支援ネットワークのメンバーとして参加します。

ミーティングは三部構造になっていて，①クライエント，家族，ネットワークメンバーとのダイアローグ，続いて②関係の支援者（専門職）メンバーとのダイアローグ，最後に③当事者ネットワークと援助職メンバー合同のダイアローグ，という順で進められます。以下に各場面でのファシリテーターの質問を紹介しましょう。

①クライエント，家族，ネットワークメンバーとのダイアローグ（図7-1）
質問1：近い未来における状況（未来の現状）について――「1年が過ぎました。そ

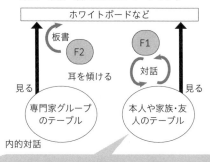

Anticipation Dialogues①
本人・家族・友人などとのミーティング

ホワイトボードなど

板書　F2　　F1　対話

耳を傾ける

見る　　　　　　　　　　　見る

専門家グループ
のテーブル

本人や家族・友
人のテーブル

内的対話

・F1 が全体の構造を説明

・F1 が本人や家族一人ひとりと
　対話を始める

・専門家チームの人たちは本人や
　家族の語りに耳を傾けて聞く

・F2 は本人や家族の語りを板書
　し共有する

対話のテーマ：1 人ずつに具体的に聞く
①1 年後にはあなたたちはうまくいっています。どんな状況でしょうか。
②そうなるように，あなたは何をしましたか，誰がどのように援助してくれましたか。
③1 年前は何が不安や悩みだったのでしょうか。何がその不安をやわらげ，悩みを減
　らしてくれたのでしょうか。

図7-1　オープンダイアローグの対話実践①（長沼, 2016）

して皆さんご家族に関する（をめぐる）事柄はいい状態です。それ（好ましい状況）は，あなたから見て，どんなふうになっていますか？　どんな感じですか？」
「中でも特に嬉しく思い，いいなと感じるのは，どんなことでしょうか？」

質問2：自分がしたこと，役立ったことの（未来からの）想起——「どんなこと（行動や工夫）が，その進展（変化）を可能にしたのでしょうか？」「あなたは（そのために，それに関して）どんなことをしたのですか？」「どんな人（たち）が，どんなふうに，あなた（方）をサポートしてくれたのでしょうか？」

質問3：心配とその軽減——「1 年前にあなたが心配していたことはどんなことでしたか？　そしてその心配を減らし，小さくしてくれたのは，どんなことだったのですか？」「特にどんなことが，あなたの心配を減らしてくれましたか？」「あなたは，その心配を減らすために，どんなことしたのですか？」

②関係の支援者（専門職）メンバーとのダイアローグ（図 7-2）

「1 年が経過しました。お聞きのように，このご家族（お子さん）は，いい状態です」

質問4：自分が行ったこと，役立ったことの（未来からの）想起——「（援助者の）

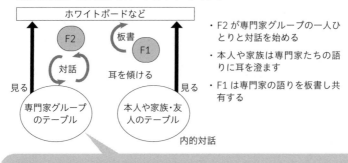

Anticipation Dialogues②
関係の支援者（専門家）グループとのミーティング

ホワイトボードなど

F2 板書 F1

対話

耳を傾ける

見る 見る

専門家グループ 本人や家族・友
のテーブル 人のテーブル

内的対話

・F2 が専門家グループの一人ひ
とりと対話を始める
・本人や家族は専門家たちの語
りに耳を澄ます
・F1 は専門家の語りを板書し共
有する

対話のテーマ：1人ずつに具体的に聞く
④ 1年後には本人や家族はうまくいっている。そうなるように，あなたは何をしまし
たか，誰がどのようにサポートしてくれましたか。
⑤ 1年前，あなたは何が不安，懸念だったのでしょうか。何がその不安や懸念を軽減
させたのでしょうか。

図7-2　オープンダイアローグの対話実践②（長沼, 2016）

あなたは，この家族のプラスの変化，進展に関連して，どんな支援やサポートを
されたのですか？」「誰が，どのように，あなた（の支援）を助け，サポートし
てくれましたか？」

質問5：心配とその軽減――「1年前，（援助者の）あなたが心配していたのはどん
なことでしたか？」「何が，その不安を軽減させたのでしょうか？」

③当事者ネットワークと援助職メンバー合同のダイアローグ（図7-3）

　行動と協力プランのダイアローグ：①，②のプロセスで実際に語られ，記録
された，行動や工夫，支援やサポート，心配軽減の記述から，全員で行動と協
力の計画を組み立てること。

質問6：協力のためのプラン――「この先，どなたが，誰と（一緒に），どんなこと
をするのがいいのでしょうか？」「特に，心配事を減らしてくれた事柄に関して，
誰が，誰と，何をするのが適切・必要なのでしょうか？」「ご家族の皆さんは，ご
自身で，あるいはどなたかと一緒に，どんなことをしようと思いますか？」「支
援者の皆さんは，ご自身で，あるいはどなたかと一緒に，どんなことをしようと
お考えですか？」

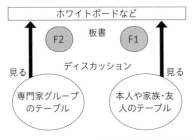

Anticipation Dialogues③
家族と支援者との合同ミーティング

ホワイトボードなど

板書
F2   F1

ディスカッション

見る   見る

専門家グループ
のテーブル

本人や家族・友
人のテーブル

・まとめの前に一度板書を全員で振り返る

・協力へのディスカッション

⑥この後，誰が誰と何をしますか？
（行動計画）

・すでに不安や悩みの軽減のために何が役立っ
たかが記録されているのがヒントになる

・ファシリテーターは，不安や緊張，孤独感を
表情に浮かべている人のことを見逃さない

行動計画ができたら，次回をどうするか，フォローアッ
プが必要かといった点について話し合い，予定を決める

図 7-3　オープンダイアローグの対話実践③（長沼, 2016）

　ADは，ODと同じくフィンランドで始まったダイアローグアプローチですが，精神医療をベースとするODとは異なり，教育や福祉の領域を出発点としています。特に，マルチ・プロフェッショナル，マルチ・セクター・ケースと呼ばれる，多くの専門家と関連機関が関与している，複雑で複合的な問題を抱えた（子どもと）家族への対応として発展してきました。多機関連携が行き詰まり，ケースの先行きに関して不安や懸念が増大した状況で，対話と協力のためにミーティングを行うということに特徴があります。

　このアプローチは教育や福祉だけでなく，組織改革，行政サービスなど，様々な人々（当事者と関係者，関連機関，専門職など）が参加する領域のダイアローグ実践として，大きな可能性を持っているはずです。

第 8 章　包括的心理支援へ

　心理支援を行う中で，様々な学派や考え方を紹介してきました。古いから／新しいからよいというものではなく，これまで心理支援を行ってきた先人たちは，様々な立場・角度から人の心や人間関係というあいまいなものに対してアプローチを考えてきました。

　単純化して語ることはできませんが，ひとつの考え方としてナラティヴ・ベースド・メディスン（NBM）とエビデンス・ベースド・メディスン（EBM）とを分ける場合があります。NBM とは，Narrative Based Medicine の頭文字をとったもので「ナラティヴ（個々の人生物語）に基づく治療」，EBM とは，Evidence Based Medicine の頭文字をとったもので「エビデンス（根拠）に基づく治療」のことを指します。「治療（medicine）」という言い方をすると医学寄りの言い方になってしまうため，ここではナラティヴ・ベースド・アプローチ，エビデンス・ベースド・アプローチとしたいと思います。

　また，個人への支援や家族など複数人への支援は，実際の心理支援業務を行っていく中で混在しています。これまでの心理支援においては，一対一の個別面接から始まったことも影響し，どのケースにおいても何らかの形で複数人が関わっているという視点が持ちづらかったのではないかと思われます。公認心理師法の第 2 条 3 でもあるように（被支援者の）関係者支援というところは今後バランスをもって考えられるべきでしょう。本章では，これら（ナラティヴとエビデンス，個人療法と家族療法）のバランスについて述べたいと思います。

1　ナラティヴ・ベースド・アプローチとエビデンス・ベースド・アプローチ

　ナラティヴとエビデンスとは，どのようなものを指しているのでしょうか。こ

の2つのアプローチはバランスよく行われることが重要と考えられます。ひとつひとつについて以下で見ていきましょう。

（1）ナラティヴ・ベースド

　ナラティヴ・ベースド・アプローチ（narrative based approach）は，物語に基づくアプローチと訳されますが，ここでの「物語」とは，クライエント一人ひとりの人生の物語のことを指しています。後述するように，エビデンスを見出すための統計学的なアプローチでは，複数人を集め，数値化して一度に扱うことによって，一人ひとりの人間の持つ人生の物語，性格や能力の特徴を均し，個性の部分を削ぎ落とし，共通要因の部分を見出すことをします。それに対し，ナラティヴ・ベースド・アプローチでは，それぞれの人間をユニークな存在として捉え，一人ひとりの人生の物語に沿った形での支援を行います。

　このようにいえば聞こえはいいかもしれませんが，実際に一人ひとりに寄り添った形の支援というのは，どのように行えば効果的なのでしょうか。一人ひとりがユニークな存在であれば，ほかの人に対するアプローチと全く同じ方法が使えるわけではありません。また，それら一人ひとりに対するアプローチが最適なものかどうかを調べる術もありません。より正確にいえば，「おそらく適しているだろう」とか「悪くはない」ということはいえるかもしれませんが，「最適である」という根拠を示すことはできないのです。セラピストにとっても，アプローチは極めて主観的なものになりがちであるし，またクライエントにとっても主観的なものであるといえます。

　ナラティヴ・ベースドという言い方をすると，ナラティヴ・セラピーという言葉が思い浮かぶかもしれません。ナラティヴ・ベースドなアプローチの先駆けは精神分析（あるいはそれよりも昔から存在している催眠）ともいえるでしょう。これまでに一人ひとりの人間は個性的でユニークな存在と考えられ，個々に寄り添うことを大切にした数々のアプローチが生まれてきました。ロジャーズ（Rogers, C. R.）のパーソン・センタード・アプローチやグーリシャン（Goolishian, H. A.）とアンダーソン（Anderson, H.）によるコラボレイティブ・アプローチもナラティヴ・ベースドだということができるでしょう。

（2）エビデンス・ベースド

　エビデンス・ベースド・アプローチ（evidence based approach）は，根拠に基づくアプローチと訳されますが，ここでの「根拠」とは，科学的根拠のことを指しています。では，科学的根拠とは何でしょうか。ある定式化された手続きを踏まえて，10人の状態がよくなれば科学的根拠があるといえるのでしょうか？　それとも，50人？　100人？　はたまた1000人でしょうか。またどのようになることが「状態がよくなった」と定義づけられるのでしょうか？　100分の1でも症状が緩和されたら？　あるいは，「症状が完全になくなったら」なのでしょうか？

　「エビデンス」という言葉に基づけば，よくなったのがたった数人であっても，ある意味で「よくなった証拠がある＝エビデンスがある」といえるかもしれません。通常，心理臨床における「エビデンスがある」「エビデンスに基づいた」アプローチというものには，推測統計学が根拠となっている部分が多分にあります。推測統計学について大学・大学院などで学んだ人には想像しやすいかもしれません。よく用いられる例としては，RCT（ランダム化比較試験）による治療群とプラセボ（偽薬）群との対照実験があります。

　効果があるかどうかを調べたい薬物を投与されたグループ（治療群）と，薬物のように見えて実は何の効果もないはずの偽物の薬であるプラセボ（偽薬）を投与されたグループ（プラセボ群）を用意し，抑うつや不安などの症状が服薬によって改善したかを確認します。治療群やプラセボ群に割り当てられる実験協力者に対し，薬物やプラセボを投与する際の実験者効果＊を防ぐために，実験者もどちらのグループに投与している薬が本物の薬物か，あるいはプラセボかがわからない状態にします（これを二重盲検法といいます）。

　そうすると，実際の（実験対象の）薬物を投与されたグループだけでなく，プラセボを投与された群も当該の症状が平均的に緩和するということが見られるのです。そのことをプラセボ効果，あるいはプラシーボ効果と呼びます。

　（実験対象の）薬物が投与されたグループにおいては，プラセボと同等の効果しか見られない場合（プラセボと同じくらいしか症状が緩和されない場合），そ

＊　実験者効果：実験者が実験内容と実験の目的を知っていることで，その実験にとって有利になってしまう効果のことをいう。

の薬物に効果があるとは見なすことはできません。その薬物がプラセボと比較して，統計学的に有意に（統計学的に誤差ではなく意味の有る差＝有意差があるといえるくらいに）症状の改善が見られていれば，その薬物による効果があると初めて見なされます。

　以上のように，心理療法であっても薬物の開発であっても，このような実験を行う際には推測統計学が用いられ，帰無仮説が棄却された（効果が全くないとはいえない）場合に，一種のエビデンスとして扱われます。もちろん，このような実験はひとつの調査対象に対して一度きりしか行われないわけではなく複数回行われ，さらにそれら複数の実験を統合的に見るためにメタ分析も行われますが，ここで私たちには気をつけなければならないことがあります。この実験と，それに対する統計学的な分析によって導き出された結果は，ある薬物や心理療法の効果を保証するものではないということです。あくまで「実験場面」という自然的ではない状況において，対照群（実験群の対照として使われる群で，上記ではプラセボ群にあたる）と比較して，「効果が全くないとはいえない」ということを複数回確認したにすぎないということなのです。

　統計学的に平均すると，プラセボや何もしないグループと比べて何らかの違いがあるということは，「全く効果がない」という結果と比較するとベターといえます。ただ，本来の意味合いに対して，エビデンスという言葉は，「科学的に正しい」とまではいえなくても，あたかも「お墨つきを得た」かのように用いられているように思われます。さらにいえば，実験場面のような普段の環境とは大きく異なった場所での結果を，本当に科学的根拠といってもいいのでしょうか？

　このように，心理支援をはじめとした心理学における「エビデンス」という言葉は，あたかも絶対的な真実に則った物事を示すかのように見えますが，上記のように少し考えていただければわかる通り，本当はひどく脆いものなのです。

　本来，自然科学に則った実験は，調べたい対象以外の変数を一定にすることによって，ベースラインを決め，調べたい対象の変化を正確に拾えるように努めます。しかし，心理学の中でも特に精神疾患などに対する心理療法的アプローチには，非常に多くの変数が存在し，それらの変数を完全に一定にすることができないことから，本来の意味での科学的な研究というものが施行しづらい状

況にあります。当然，そのような状況で行われた研究のエビデンスについては，自然科学における実験とは比べものにならないほど脆いものとなってしまうことは明白でしょう。たとえば，あるA療法という心理療法を，Bというセラピストが，C障害を持つD，E，Fというクライエントに行ったとします。すると，以下のような大量の変数があり，それらの多くが統制されていない（統制が非常に困難である）ということがわかるでしょう。

- A療法を行う手続きや考え方が，開発初期と開発者（創始者）の晩年で異なる。
- A療法の開発者（創始者）と，その後進で手続きやその解釈が異なる。
- Bセラピストが完全にA療法を習熟できているとは限らない。
- Bセラピストが開発者寄りの考え方なのか，その後進寄りの考え方なのか，独自の考え方を付加しているのかわからない*。
- C障害は，欧米圏と日本とでは捉えられ方や，症状の発現の仕方が異なるかもしれない。
- C障害は，操作的診断基準によって診断名が決まっており，「多数の症状のうちいくつかが当てはまる場合に診断できる」とされていても，当てはまる症状の違いや重症度の違いで，呈している病態も大きく異なるかもしれない**。
- D，E，Fというクライエントのそれぞれの年齢，性格，生育歴，言語，文化，家族関係，学校や会社，周りの大人はすべて異なり，年齢などを統制できたとしても，たとえ一卵性双生児を対象に研究をしたとしても，完全に同一人物として同じ介入をすることは不可能である。

以上のように書くと，まるで「エビデンス」というものに対して非常に否定的であるように思われるかもしれませんが，「エビデンス」について否定するためにこのようなことを書いているのではありません。エビデンス至上主義にな

---

* あるいは同じA療法に依拠していても，人によって多少（あるいは大きく）解釈が異なるかもしれないし，英語やドイツ語など原語から日本語に翻訳される過程で意味合いが異なっているかもしれない。さらに，原語やその開発された文化圏での考え方と，日本語と日本文化圏での考え方の違いから，A療法やC障害に対する考え方が多かれ少なかれ異なるかもしれない。

** たとえば，うつ病の場合9つの症状のうち，「抑うつ」か「無気力」のいずれかあるいはいずれもを含む5つの症状が当てはまった場合に診断がなされるが，この症状の違いの幅が大きい。そもそも操作的診断基準によって決められる精神疾患自体があいまいであり，DSMやICDによる分類のされ方が正しいとは誰も証明できない。

るのではなく，「エビデンスとは何か」「エビデンスはなぜ大切か」ということについて理解した上で，エビデンスについて考え，エビデンス・ベースドかどうかについて議論を深めるべきといえます。

（3）ナラティヴとエビデンスとのバランス

　以上のように，ナラティヴ・ベースドな考え方やアプローチと，エビデンス・ベースドな考え方やアプローチには，それぞれ一長一短があります。セラピストの性格や能力によるものもあるでしょう。そのため，いずれか一方に偏りすぎることはせず，この2つの間でバランスをとりながら臨床を行っていくことが望まれます。通常，ほかの専門的職業においては，サービス提供者側（ここではセラピスト）の性格や能力によって，提供するサービスのあり方が大きく変わるということはあまりないのではないでしょうか。たとえば医療には「標準医療」と呼ばれるものがあり，各疾病に対する第一選択が決まっているなど，サービス提供者側の性格や能力というあいまいなものに判断が任されることはなく，最低限身につけておかねばならないことや方法，知識が明確に定められています。

　一方，心理臨床は，そうではないという点において非常に変わっているといえるでしょう。心理臨床は，人の生活やこころ（精神），あるいは心身医学的な意味での身体に関わる極めて重要かつ繊細な部分を扱う営みであるにもかかわらず，このようなあいまいさをとどめています。そもそも人とはあいまいな存在であり，一人ひとりの違いが顕著です。心は掴みきれるものではなく，言葉だけでは表せない世界がそこにあります。その人の心を扱うということは，クライエントだけでなくセラピスト自身もそのあいまいさにとどまり，人間としてクライエントに相対することが求められているのかもしれません。

　機械的・統計的にすべてを数字として捉えたり，人間性・人間的な部分を完全に排除してカウンセリングをすることは到底できません。またそれと同時に，何の道標もないままに無責任にカウンセリングを行うこともできません。私たちは心理臨床というあいまいな領域において，ナラティヴとエビデンスの間を常に行き来しながら，少しでもクライエントにとって，よりよいセラピストとして在れるように，学び続け，出会い続け，考え続けるということを行っていくことが大切ではないでしょうか。

2 個人療法と家族療法のバランスと公認心理師による心理支援

　この項目のタイトルは，あえて「個人療法と家族療法のバランスと公認心理師による心理支援」としましたが，第7章でも述べた通り，家族療法とは数ある心理療法のひとつであり，個人療法と対比されるものではありません。個人療法と対比されるべき対象は，本来，集団療法かもしれません。家族療法はそれ自体が認識論（ものの捉え方）を備えた心理療法であり，家族療法という名前のもとに個人に対してのアプローチも行います（むしろ全体的には，個人で来られるクライエントのほうが多いです）。つまり，「家族」療法という言葉がまぎらわしいのであって，実のところ家族療法の独自の考え方を用いたセラピーは，対象が個人であっても家族であっても，そして家族以外の人間関係であっても，家族療法と呼ばれます。

　また，家族療法の中にも種類があり，精神力動的家族療法やシステム論的家族療法，多世代派家族療法など多岐にわたります。とはいえ，いわゆる「家族療法」は，システム論的家族療法のことを指す場合が多いため，本節で家族療法と記載する場合はシステム論的家族療法のこととしたいと思います。

　さて，この節のタイトルにある「個人療法と家族療法のバランス」について，考えてみましょう。ここでいう個人療法とは，「個人療法的な物事，あるいはクライエントの見立て方」であり，またここでいう家族療法とは「家族療法で用いられるシステム論をはじめとした人間間のコミュニケーションの捉え方，またその関係性の中に位置づけられた個人であるクライエントの見立て方」のこととしたいと思います。

　当然，これまで本書内でも見られてきたように，個人療法の中にも精神分析から始まる精神力動的な心理療法のほか，行動療法，認知療法，パーソン・センタード・アプローチなど様々なものがあります。それらをひと括りにすることは乱暴すぎる気もしますが，ここでは説明の都合上，まとめて個人療法と表記しています。

(1) 個人療法におけるクライエント個人との一対一の心理支援

　本書でも，ここまで様々な心理療法による考え方を紹介してきました。個人

に対する心理支援といっても，心理療法の学派など立場によって視点が大きく異なっていることに気づかれたと思います。

　これも人間という不確かで複雑な存在を捉えるために，どういった視点で切り取り，どこにフォーカスするかの違いであって，この140年ほどの間で人間が考えうる大方のポイントについては網羅されてきたのではないかと思われます。深層心理，スピリチュアリティ，認知，行動，人間性，今ここの身体感覚，感情といった様々な視点を持つ個人療法が生まれ，またその一部は後に示す家族療法などの関係性に注目するものも出てきました。それら多彩な（家族療法も含む）心理療法も，それぞれが似通った点を持ち合わせており，結局のところ説明言語が異なるだけで，同じようなことを言っているように思えるところも少なくありません。心理療法は個人の心理を分析・解明したり，問題や悩みを解決するため，個人療法として拡散的に広がりを持ってきましたが，オーバーラップする部分が折衷され，統合の方向へと向かってきており，拡散から収束への流れが感じられるように思われます。個人を理解するのに最適な心理療法（個人療法）があるというよりも，これまで拡散的に考えられてきたものが，ひとつにつなぎ合わされることで，心理支援における本質が見えてくるのかもしれません。

（2）家族療法をはじめとした複数人に対する心理支援

　家族療法では，個人にフォーカスされているというよりも，むしろ人と人との間のコミュニケーションの相互作用にフォーカスがなされています。多くの心理療法では，それぞれ独自の人間観（人間をどういう存在として捉えているか）を持ち，その人間観に基づいた理論が展開されますが，家族療法では異なると考えられます。

　そのため，家族療法的なものの見方を持ちながら，他の心理療法の人間観をあわせて持つということも可能といえるでしょう。人は一人では生きることはできません。常に誰かと関わり合い，また関わってきた過去がその人を形成しています。引きこもることで人に関わる機会が極端に少なくなっていたとしても，そのことを心配する人がカウンセリングにやってくることがあります。人との関わりを生きるのに必要最低限にとどめていたとしても，どこかに人同士のつながりがあります。このようなつながり，コミュニケーションの相互作用

の中に個人を位置づけて考えます。つまり，家族に限らず，人と人とのつながりがベースにあって，その中で生きている個人のことをどう捉えるか，という俯瞰的な視点が，家族療法によって加えられました。

（3）コントロールから非コントロールへ？

家族療法が，システムにおけるコミュニケーションの相互作用をコントロールし，悪循環を断ち切るという視点に立っていたことや，解決志向アプローチが「問題をめぐる悪循環」よりも，「例外や解決をめぐる好循環」にフォーカスさせるように，ある種セラピスト主導のコントローリングなものであったことから，解決志向アプローチは解決強要アプローチと揶揄され，より民主主義的な方法としてのナラティヴ・アプローチへとつながっていきました。医学モデルのようなセラピスト主導のモデルから，ヒューマニスティック（人間的）で民主主義的な，クライエントやその家族など（被支援者）が大切にされるモデル（非コントローリングなモデル）へと回帰してきているようにも感じられます。

その一方で，エビデンス・ベースドであるという実証可能性が重視されることから，厚生労働省・文部科学省共管の公認心理師資格では，認知行動療法がさらに注目されるようになってきました。個々のセラピストの能力や性格などに依存する心理療法や，複数人が関わる，また人間の心や人間関係という不確実性から脱しえない部分を大切にするアプローチはエビデンスとして提出するのが難しく，さらに新しい心理療法の考え方はエビデンス不足（生み出されてから長い年月を経ていない）であることから，今後もエビデンスありと見なされるまでに医学（薬事承認）よりも時間がかかるため，新しいものは主流となりづらいと予想されます。

そのような中で，公認心理師はこれからどのように心理支援の方法を学び研鑽し続け，実践をしていけばよいのでしょうか。エビデンスとナラティヴ，個人と家族や集団，個室での構造化されたカウンセリングと，緊急支援など非日常での心理支援，スクールカウンセリングやEAP（従業員支援プログラム）などの，日常と連続性のある場面での心理支援など，公認心理師それぞれが柔軟性を持って，幅広く学び続けることが期待されます。公認心理師は，具体的で日常的で一般性が高いところを重視しつつも，抽象的で非日常的・個別性の高

いところをも重視して心理支援を行っていく必要があるため，そのような柔軟でバランス感覚を養えるようなカリキュラムが大学や大学院でも展開していけばと願っています。

第2部

集団支援や緊急支援などの
応用的心理支援

　第1部では，セラピストの基本的態度や分析・見立て・介入，その他複数の視点から心理支援について見てきました。とはいえ，実際の現場では，心理支援は必ずしも閉ざされた面接室の中で行われる一対一の面接に限りません。集団に対応することや，緊急事態に対応することなど，セラピストが柔軟に立ち回れることが必要となってきます。以上のことから第2部では，集団支援や緊急支援など現場に即した応用的な心理支援について検討していきましょう。

第9章 緊急時における心理支援

　心理支援は必ずしも落ち着いた場所で，整然と行われることが保証されているわけではありません。むしろ，地震や台風，テロなどによる被災・何らかの被害などの予期せぬことが起きたとき（緊急支援），支援者が身近にいない地域・状態である場合が多く，被支援者が精神的に大きく乱れていることは想像にかたくありません。

　公認心理師は，このような様々な事態にも冷静に対応できるように備えておくことが望まれます。緊急支援，被災者支援，被害者支援，遠隔支援の完全なプロになるために学ぶには道程が長いかもしれませんが，あらかじめ知っておくことでその場を乗り切れることも少なくないでしょう。

　本書で示すことのできる部分は限られてきますが，いざというときに備えることは早いに越したことはありませんので，まずは応用的支援として本書から少しずつ知ることを始めてみましょう。

1　サイコロジカル・ファーストエイド（PFA）から考える緊急支援

（1）サイコロジカル・ファーストエイドとは

　公認心理師としてどの領域，どの現場で働くことになったとしても，災害はいつ起きるかわかりません。被災しなかったとしても，被災地域の応援に行かなければならなくなることもありますし，自身が被災しながらも支援活動を行わなければいけなくなることもあります。「緊急支援」をする必要性が出てきたとき，支援する対象となる人々に「こころのケア」として何をする必要があり，何をしてはいけないのでしょうか？　その基本的な指針となるのがサイコロジカル・ファーストエイド（Psychological First Aid: PFA；心理的応急処置）にな

ります。

　PFAとは，災害やテロなどで被災した子どもから高齢者まであらゆる発達段
階にある人，また，何かしらの障害がある人などの心理的なニーズに対して行
われる「最適の緊急的介入」のマニュアルであり，被災者が災害後の苦痛と困
難を乗り越える援助をするための効果的な方法と，さらなる援助を必要とする
人を見極めるための効果的な方法の2つを提供するために作成されています。
PFAは系統的なマニュアルとして作成されていますが，必要な部分だけを取り
出して使えるようにもできています。また，早期支援を提供するためのマニュ
アルであり，被災者の被災直後から数週間以内という短期〜中期にわたる適応
や対応ができるように支援していく際に参考にされるものになります。

　PFAは2009年にアメリカ国立子どもトラウマティックストレス・ネットワー
クおよびアメリカ国立PTSDセンターが開発した「サイコロジカル・ファース
トエイド実施の手引き第2版」（National Child Traumatic Stress Network &
National Center for PTSD, 2006）が翻訳され，2012年にWHO（世界保健機
関）版「心理的応急処置（サイコロジカル・ファーストエイド：PFA）フィー
ルド・ガイド」（World Health Organization, War Trauma Foundation, & World
Vision International, 2011）が翻訳されています。前者は兵庫県こころのケアセ
ンター，後者はストレス・災害時こころの情報支援センターなどから無料でダ
ウンロードすることができます。前者のほうは付録が豊富で，内容も非常にき
め細やかに作成されているのに対し，後者はイラストが豊富で非常に読みやす
く作成されています。

　PFAは，トラウマ的出来事によって引き起こされる初期の苦痛を軽減するこ
と，短期・長期的な適応機能と対処行動を促進することを目的としており，そ
の原理および手法は以下の4つの基本的な規格を満たしています。

・トラウマのリスクと回復に関する研究結果に合致する
・災害現場への適用が可能で，実用性がある
・生涯発達の各段階に適切である
・文化的配慮がなされており，柔軟に用いることができる

　PFAは，被災した人すべてが重い精神的問題を抱える，あるいは長く苦しみ

続けるという観点には立っていません。被災した人やその出来事の影響を受けた人々が苦しめられるのは，広範囲にわたる初期反応（身体的，心理的，行動上，スピリチュアルな問題）であるという理解に基づいています。これらの初期反応の中には，強い苦痛を引き起こすものもあり，時に適応的な対処行動を妨げる原因となります。ほとんどの被災者は，水や食料の確保，当面の寝床，大切な人と連絡がつくことなどの基本的なニーズが満たされた上で適切な心理社会的支援が受けられれば，災害直後のストレスによる不安，抑うつ，不眠などといった症状は時間とともに自然に改善していきます。この，被災者が自然に回復していく力（レジリエンス：精神的回復力）を邪魔しないように，実際に役立つケアや支援を提供することが大切になります。共感と気遣いに満ちた支援者からの支援は，初期反応の苦しみをやわらげ，被災者の回復を助けます。災害などによってすでに傷ついている被災者が，二次被害を受けないように配慮した関わりが大切になります。

　PFAの内容の概要を表9-1に示します。PFAは押しつけがましくなく，被災者のコントロールを阻まず，情報を提供したり何かを説明したりする必要がある場合は被災者を混乱させないようにシンプルでわかりやすい言葉を選んでゆっくり話し，思慮深く共感的な態度で被災者に対応することが求められています。また，具体的な支援（食料，水，毛布などの物資支援）と合わせて提供されることが推奨されています。

（2）文化と多様性に繊細に振る舞うことの重要性

　PFAで大切にされていることのひとつに文化への配慮があります。PFA提供者は文化，民族，宗教，人種，言語などの多様性に配慮しなくてはいけません。どのような状況でPFAを提供する場合でも，自分の価値観，先入観について意識しておかなくてはなりません。自分の価値観が支援する地域の価値観とどのように違っているのかについても知っておく必要があります。被災者が災害の衝撃に対処できるよう支援するにあたって重要なのは，彼らが自分たちの習慣や伝統，儀式，家族のあり方，性役割，社会とのつながりを維持したり再建したりすることを助けることです。

　この姿勢は，被災した地域に外部から支援に入る場合に非常に大切なポイントであるにもかかわらず，無視されたり軽視されたりして，被災者を混乱させ

表 9-1 サイコロジカル・ファーストエイドの概要（National Child Traumatic Stress Network & National Center for PTSD, 2006）

PFA を提供する準備
1. 準備
2. 現場に入る
3. PFA を提供する
4. 集団への適応
5. 落ち着いた態度を保つ
6. 文化と多様性に対して繊細に振る舞う
7. リスクの高い人々に配慮する

被災者に近づき，活動を始める
1. 自己紹介をし，今すぐに必要なことを聞く
2. 秘密の保持

安全と安心感
1. 現在の安全を確かなものにする
2. 災害救援活動や支援事業に関する情報を提供する
3. 身体への配慮
4. 人々の交流を促進する
5. 親（保護者）と離ればなれになっている子どもに対応する
6. さらなるトラウマ体験や，トラウマを思い出すきっかけになるものから身を守る
7. 家族の生存が確認できない被災者を支える
8. 家族や親しい友人を亡くした被災者を支える
9. 悲嘆と信仰の問題
10. 棺や葬儀に関連した問題に対応する
11. 外傷性悲嘆に関連した問題に対応する
12. 死亡通知を受け取った被災者を支える
13. 遺体の身元確認をしなくてはならない被災者を支える
14. 遺体の身元確認について，子どもに説明しなくてはならない保護者を支える

安定化——必要に応じて
1. 情緒的に圧倒されている被災者の気持ちを鎮める
2. 情緒的に圧倒されている被災者が見通しを持てるようにする
3. 安定化における薬物治療の役割

情報を集める——今必要なこと，困っていること
1. 被災体験の性質と厳しさ
2. 大切な人の死
3. 現在の被災状況や，継続している危険への不安
4. 大切な人と離ればなれになっている，あるいは大切な人の安否が確認できない
5. 身体的・精神的病気，服薬の必要性
6. 大事なものを失う——自宅，学校，近所，職場，個人財産，ペット
7. 強い自責の念，恥の感情
8. 自分や他人を傷つけたいという考え
9. 周囲に支えてくれる人がいるか
10. アルコールや薬の使用歴
11. 過去のトラウマと大切な人の死
12. 人生の歩みへの影響が心配される若い人，大人，家族

現実的な問題の解決を助ける
1. 子どもと思春期の人を現実的に支援する
2. 今，最も必要としていることを確認する
3. 必要なことを明確にする
4. 行動計画について話し合う
5. 解決に向けて行動する

周囲の人々との関わりを促進する
1. 支えてくれる身近な人たちに連絡する（家族と大切な人たち）
2. 今，近くにいる人たちと支え合う
3. お互いに支え合うことについて話し合う
4. 子どもと思春期の人への配慮
5. 支える態度のモデルを示す

対処に役立つ情報
1. ストレス反応に関する基本的な情報を提供する
2. トラウマや喪失に対する一般的な心理的反応について説明する
侵入反応
回避と引きこもりの反応
身体的な覚醒反応
トラウマを思い出すきっかけ
失ったものを思い出すきっかけ
変化を思い出すきっかけ
生活ストレス
悲嘆反応
外傷性悲嘆反応
抑うつ
身体反応
3. 心と身体に現れる反応について子どもと話し合う
4. 対処法に関する基本的な情報を提供する
5. 簡単なリラクセーション法を教える
6. 家族のための対処法
7. 人生の歩みへの対処
8. 怒りとのつきあい方
9. 強い否定的感情（罪悪感や恥）への対応
10. 睡眠の問題に対処する
11. アルコールと薬物使用の問題への対応

紹介と引き継ぎ
1. さらに援助を必要とする被災者に，適切なサービスを紹介する
2. 子どもと思春期の人を紹介する
3. 高齢者を紹介する
4. 支援の継続性を保つ

たり傷つけたりすることも多くあります。文化と多様性と聞くとすぐに異国への支援や外国人コミュニティへの支援を想像されることが多いですが，日本においても地域ごとの風土や文化がありますし，支援に入るコミュニティが新興住宅地なのか既存住宅街なのかによっても文化の違いがあります。文化や風土は対人関係のあり方や，感情表出のあり方，秘密をどう保持するかなどにも大きく関係します。避難所の支援ひとつとっても，地域コミュニティがまとまっているか，コミュニティに関係なく人々がバラバラに集まっているかによっても支援の展開の仕方は大きく変わることになるでしょう。その地域のことをよく知っている文化的主導者の力を借りて，コミュニティの文化や風土について丁寧に情報収集を行い，それらに配慮しながらPFAを提供することが非常に大切です。

(3) セルフケアの重要性

　アメリカ国立子どもトラウマティックストレス・ネットワークおよびアメリカ国立PTSDセンター版PFAでは付録Cに，WHO版PFAでは第4章に，支援者自身のセルフケアの重要性についてまとめられています。災害直後にケアやサポートを提供することは，提供者の職業的・個人的経験を豊かにしますし，他者を支援することを通じて充足感を得ることもあるかもしれません。しかしながら一方で，身体的・感情的に疲弊することでもあります。支援活動を行う前，最中，支援活動後の自身の状態をこまめにチェックし，セルフケアを行うと同時に，必要に応じて専門家のサポートやスーパーバイズなどを受けることが大切になります。組織やチームが支援者のケアを提供してくれる場合もありますが，支援の入り方によってはそれがあてにならないこともあります。普段から使っているストレス対処法にはどんなことがあるでしょうか？　それは被災地でも使えるでしょうか？　身近にあなたをサポートしてくれる人はいるでしょうか？　いざというときに相談できる専門家やスーパーバイザーはいるでしょうか？　ストレスが溜まってくるとどんな反応が出てくるでしょうか？　HALT（hungry：空腹，angry：怒り，lonely：孤独，tired：疲労）を感じた場合にどのように対処しますか？　これらの質問は緊急支援に関わらず，普段から自分自身に問い続けることが大切な質問です。自分自身のセーフティネットを築いた上で支援活動に従事するようにしてください。

表 9-2　サイコロジカル・リカバリー・スキルの 5 つのスキル（National Child Traumatic Stress Network & National Center for PTSD, 2010／兵庫県こころのケアセンター訳, 2011 をもとに作成）

問題解決のスキルを高める
問題と目標を明確にし，様々な解決方法のアイデアを出し（ブレインストーミング），それらの方法を評価し，最も役に立ちそうな解決策を試してみる方法
ポジティブな活動をする
ポジティブで気分が晴れるような活動とはどのようなものか考え，それをやってみることで，気分と日常生活機能を改善する方法
心身の反応に対処する
動揺させるような状況に対する心身のつらい反応に対処し，それらをやわらげる方法
役に立つ考え方をする
苦痛を生み出す考え方を特定し，それをより苦痛の少ない考え方に置き換える方法
周囲の人とよい関係をつくる
周囲の人や地域の支援機関との関係を改善する方法

（4）サイコロジカル・リカバリー・スキル（SPR）とは

　PFA は，災害の数日から数週間後，つまり即時的な対応と，回復の初期段階の支援を提供することを目的としています。PFA による活動が行われ，安全と安心感，そのほか生存に関わるような緊急のニーズが満たされ，地域の行政機能などが回復したあたりで依然困り感を抱えている被災者を支援する場合や，PFA よりさらに集中的な介入が必要とされる場合の支援を目的として作成されたのが「サイコロジカル・リカバリー・スキル（Skills for Psychological Recovery: SPR）」になります。アメリカ国立 PTSD センターおよびアメリカ国立子どもトラウマティックストレス・ネットワークによって開発され，兵庫県こころのケアセンターによって 2011 年に日本語に翻訳され，こちらも無料で公開されています。

　SPR はマニュアルというよりはスキル集であり，被災者が苦痛をやわらげ，災害後のストレスや様々な困難にうまく対処するための，表 9-2 で紹介する 5 つのスキルを身につけられるように構成されています。

　SPR が力点を置いているのは病理ではなく，被災者が自分自身へのコントロール感と物事を遂行する能力を再び手にすることができるように手助けすることです。SPR は正式な治療を目的とするものではなく，二次的な障害を予防する

ことを目的としています。別の言い方をすれば，SPRは中間的な介入ということになります。苦痛をやわらげ，その人がもともと持っている対処のスキルを見出し，持てる力を高め，場合によっては正式な治療の必要性を下げることを目的としています。

　被災地支援をはじめとする緊急支援に従事する場合は必ずPFAに目を通しておくことと，必要に応じてSPRを提供できるように準備しておくことを心がけるようにしてください。兵庫県こころのケアセンターをはじめとした各種団体がPFAやSPRについての研修を提供しているので，そちらに参加することも検討していただければと思います。

2　被災地支援

　東日本大震災が発生した2011年3月11日，被害状況，安否確認，避難所などの情報や交通機関の運行情報などが飛び交う中で，心理士が流す「こころのケア」の情報を「今それどころではない！」という気持ちで眺めていたことを思い出します。自分がもし大規模災害に巻き込まれたとしたら，どうするでしょうか？

　まずは身の安全の確保をするでしょう。そして，連絡がとれない家族や親しい友人の安否確認や職場への連絡などについて考えるかもしれません。災害の種類によっては家や住居がどうなったかも心配だと思います。そして当面の衣食住の心配も出てくるでしょう。それらのことを心配している最中にも新しい被害の情報が入ってくるかもしれません。避難所に避難している場合は避難所運営のあり方や集団生活のストレスなどに関する災害とはまた別の懸念事項が出てくるかもしれません。非常に大雑把に書きましたが，これらの流れの中であなたはどんな支援を必要とすると思いますか？

（1）被災地支援について

　被災した地域の住民に話を聞くと，あたたかいものを食べられたときや自衛隊が用意してくれたお風呂に入れたときが嬉しかったという声をよく聞きます。不便な生活の中でホッと一息つけること，それこそが被災地における「こころのケア」になります。小さな喜びがその人の力の原動力となり，問題が山積す

る日々を乗り越えることを可能にするのです。つまり，被災者の安心・安全感の確保，適切な情報の提供，孤立の防止，日常生活を取り戻すことなど「被災者の生活が安定し，回復の基盤が整う」（大澤，2012）ことや「被災者自身が持っているストレングスを発揮できるようにしたり，精神的回復力（レジリエンス）を高めること」を目的として行われることが「こころのケア」になります。本節では「こころのケア」についてのひとつの指針として役立つBASIC Ph（ベーシックピーエイチ）という理論をご紹介できればと思います。

（2）BASIC Ph（ベーシックピーエイチ）とは

BASIC Phとはイスラエルの心理学者でありドラマセラピストでもあるラハド（Lahad, M.）が開発した対処（coping）とレジリエンシー（resiliency）についての多重モードモデルです。1970〜1980年代にかけて，ラハドは，イスラエルとレバノンの国境近くにあり，レバノン側のアラブ武装勢力によってしばしばロケット弾の標的となっていたキリヤット・シュモナの町の人々を支援する活動に従事する中で，重要なジレンマに直面しました。生命を脅かすような絶え間ない砲撃の下で暮らしている一般市民の多くは，攻撃を受けてもその都度普段の暮らしに戻り，自然に回復していくのです。当時はこのプロセスをはっきり説明できるだけの研究がなかったので，ラハドはキリヤット・シュモナの地域住民を対象に，彼らがどのようにうまく立ち直っていくのかという調査を開始しました。その結果，ストレス下では個人によりそれぞれ異なった対処様式と対処機制が存在するという結論に達しました。1992年ラハドらはレジリエンシーを「自分自身の力，あるいは他者の援助を得ながら，逆境や危機的状況に耐え，回復する個人の能力」であると定義づけ，（a）持続的な脅威にさらされつつ生きている人々の観察，および彼らに投げかけた直接的質問「あなたが日々生きていくために助けとなるものは何ですか？」への回答と，（b）心理言語学的アプローチ，すなわち人が自分の体験をどう述べるかは，その人が体験を認識し／取り入れ，かつ内部から外部へ伝達するという，物事を理解するためのその人の内部構造のあり方を反映しているという理論（Lahad, Shacham, & Ayalon, 2013／佐野・立花監訳，2017）を統合し，BASIC Phという理論をまとめ上げました。

ラハドらは，人間が危機を生き延び，回復していくための対処法を分類した

表 9-3　BASIC Ph チャンネル一覧（Lahad et al., 2013／佐野・立花監訳, 2017 を改変）

Belief	Affect	Social	Imagination	Cognition	Physiology
信念	感情	社会的	想像	認知	身体的
自己・価値・信念体系	情動	役割・他者・組織	直観力・ユーモア	現実・知識	行動・実用的
フランクル	フロイト	アドラー	デボノ	エリス	パヴロフ
マズロー	ロジャーズ	エリクソン	ユング	ラザラスとフォルクマン	ワトソン
態度（姿勢）	聴き取り技術	社会的役割	創造性	情報	活動
信念	情動	所属	遊び	優先順位	ゲーム
寿命	表出	社会的スキル	サイコドラマ	問題解決	練習
価値の明確化	受容	自己主張	まるで〜のように	知識	リラクセーション
意味づけ	感情表現	ロールプレイ	象徴	独り言	労働
自己鍛錬	カタルシス	グループ	誘導イメージ	計画	食べる
自己鼓舞	情動調節	支援	ファンタジー	買い物	ドラッグ

ところ，6つのチャンネル（主要な局面）に分類できることを発見し，それぞれのカテゴリの頭字語をとって BASIC Ph と名づけました。その後レジリエンスを促進させる要因に関する研究と照らし合わせ，この6つのチャンネルではとんどあらゆる対処法を説明することができることを確認しました。表 9-3 にBASIC Ph の各チャンネルについての詳細を載せます。

　BASIC Ph は，人々は生活する中で6つのチャンネルのうち1つ以上のチャンネルを使って対処しており，どんな人でも潜在的に6つのチャンネルすべてを用いて対処する能力を備えているという想定に基づいています。精神的に健康な生活をしている人は2つから3つのチャンネルを柔軟に使い分けて対処しているといわれていますが，大規模災害のような危機的な状況は人々に心理的視野狭窄を引き起こし，最も得意なチャンネルへの収縮を引き起こします。この状態は非常に危機的な状態だと判断されるので，緊急介入が必要になります。

　支援する相手のチャンネルについて考える前に，まずは自分の得意なチャンネルについて調べてみましょう。「10代のころ（中・高生ぐらいのころ）やっていたストレス対処法（息抜きの方法，ハマっていたこと，趣味）は何でしょうか？」「この1か月以内にやってみたストレス対処法は何かありますか？」以上2つの質問について思いつく限りリストアップしてみてください。そして，リストアップした対処法をそれぞれ BASIC Ph で分析してみましょう。「なんとかなると思う」「御守りを身につける」だと B チャンネル，「コメディ番組を見る」

「友達にグチる」だとAチャンネル，「友達と遊ぶ」「相談する」だとSチャンネル，「映画を見る」「音楽を聴く」だとIチャンネル，読む本によって他のチャンネルも使いますが「本を読む」や「ネットサーフィン」はCチャンネル，「食べる」「飲む」「寝る」「運動する」はPhチャンネル……というようになります。「小説を読む」（I，C），「買い物に出かける」（C，Ph）など，1つの対処法が複数のチャンネルにわたることもあります。分析の結果出てきた6つのチャンネルそれぞれを数えてみましょう。最も数の多かったチャンネルがあなたの得意なチャンネルということになります。普段から自分の得意なチャンネル（機能しているチャンネル）について把握しておくと，いざというときどういうことをすれば効果的にストレスを解消できるのかが見つけやすくなります。また，自分の得意なチャンネルがそもそも著しく偏っていることに気づいた人には，被災地に出かける前に，ぜひ他のチャンネルのストレス対処法を使えるようにしておくことをお勧めします。支援者として，BASIC Phの6つのチャンネルすべてのチャンネルを柔軟に使い分けられるようにしておくことは自身のレジリエンスを高め，代理受傷による傷つきやバーンアウトなどの予防にも役に立ちます。

（3）相手の得意なチャンネルを知る

　支援する相手のBASIC Phの得意なチャンネル（機能しているチャンネル）を把握するには，まず日常会話の中から相手の「できていること」「うまくいっていること」に注目して聞き取りを行います。その上で，「危機的な状況が生じる前の日常生活において使っていたストレス対処法（息抜きの方法）」についても聞き取りをします。今できていることと，危機の前に使っていた対処法をそれぞれBASIC Phのチャンネルで分析し比較すると，相手の使えているチャンネルの種類が少なくなっていたり，得意なチャンネルが変わっていたりすることに気づくかもしれません。それは相手のサバイバルの証拠ともいえますが，使える対処法が激減している場合や，チャンネルの種類が著しく偏っている場合には危機的な状況と推察されるので，緊急介入が必要になります。

　BASIC Phについての概略を説明した後，アセスメントのフィードバックを行い，一緒に対処法を広げるためのブレインストーミングを行うといいでしょう。BASIC Phに基づいてレジリエンスの向上を考える場合，2つの方向性があ

ります。1つは相手の得意なチャンネルを使った対処法の行動レパートリーを増やすこと。もう1つは相手の得意なチャンネル以外のチャンネルの対処法に挑戦してもらうように促すことになります。得意なチャンネルを使った対処法を探すのは比較的容易ですが，得意なチャンネル以外のチャンネルの対処法について考えてもらうのはなかなか難しかったりもします。その際に参考になるのがチャンネルの並びになります。

　BASIC Phはチャンネルの並びに意味があり，隣同士広がりやすい順番に並んでいます。得意なチャンネルがSチャンネルであればAとIチャンネルに広がりやすく，得意なチャンネルがPhチャンネルであればBとCチャンネルに広がりやすいということになります。チャンネルの並びからお勧めのチャンネルを紹介し，できることはないかを考えてみると，相手が取り組みやすい対処法が見つかるかもしれません。得意なチャンネル以外のチャンネルに取り組んでもらう場合にぜひ相手に伝えてほしいのは，得意なチャンネル以外の対処法は，慣れないうちはやってみても特にストレスが解消される気がしなかったり，ピンとこなかったり，違和感があったりするかもしれないということです。それでも使い続けていくと，チャンネルが活性化され，息抜きができるようになったり使いやすくなったりします。ピンとこないからとやめてしまうのではなく，無理なく続けて挑戦していってほしい旨を伝えてください。もちろん，被災地域ではできることが限られます。しかしながら，限られた環境の中で，できることを一緒に探していくことが心理的視野狭窄の解消につながっていくと考えられます。

（4）PFA と BASIC Ph

　PFAでは，対処法としてのカフェイン，アルコール，ニコチンや医薬品・薬物などの摂取は中長期的に見た場合の影響を考え，できるだけ使用を避けるべき対処法として扱われています。一方，BASIC Phでは「危機を生き延びること」が重視されていることもあり，カフェインだろうとアルコールだろうとドラッグだろうとそれを使って生き延びることができるのであれば，それは立派な対処法だと考えます。中長期的な影響については，生き延びた後で，同じチャンネルの他の対処法に置き換えていくことを検討していくことになります。基本的にはカフェイン，アルコール，ニコチン，医薬品・薬物はどれもPh（身

体）のチャンネルを使った対処法となるので，他のPhチャンネルの対処法である運動やリラクセーション法などが代替の対処法として検討されるのですが，被支援者の使い方によっては複数のチャンネルにわたった対処法となっている可能性があることもあります。Phチャンネルでの置き換えが難しい場合は，相手にとってカフェインの摂取やアルコールの摂取などがどのように機能しているのかをじっくりと聞き取り，あらためてチャンネル分析を行い，同じチャンネルでの対処法の置き換えを検討していくと置き換わりやすくなっていきます。支援に入るフェーズによっては，より身体に負担の少ない対処法への置き換えも検討していくとよいでしょう。

　PFAとBASIC Phは相反するものではありません。PFAを基本とした上で，被災者に介入する際にBASIC Phを意識すると，より支援を提供しやすくなるものだと考えられます。PFAという大きな指針と，BASIC Phという「ものさし」を傍らに置きながら，被災地のフェーズを意識しつつ，被災地支援にあたっていただければと思います。

3　被害者支援（と加害者支援）

　学校や園などでの集団における事件が発覚した直後に，公認心理師が心のケアにあたったというニュースをしばしば耳にするようになりました。つい最近も，保育士による園児への虐待事件が明るみに出た際，市からの要請により公認心理師が派遣され，園児と保護者の個別相談にあたったという報道がありました。心のケアの専門家としての公認心理師が広く認知されてきた証拠だと感じます。それでは，このような緊急時の場合，公認心理師として「被害者」に対してどのような支援をすればよいのでしょうか。

　一口に緊急時といっても様々な事態があり，「被害者」といっても多様な形態の被害があります。本節ではドメスティック・バイオレンス（DV）や虐待のような「対人攻撃」による被害（本節では「人為的な被害」あるいは「対人暴力被害」と呼ぶことにします）を被った人たちへの緊急支援に焦点を当ててお話しします。

（1）対人暴力被害の特徴

　自然災害は，英語でも act of God（神の業＝天災）という言い方があるように，人間による予防や制御が不可能であり，広範な地域に膨大な数の被災者をもたらすという性質があります。このような被害が起こった際には，国内のみならず国境を越えて人的・物的資源が速やかに投入されるよう社会全体が動き出します。

　一方，本節で取り上げるような対人暴力被害は，テロ攻撃などのような場合を除いて，多くは一対一の関係や，家庭内，校内，園内など，比較的閉じられた集団の中で発生します。そのため，発覚までに時間がかかったり，被害者が長期間，援助希求行動を起こせなかったりする場合が多いといった特徴があります。

　また，被害者と加害者の関係性から見ると，圧倒的な力（パワー）の差があります。冒頭で述べた保育園での事件で考えれば，保育士と園児との間には物理的な力の差があるのはもちろんのこと，必要に迫られて子どもを保育園に託している保護者の側も，子どもが登園を嫌がる様子を見せたからといって直ちに預けるのを止めて，園を相手に調査に乗り出すといった行動もとりづらいものです。DV の場合にも，加害者側と被害者側の間には，経済的・社会的な格差があることが多く，被害者側が加害者との生活を捨て去って逃げるのを困難にしています。

　さらに，DV や性暴力被害などの場合には，スティグマの問題があります。スティグマとは，古代ギリシャで犯罪者などにつけた印に由来し，特に精神疾患を抱えた人に対して社会が否定的な意味づけをするという意味で使われてきました。現在ではより広く，性的マイノリティの人たちや社会的弱者に対する差別や偏見についても用いられるようになっています。精神障害者に対するスティグマについては，この数年，ようやく精神医学分野においても「脱スティグマ（アンチ・スティグマ）」ということが取り上げられるようになってきました。しかしながら，家庭内での暴力被害や性暴力被害に関しては，依然としてスティグマが根強く，被害者が声を上げづらい状況が続いているといわざるをえません。

（2）対人暴力被害の直後の精神状態

心的外傷後ストレス障害（PTSD）（American Psychiatric Association, 2013）は，トラウマティックな出来事に遭ってから1か月以上，ストレス反応が持続した場合に診断される概念です。それに対し，被害直後に現れる症状に対しては，急性ストレス障害（ASD）という診断名が与えられます。侵入症状，陰性気分，解離症状，回避症状，覚醒症状という5領域の症状のうち，解離症状はPTSDの診断基準にはないものであり，ASDの一番の特徴といえます。

突発的な事件に遭遇した場合だけではなく，DVや児童虐待のような長期間に及ぶ被害の場合においても，それが明るみに出るのは危機的な事態が起こった後であったり，命からがら逃げ出した直後であったりする場合がほとんどのため，被害者は一時的にASDと似たような症状を呈します。このような場合には，図9-1のマズロー（Maslow, A.）の「欲求階層説」にあるように，まずは生命体の維持にとって不可欠である食事・睡眠・排泄などの基本的な欲求を満たした上で，安全に安心して生活できる場を提供することが最優先されます。

また，支援者としては，人間が緊急事態に直面した際の「トラウマ性の」記憶の性質についても知っておく必要性があります。トラウマ性の記憶は，出来事の直後は頭の中で整理されておらず，ASDに特徴的な周トラウマ期の解離によって詳細な面が抜け落ちていたりします。一方で，記憶のある側面については生々しさが瞬間凍結されたように鮮度を保ったまま隔離されて保存されていたりします。これらの記憶は適切な心理療法を受けることによって，整理され，意味づけられて長期的な記憶として保存されます。このように，トラウマにまつわるすべての情報を整理し，安定した状態に加工していくことをトラウマ焦点化治療といいます。

（3）緊急時の支援におけるアセスメント

緊急時のアセスメントは，当然のことながら通常のカウンセリングで実施するようなものとは性質が異なります。多くは，「食事はとれているか」「眠れているか」といった，マズローの欲求階層説（Maslow, 1943）（図9-1）の第1段階に関するような質問や，安全性の確保に関する現実的な生活状況を把握することが中心になります。

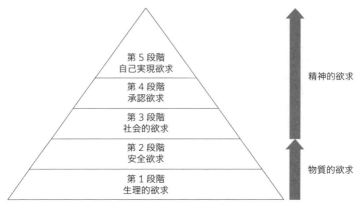

図 9-1　マズローの欲求階層説

　トラウマ性の出来事による PTSD 症状を測る質問紙の代表的なものとしては，改訂版出来事インパクト尺度（Impact of Event Scale-Revised: IES-R）があります。ただし，このような質問紙を実施するにしても，アセスメント自体が被害者のストレスとなっては元も子もありません。質問紙のようなツールを用いるばかりではなく，被害者の状態をよく観察することから，心理状態やトラウマ関連症状の程度などを把握することも重要です。

（4）人為的トラウマの被害者に対する緊急支援

　いうまでもなく，心理療法にとって重要なのはセラピストとクライエントとの信頼関係（＝ラポール，治療同盟）です。人との精神的なつながりを感じられることは，マズローの図でいえば第 3 段階の社会的欲求にあたるため，その前段階までの生理的欲求や安全欲求が確保されていることが前提となります。その上で，トラウマ焦点化治療と呼ばれるような専門的な心理療法を人為的トラウマ被害者に実施するには，まずはクライエントが苦痛な記憶に伴う感情に向き合うだけの安定した心理状態にあることが必要です。

　図 9-2 は，耐性の窓（windows of tolerance）とも呼ばれ，心理療法がクライエントにとって良好に働くときのクライエントの感情の揺れの範囲を示したものです。クライエントが自身の感情に適度に気づくことができ，向き合うことができるのが B ゾーンの最適な覚醒レベルということになります。被害直後の

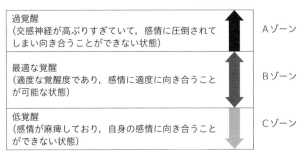

図 9-2　感情の耐性領域（津田, 2019, p. 10 をもとに作成）

被支援者の心理状態は，Aゾーンの過覚醒またはCゾーンの低覚醒状態（いわゆる解離状態）の両極端が存在している状態ですので，無理に心理的な安定化を図るのではなく，まずは身の周りのことを整えながら本章1節で述べられているようなPFAを実施していくことになるでしょう。

　また，前述のように，被害直後の記憶は非常に混乱していて不安定な状態のため，サイコロジカル・ディブリーフィングのように，出来事の詳細を話させることは禁物です。ディブリーフィングについては，非常に多くの研究がありますが依然としてエビデンスは確立されていません（Foa et al., 2009*）。

（5）子どもの反応の特殊性

　DSM-5 の急性ストレス障害の記載においては，B基準の侵入症状について「子どもの場合，心的外傷的出来事の主題または側面が表現された遊びを繰り返すことがある」とされています。これは，幼い子どもの場合，自分の身に起こったことや気持ちを言語化することが困難なため，遊びの中でそれを表現するためです。たとえば，東日本大震災後の幼稚園では，津波による被害を目の当たりにした子どもが，ミニカーをおもちゃの駐車場セットの上に並べ，「つなみー，つなみー」と言いながら，ざあーっと片方に寄せて遊んだりする姿も見られました。このような場合には，子どもの遊びを止めさせるのではなく，気持ちを落ち着かせるような口調で子どもの言葉を繰り返しつつ，怖いという気持ちを受け止めてあげることが重要です。

＊　この書誌情報は第2版のものである。最近，第3版の翻訳が発刊されたが，この版ではPDはレビューの対象から外されている。

また，児童ポルノや性暴力の被害に遭った幼児の中には，自分のされた／させられたことの意味がわからず，日常場面において被害時と同じようなポーズをとってしまったり，幼稚園でのお絵描きの時間に大人の裸体に性器をはっきりと描いてしまったりすることもあります。このような場合には，子どもが自分の身体の「プライベート・パーツ」に関する適切な知識を身につけられるよう，関係者と連携をとり，早急に適切な心理教育をしていく必要性があります。

（6）法的な問題

　DVや性暴力被害の被害者に対する支援に際しては，直後ではないにしても，将来的には裁判などの法的問題が絡んでくることも念頭に置いておく必要性があります。というのは，トラウマに有効な心理療法は，気分を安定化させる効果がある分だけ，怒りや恨みといった強い感情をも緩和させる働きがあるからです。そのため，被害者が将来的に裁判を起こし，絶対に勝訴したい（あるいは，DV被害の場合であれば，有利な条件で離婚したい）などの強い意志を有している場合には，そのエネルギーを維持し続けられるよう，被害者の気持ちを肯定的に受け止める（＝validateする）態度に徹することがより重要になるかもしれません。裁判にあたって，セラピストが被害者の心理的状態に関する意見書を書くことを求められたりする場合もあるので，通常のセラピーと同様に，毎回のセッションの記録や，場合によっては録画をしっかりと残しておくことも必要です。

　また，子どもの性被害などの場合には，専門家による聞き取り調査を受けることになります。これは司法面接（仲，2016）と呼ばれ，特別な訓練を積んだ者しか実施することはできません。そのため，心理職が子どもから性被害を最初に打ち明けられた場合においても，子どもの言うことを傾聴することに徹し，心理職自らが詳細な聞き取りをしたり，子どもの言ったことを要約したりすることは控えなければいけません。関係諸機関と必要な連携をとった上で，専門家が司法面接の手法を用いて事実の確認にあたります。

（7）加害者への支援

　加害者への支援というと，違和感を持つ人も多いことでしょう。もちろん，私たちセラピストは通常，被害者の心理的支援をすることがほとんどであり，加

害者側の心理的支援は，司法・矯正などの特殊な領域における業務となります。ここでは，「緊急支援」ということには含まれないかもしれませんが，加害者側にある被害者性ということについて触れておきたいと思います。

　近年，日本においても受刑者や非行少年の犯した加害行動の背景に，被虐待経験のある場合が多いことが実証的に示されてきています。たとえば，毛利・藤岡・下郷（2014）は刑務所内における治療教育プログラムを受講した受刑者（計115名，複数回答可）にアンケートをとったところ，家族からの精神的暴力や身体的暴力を2回以上受けたと回答した者は30％近くに上り，家族以外からの暴力を受けた経験のある受刑者も40％以上いたことを明らかにしています。こうした加害者の中にある被害者意識を矯正プログラムの中で取り上げることにより，治療効果が上がったという報告もされています（毛利ら，2014; 大原，2022など）。

　もちろん，すべての被害体験が加害行為へと転じるわけではありませんが，「犯罪被害者等基本法」の理念にもあるように，すべての被害者が，被害にあった直後から必要な支援を途切れなく受けられるようにすることは将来的な加害者を減じることにつながるのかもしれません。

4　SNSなどによる遠隔心理支援

（1）情報通信技術を活用した新しい心理支援

　情報通信技術の発達は，私たちの生活を大きく変化させました。20世紀の終わりごろからインターネットが社会に普及し，次第に社会を支える基盤となってきました。パソコン，タブレット，スマートフォンなどの情報端末は，今や私たちの生活になくてはならないものとなっています。

　情報通信技術は，コミュニケーションのあり方にも変化をもたらしました。多くの人が，電話でのおしゃべりの代わりに，LINE，Facebook，Instagramなどの SNS（social networking services）でコミュニケーションを行うようになっています。スマホ，タブレット，パソコンなどの情報機器を使えば，ビデオ通話も手軽にできるようになりました。2020年には新型コロナウイルスの流行に伴い，感染予防のためにテレワークが増えたことで，Zoom や Teams などの遠隔会議システムが一気に普及しました。

こうした時代の流れは，カウンセリングや心理療法の世界にも変化をもたらしています。メールによるカウンセリング，SNSを用いたカウンセリング，ビデオ通話を用いたカウンセリングなど，インターネットを介したコミュニケーションによるカウンセリングが登場し，急速に普及しつつあるのです。

このような形の心理支援は遠隔心理支援（telepsychology）と呼ばれます。遠隔心理支援は遠隔医療（telemedicine）の心理版であり，物理的に同席せずに遠隔で行われる心理支援全般を指しています。インターネットを用いない電話による心理支援もここに含まれます。

以下，SNS，電話，ビデオ会議システムなどを用いた遠隔心理支援について解説します。

（2）遠隔心理支援のメリット

遠隔心理支援の主なメリットを表にまとめました（表9-4）。ここでは以下のポイントに絞って解説していきます。

①物理的なハードルの低さ

悩みを抱えている多くの人にとって，物理的距離は，カウンセリングを受ける上での大きな障害となっています。通常の対面のカウンセリングでは，実際にセラピストに出会う前に，相談機関まで足を運ばなければならず，セラピストと出会う以前のところで，時間，労力，交通費などがかかります。深刻な悩みを抱えていても，これらのハードルを乗り越えることが難しいために，カウンセリングにつながらない人が大勢いるのです。

たとえば，災害時には鉄道が止まっている，道路が通行できないなどの理由で，移動が大幅に制約されます。深刻な苦悩を抱えていても相談機関まで出かけていくことは難しいでしょう。新型コロナウイルスのように重大な感染症が社会に蔓延しているときにも，出かけていって人と会うことは控えるよう求められます。通常時でも，病気やケガ，身体障害のために移動が容易ではない人がいます。乳幼児を抱えていたり，家族の看病や介護があったりするために，容易に家を空けられない人もいます。こうした状況にある人たちにとっては，対面のカウンセリングは，物理的に非常にハードルが高いサービスなのです。

また，現在の日本の状況では，セラピストは都会に偏っており，カウンセリ

表9-4　遠隔心理支援のメリット

物理的な敷居の低さ
・ 利便性が高い ・ 移動に伴う障壁がなくなることでアクセシビリティが高まる ・ 移動の時間的・経済的・労力的コストが節約できる
心理的な敷居の低さ
・ 相談に伴う恥ずかしさやプライバシーへの懸念を低下させ， 　率直な表現を促進する（抑制解除）
その他
・ クライエントのコントロール感に寄与し，エンパワーする ・ 幅広い層に専門的支援を提供できることで公平性が高まる

ングを受けたくても，近くにふさわしいセラピストがいない地域もたくさんあります。そうした地域に住んでいる人がカウンセリングを受けようと思ったら，何時間も車に乗って都会に出ないといけないのです。

　遠隔心理支援は，物理的距離の制約を受けません。そのハードルの低さは遠隔心理支援の大きなメリットだといえます。遠隔心理支援では，電話やネットがつながる環境であれば，どれだけ離れていても心理支援を受けることができます。中でもスマートフォンのSNSアプリを用いたチャットは，通話が途切れてしまうほど電波状況が不安定でも，なんとか電波が届くのであれば，テキストでのやりとりをすることができます。このことはSNS相談のアクセシビリティの高さを示すものです。

②心理的なハードルの低さ

　対面のカウンセリングには，物理的な距離というハードルに加えて，より微妙なハードルもあります。それは，人と直接向き合って悩みを話すのには，誰にとってもかなり勇気がいるということです。そもそも悩みというのは，人に言いにくいものだからこそ，重くなるのです。簡単に人に言える話であれば，専門家に相談に行くこともないでしょう。悩みを抱えた人は，悩みを話したら相手はどんな顔をするだろうかと心配しています。つまらないことで悩んでいると思われないか，バカにされるんじゃないか，笑われるんじゃないかなどと不安に思っています。また，悩みを抱えた人は，そんな悩みを抱えている自分の姿を見られることにも恥ずかしさを感じることが多いです。

対面のカウンセリングでは，相手の反応がダイレクトに生々しく返ってきます。それはかなり怖い状況です。もちろん，実際には，優しくあたたかい反応が生き生きと伝わってくることが多いのですが，それでもこれから相談に行こうかどうかを迷っている人は，悪い想像が膨らむものです。その点で，遠隔心理支援は，モニター越しだったり，音声だけ，テキストだけだったりするため，反応の生々しさが弱まり，気が楽になることが多いのです。

　また，対面のカウンセリングはセラピストのホームグラウンドである面接室で行われます。相談に行く人は，馴染みのない場で，相手の指示に身をゆだねなければなりません。極端な話，対面のカウンセリングでは，セラピストの反応によって傷ついたとしても，そう簡単にそこから離脱することはできません。これに対して，遠隔心理支援では，セラピストの対応が悪ければ，インターネットの接続を解除するだけで（あるいは電話を切るだけで），いつでも安全にそこから離脱することができます。もちろん，遠隔心理支援でも，セラピスト側からの場面的なコントロールがなくなるわけではないですが，少なくともその場のコントロールをどちらが握るかという点で，セラピストと相談者とがかなり対等になることは確かです。このことも相談する側にとっては大きな安心要素となります。

　このように，悩みを抱えた人にとって，遠隔心理支援は，対面のカウンセリングよりもずっと安心して話せる場になりやすいのです。少なくとも，初めて相談する際の不安や恥ずかしさを引き下げてくれることが多いです。

　とりわけ，文字だけのチャットによるSNSカウンセリングでは，対面では話しにくい内容が打ち明けられやすいことが知られています（杉原・宮田，2019; 杉原，2020）。たとえば，いじめられていることを初めて打ち明ける相談は，対面の相談や電話相談よりも，SNSによる文字のチャット相談に寄せられることが多いです。セクシャル・マイノリティ（LGBTなど）に関する悩みも，SNSによる相談で初めて打ち明けられることがよくあります。虐待を受けている児童からの相談も寄せられやすいです。SNSでの相談は声を出さずにできるので，虐待する親が隣の部屋にいる状況でも気づかれずに済みます。

(3) 遠隔心理支援のデメリット

　遠隔心理支援には前述のようなメリットがある反面，次のようなデメリット

もあります。いくつかのポイントに絞って解説します。

- 非言語コミュニケーションの質と量が低下する
- クライエント側に，プライバシーが守られる物理的環境やセキュアで安定した通信環境が必要になる
- 通信技術的な問題によってサービスが中断する可能性がある
- 守秘に特別な注意が必要になる
- セラピストに情報通信技術のコンピテンシーが必要になる
- アセスメントが困難（伝統的な心理テストの多くが使えない）
- 自傷他害の危機的事態への対応方針の取り決めが必要である
- 支援の依頼が増えすぎてキャパシティを超える可能性がある
- 効果に関するエビデンスが十分に蓄積されていない

　当然のことながら，モニター越しの出会いでは，対面の出会いよりも，やりとりされる情報が少なくなります。高画質のビデオ通話でも肩から下は見えませんし，視覚・聴覚以外の情報，たとえば匂いは伝わりません。インターネット回線のコンディションにもよりますが，通信に若干のディレイが生じることがあり，そのために会話のテンポが不自然になってしまうこともあります。さらに，ビデオ通話では，アイコンタクトをとろうとしても，視線がピッタリと合うことはありません。遠隔心理支援よりも実際に面接室で対面するカウンセリングのほうが，きめ細かなコミュニケーションができることは確かです。

　また，ビデオ通話によるカウンセリングでは，面接室に行かなくてもよい代わりに，自分で面接できる場所を確保しないといけません。プライバシーが保たれる部屋が必要ですし，セキュリティの高い，安定した通信環境が必要です。さらには，情報機器の扱いにある程度慣れている（あるいはそういう人のサポートを受けられる）ことも必要です。こうした条件をクリアできなければ，遠隔心理支援は受けられません。

（4）対面支援と遠隔支援を組み合わせる

　対面相談と遠隔相談とを比較して，どちらのほうがより効果的かという問題が議論されることがあります。バラクら（Barak et al., 2008）によるメタアナリ

シスを用いたレビューでは，インターネット通信を用いた心理支援の効果サイズは0.53と中程度であり，これまでの研究で得られてきた対面の心理支援の効果サイズと同程度でした。対面の心理支援とインターネット通信を用いた心理支援の効果を直接比較した研究のメタアナリシスでも，両者の間に違いは認められませんでした。

　ますます多くの研究が，クライエントの多くが電話やインターネットによる非対面の心理援助にとても満足していること，そして情報通信技術を用いたセラピーにはかなりの有効性があり，対面のセラピーと変わらない成果があることを示しています。

　こうした知見は重要なものですが，臨床現場において効果的な心理支援を考える際には，対面の心理支援と遠隔の心理支援のどちらのほうが効果が高いかという議論にはあまり意味がないと思います。というのも，クライエントのニーズや状況によって，対面相談のほうが効果的であることもあれば，遠隔相談のほうが効果的であることもあるからです。

　対面の面接に来ることができ，そのほうが治療効果が得られる人もいます。しかしそういう人でも，対面の面接に来ることが困難になる場合はあります。たとえば，支援の経過中にケガや病気で入院することがあるかもしれません。そうした際には，その間，遠隔の支援を行うことで支援全体の効果は高められるでしょう。

　悩みを対面では打ち明けづらく感じている人は，まずSNSのチャットで相談することが助けになるでしょう。そしてそこで得られた安心感をもとに電話相談に移行し，さらに対面の相談に至るということがありえます。

　対面の支援と遠隔の支援のどちらのほうが効果的かという問いの答えがどんなものであったとしても，それぞれの特性をよく理解し，クライエントのニーズや状況に合わせて柔軟に組み合わせて用いることで，いずれかを単独で用いるよりも，より効果的な支援が構築できることは明らかです。

第10章 スクールカウンセリングにおける心理支援

　近年，学校の中の「日常」が変わりつつあります。毎年，文部科学省は小中学校・高等学校に対して「児童生徒の問題行動・不登校等生徒指導上の諸課題に関する調査」を実施していますが，小中学校でのいじめの発生件数や不登校児童生徒数に関してはここ数年増加傾向が続いています。さらに，スマートフォンなどの普及に伴い，インターネットを通じてのいじめ問題やネット・ゲーム依存による不登校という新しい問題も見受けられるようになりました。また，2020年の新型コロナウイルスの感染拡大対策による学校の一斉臨時休校によって，1人1台端末を持つというGIGAスクール構想が加速する中，家庭内の心理的虐待の対応件数も増加しています。

　当初，不登校・いじめ問題に対応する目的でスクールカウンセリング制度が導入されましたが，近年の複雑化・多様化する問題に対して，スクールカウンセラー（以下，SC）には学校のチームの一員として多岐にわたる問題への対応が求められています。

1　学校という「日常」における心理支援

(1) スクールカウンセラーの業務内容と相談内容

公立学校で勤務するSCの業務内容として以下の7つが挙げられます。

- 児童生徒からの相談受付，助言
- 保護者や教職員からの相談受付（カウンセリング・コンサルテーション）
- 校内会議などへの参加
- 教職員や児童生徒への研修や講話

- 相談者への心理的な見立てや対応
- ストレスチェックやストレスマネジメントなどの予防的対応
- 事件・事故などへの緊急対応における被害児童生徒の心のケア

　そのほか，「相談室だより」などの通信を定期的に発行することもあります。
　スクールカウンセリングの対象はすべての児童生徒であり，教育相談の枠組みで行われます。教育相談では治療的または予防的カウンセリングだけでなく児童生徒一人ひとりの成長や問題解決能力の強化に向けた開発的カウンセリングも行います。そのため相談内容は不登校やいじめ問題，暴力行為，児童虐待，友人関係，貧困の問題，非行・不良行為，家庭環境，教職員との関係，心身の健康・保健，学業・進路，発達障害などと多岐にわたっています。
　実際の心理支援では面接時間や頻度，料金などの枠組みが重要ですが，スクールカウンセリングでは少し事情が異なります。たとえば面接時間においては，放課後に十分な時間を確保できることもあれば，小休憩に数分〜数十分だけ実施することもあります。また，いじめの被害者や不登校の児童生徒の場合，他の生徒との接触を避けるために授業中の時間を利用することもあります。つまり状況に応じて，柔軟に対応できる能力が求められます。

（2）学校における心理支援

　SCの活動は実際に問題が起きている児童生徒等への支援である三次的援助サービスのみならず，学校生活で困りかけている児童生徒の早期発見・早期対応に努める二次的援助サービス，すべての児童生徒を対象に発達・教育上の課題を「心の健康教育」などを通じて予防に努める一次的援助サービスに分類されます。これらのサービスはそれぞれが独立して実施されるわけではなく，委員会などを通じて学校内外と連携しながら有機的に行います。ここでは三次的援助サービスを中心とした不登校といじめへの心理支援について紹介します。

①不登校の心理支援

　文部科学省による不登校の定義は「年度間に30日以上登校しなかった児童生徒について調査。何らかの心理的，情緒的，身体的，あるいは社会的要因・背景により，児童生徒が登校しないあるいはしたくともできない状況にある者」

とされています（文部科学省，2021）。

　不登校の心理支援では教職員や保護者からの相談からはじまることが多く，当の児童生徒自身は困っていない場合も少なくありません。不登校の要因としては友人関係が最も多いといわれていますが，ほかには発達障害や学業不振，家庭環境などの要因が複雑に絡んでいる可能性があるため，ひとつの原因に固執することは避けるべきです。そのため，できる限り多くの関係者から情報を収集して要因を見立てていきます。情報収集の留意点として，不登校のきっかけとなる要因と不登校状態が継続する維持要因は異なることがあります。たとえば，対人関係がきっかけで登校しなくなったケースでも，維持要因は無気力や学業への不安であることもあります。

　学校分野における不登校支援では「登校する」という結果のみを目標にするのではなく，将来の「自立」という視点が重要です。まずは委員会などを通じて情報をすり合わせ，支援の方向性について検討していきます。状況を理解することなく「ただ，待つ」だけというのは避けるべきです。加えて心理支援のみならず学習の機会の確保のため，校内での別室登校をはじめ，校外の教育支援センターやNPOなどとの連携も視野に入れます。背景に発達障害や精神障害，心身症などが想定される場合は管理職と相談しつつ，医療機関との連携を図る必要があります。

　SCが児童生徒本人を直接支援する場合，まずは信頼関係の形成に努めていきます。信頼関係の形成のためには「共感」「受容」「自己一致」の3つの基本的態度や傾聴技法などを身につけておく必要があります。逆に指示的な態度は関係づくりにおいてマイナスに働く可能性があるので，できる限り避けるべきです。

　スクールカウンセリングでは児童生徒自身に来談動機が乏しかったり，支援ニーズが明確でなかったりすることがしばしばあります。そのため初回面接はとても重要で，初回である程度の関係が形成できない場合，それ以後は相談室に来室しなくなるかもしれません。「とりあえず，面接室に行けといわれたから行ったが，何を話せばよいのかよくわからなかった」という児童生徒もいます。そのため委員会などを通じて，どのような支援ニーズがあり，どのようなタイミングでSCにつなごうとしているのか確認しておくとよいでしょう。さらに，日頃から児童生徒の校内での様子や作文，作品を見たり，長所や趣味などにつ

いて把握したりしておくと関係づくりに活かすこともできます。

　児童生徒自身に登校意欲が出てきた場合，不安などを段階的に解消し，登校につなげていく方法のひとつに漸次的接近法があります（神村，2019）。まずは回避行動を同定し，段階的に不安場面に曝露していきます。この場合，養護教諭と連携して保健室登校が可能かどうか事前に確認しておきます。さらに不登校の背景にネット・ゲーム依存が想定される場合，ADHDなどの発達障害が隠れていないか留意しつつ，生活行動記録法などで生活習慣などを可視化した上で見直し，行動活性化療法でネットやゲーム以外の行動レパートリーを増やしていく支援が考えられます。特に無気力な児童生徒には行動活性化療法は有効です。

②いじめの心理支援

　いじめ防止対策推進法による「いじめ」の定義は，「当該児童等が在籍する学校に在籍している等当該児童等と一定の人的関係にある他の児童等が行う心理的又は物理的な影響を与える行為（インターネットを通じて行われるものを含む。）であって，当該行為の対象となった児童等が心身の苦痛を感じているものをいう」とされています（文部科学省，2013）。

　いじめの発見については「本人からの直接的な訴え」や「学級担任，SC，保護者などの発見」ではなく，「アンケート調査など学校の取り組みによる発見」が最も多いのが特徴です。しかし，調査前後にもいじめが発生している可能性があります。そのためいじめの未然防止や早期発見・早期対応に向けて，SCが教職員や保護者に対して校内研修をしたり，またSC自身が校内巡回したりすることで，いじめの小さなサインを見逃さない体制づくりが重要です。たとえば，職員室やトイレのあたりをウロウロしている，一人で過ごすことが増えた，欠席や遅刻などが増えた，なんとなく表情が暗いなどがサインにあたります。

　実際にいじめが発生した場合，支援対象者はいじめ被害児童生徒のみならず，その保護者や加害児童生徒等も含まれることがあります。被害者側と加害者側の双方から心理支援を希望される場合，かえって問題がこじれることもあります。事前にいじめ対策委員会などでどのような支援体制が適切なのか検討しておきましょう。

　いじめの心理支援では被害児童生徒の安全・安心の確保を優先し，心的外傷

の程度に応じて対応することが求められます。校内のSC活動は児童生徒の問題解決する力の強化に重きが置かれているため，治療的対応が必要な児童生徒に対しては，状況を踏まえて医療機関への受診を保護者に提案します。また，自殺リスクについては必ず検討しておきます。

　一方，加害児童生徒への対応が求められた場合，加害児童生徒側の行為の背景に発達障害や児童虐待，貧困，学業不振などが隠れていないか目を配り，必要な心理支援を検討します。具体的な支援としてストレス耐性の低さや対人スキルの問題が見られる加害児童生徒に対してはアンガーマネジメントやアサーショントレーニングなどを通じて，自身の怒りの感情に気づき，それをコントロールしつつ，自他を大切にできるコミュニケーションスキルの向上を目指します。

（3）学校内における児童生徒のアセスメントについて

　スクールカウンセリングの現場におけるアセスメントでは児童生徒のみならず，教職員や保護者などからも多角的に情報を収集することが求められます。校内でのアセスメントでは発達検査や心理検査よりも観察法や面接法がよく使用されます。ここでは観察法と面接法について紹介していきます。

①観察法

　スクールカウンセリングでは，「日常」における環境の変化が児童生徒の心理面にどのような影響を与えるのかという視点が必要です。いじめや不登校などの早期発見・早期対応のためにも，校内巡視といわれる相談室外での児童生徒等の様子を観察することがSCには求められています。SCには学校生活場面を直接観察することができる利点があり，授業中や休憩，給食，清掃，登下校などの様子を通じて様々な情報を得ることができます。特に保健室は虐待や不登校，いじめなどの早期発見には欠かせない場所です。日頃から養護教諭とのコミュニケーションは積極的に行いましょう。

　観察の仕方についてですが，ひとつの方法論として応用行動分析学の視点があります。行動のきっかけとなる環境要因だけでなく，結果にあたる教師や周囲の友達の反応なども観察しておくとよいでしょう。ここで，関与しながらの観察という視点が大切となり，SCが観察すること自体が児童生徒たちにどのよ

うな影響を与えているのか考慮する必要があります。

②面接法

面接法は児童生徒の認知や感情などの内的世界を理解していく上で欠かせない方法です。心理支援では自由に回答できるような非構造化面接が使われることが多いですが，情報収集の段階ではあらかじめ決まった質問に加え，回答内容や状況に応じて質問を柔軟に変更していく半構造化面接が用いられることも多いです。

面接法では詮索的・侵襲的にならないよう注意し，児童生徒の言語能力に応じて質問をする必要があります。言語能力が低いまたは対人緊張が強い児童生徒の場合，遊具や絵画などを介しつつ情報収集を行う場合もあります。面接法では単なる情報収集にとどまることがないよう，面接そのものに治療的性質を持たせることが大切です。

2　スクールカウンセラーにおける守秘性とチーム学校

これからの児童生徒たちには変化の激しい社会の中で生き抜くために必要な資質・能力の向上が図られる一方で，生徒指導や特別支援教育，子どもの貧困などの課題も複雑化・多様化しており，学校や教職員だけで対応することが困難になってきました。新たな教育的ニーズや課題を解決していく上で，教職員が個別に対応せず，学校内外の多様な資源を活かす，チームとしての学校（以下，チーム学校）による指導・支援体制をつくり上げていくことが求められています。

チーム学校では校長のリーダーシップの下，教職員や専門スタッフ，地域社会との連携・協働を図り，学校の資源が一元的にマネジメントできる体制を整え，学校の組織文化の改革に取り組んでいきます（図10-1）。

（1）チーム学校の実現に向けて

「チームとしての学校」の実現のためには，心理や福祉などの専門職との連携などを含めたチームづくりが必要といわれています。具体的なチームづくりにおける検討事項として，「専門性に基づくチーム体制の構築」「学校のマネジメ

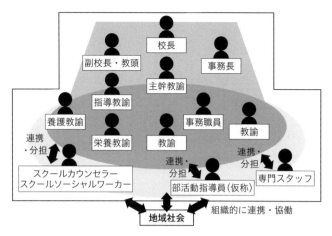

図 10-1 「チームとしての学校」のイメージ（中央教育審議会，2015）

ント機能の強化」「教職員一人ひとりが力を発揮できる環境の整備」が挙げられています。

　これら3つの視点の中で，専門スタッフとして，SCはまずチームの一員として自身の立場・役割を認識し，学校組織や教職員等について積極的に理解することが求められています。勤務する学校の教育ビジョンを把握し，他の教職員たちと同じ目標を持って，その役割を果たします。組織の中で孤立しないためにも，日頃から教職員たちとコミュニケーションをとっておくことが大切です。

　しかし，週1回程度の勤務のSCにとっては，よほどうまくコミュニケーションをとらないと，なかなかチームの一員として認められないこともあります。そこで，SCが学校システムに組み込まれていくためのテクニックとして，家族療法のジョイニングが有効です。学校システムの中にうまくSCが溶け込めていない状態で，SCがいくら助言しても，教職員等に理解してもらえず，拒否されることも起こりえます。ジョイニングが成功することでSCと学校，さらには地域との協働が可能になります。

（2）学校における守秘義務と報告義務

　公認心理師がスクールカウンセリングの現場で働く場合，守秘義務と報告義務のバランスを考える必要があります。公認心理師法第41条では「公認心理

師は，正当な理由がなく，その業務に関して知りえた人の秘密を漏らしてはならない。公認心理師でなくなった後においても，同様とする」となっている一方，第42条では「公認心理師は，その業務を行うに当たっては，その担当する者に対し，保健医療，福祉，教育等が密接な連携の下で総合的かつ適切に提供されるよう，これらを提供する者その他の関係者等との連携を保たなければならない」となっています。守秘義務に関しては口頭で伝えるものだけでなく，メモやノート，パソコンなどの電子機器に記録したものが漏洩した場合も守秘義務違反に問われます。

　さらに，公立学校で勤務するSCの場合は地方公務員法による守秘義務も課せられています。これは，学校内で知りえた情報を外部には漏洩できないが，内部では情報を共有できるという集団守秘の考えに基づいており，専門職としての守秘義務と衝突しないように注意が必要です。トラブル回避のためにも，誰とどこまで児童生徒の情報を共有するかについては管理職をはじめ教職員とも事前に話し合っておくとよいでしょう。

　情報開示の際にはプライバシーに配慮しつつ，事前に児童生徒やその保護者に合意を得ておくことが重要です。もちろん児童生徒が命の危険にさらされたり，他者を傷つけたりする恐れなどが想定される場合は守秘義務よりも安全面が優先されます。少しでも気になるサインが見られたときは管理職に報告しましょう。

（3）相談記録などの保管について

　児童生徒等にカウンセリングを実施した際，その内容について記録を残しておきます。相談記録の保管場所や管理については学校の規定に則りましょう。配属先が決まった際，まず勤務校の管理職や教育相談担当職員に保管方法などを尋ねてみるとよいでしょう。

　相談記録にはカウンセリングを実施した日時をはじめ，必要な情報を過不足ないように記載します。記録は言語情報だけでなく，面接時の表情やしぐさなどの非言語的な情報も記載しておきます。相談記録の書き方などについて不明な点がある場合，教育委員会などが実施している連絡会やスーパービジョン制度などを活用し，他の心理職に相談することができます。

　他の注意点として，ノートなどの紙媒体の相談記録は紛失や他者に見られる

リスクがあるため，児童生徒の氏名や学校名が特定されないような工夫をしましょう。イニシャルを用いる場合でも注意が必要です（例：太郎の場合「T」ではなく「A」とするなど）。ケース会議や事例検討会などで資料を提示する場合は，各紙面に番号を振り，確実に回収できるように注意しましょう。保管義務がない記録については，紛失や盗難のリスクを考え，できる限り早くシュレッダーなどで破棄しましょう。

（4）教職員に対するコンサルテーションと校内研修

　チーム学校では教職員一人ひとりが力を発揮できるよう，SCには心理の専門スタッフとして助言・援助することが求められています。そのひとつとしてコンサルテーションがあります。コンサルテーションとは，「コンサルタント（例：SC）が自らの専門性に基づき，クライエント（例：児童生徒）に直接関わるコンサルティ（例：教職員）を援助するプロセスであり，異なった専門性や役割を持つ者同士の共同の問題解決の作業である」（石隈, 1999）。以下がSCに求められているコンサルテーションの例です。

- 不登校をどう理解するか，およびそれへの対応の仕方，フリースクールの意味，必要性，是非など
- その他の問題行動や症状の理解の仕方，およびそれへの対応の仕方
- 生徒指導上の問題に関する心理学的観点からの助言
- 発達上の課題に対する理解の仕方，およびそれへの対応の仕方
- 学級，学年，学校が崩壊状態になっている場合のその事態の理解の仕方，対処の仕方
- 虐待の理解の仕方，被虐待児への対処の仕方
- 災害，事件，事故などへの危機対応，心のケアの行い方，PTSDの理解の仕方
- 教職員のメンタルヘルスに関する管理職との相談

　SCの多くは非常勤職員であるため，緊急時には対応できない場合があります。実際に学校現場で関わるのは教職員ですが，メンタルヘルスやチーム学校の観点から教職員が一人で抱え込まないよう，援助チームを構築しておくことが重要です。コンサルタントとしてのSCはコンサルティの立場を尊重し，指導的に

ならず，コンサルティ自身が児童生徒の心理的課題に対処できるようにエンパワーしていきます。

また，SCは教職員の全体の支援能力の向上を図るために校内研修を実施することがあります。校内研修では学校の運営方針に沿ったカウンセリングに関する知識を教職員が修得することを目指します。ただし，事例をもとに講義する場合，個人が特定されないよう内容を加工して事例を提示する必要があります。

(5) 校内ケース会議

学校内で行われるケース会議では，集団守秘のもと関係者がそれぞれの立場から当該児童生徒の現状や支援の結果などに関する報告を行います。ケース会議では情報を共有した後，支援の方向性や関係者の役割分担などについて話し合います。SCは心理の専門スタッフとしての見立てや支援方法について意見を求められます。

ここで重要なことは，教職員や他の専門スタッフが心理面の問題について適切に理解できるような見立てや支援方法を提示することです。ありがちな失敗例として，心理職にしか理解できないような専門用語を羅列してしまうことがあります。助言する際の留意点として，教職員の業務負担の軽減につながるような基本的な心理支援の方法を理解してもらえるよう，具体的に提示することが大切です。

また，ケース会議後，実際にSCが児童生徒やその保護者を直接担当することになった場合，児童生徒や保護者の中には「何度も同じ話をしたくない」と思っている人もいれば，「校内で断りもなく情報が漏れているのでは」と疑う人もいます。中には「なぜカウンセリングを勧められたのかわからない」という人もいます。後々トラブルに発展しないためにも，児童生徒や保護者に対して，担当の教職員が情報共有などに関する説明をどの程度まで行っているのか説明しておくとよいでしょう。

(6) 家庭との連携と守秘義務

スクールカウンセリングでは，児童生徒本人ではなく保護者からの相談依頼もあります。保護者が育児などに関する悩みを訴えてきた場合，まずはその苦労などを労うことが大切です。SCの立場から保護者の育児方法について否定し

たり，指導したりすることは避けるべきです。むしろ，家族の中にあるリソースを見出すことが重要です。

　チーム学校においては家族も地域の連携先のひとつと考えます。保護者から当該児童生徒についての情報提供の依頼があった場合，まずは本人にそのことを伝え，話し合うことが必要です。その際，本人には家庭でもサポートが得られる可能性があることを説明した上で，必要な内容を保護者に情報提供します。ただし，保護者にも児童生徒の秘密が守られることの重要性について理解を促します。この場合の保護者面接はコンサルテーションの意味合いが強く，保護者はコンサルティとなり，学校と連携・協働しつつ児童生徒の問題解決を図ります。

3　スクールカウンセラーとスクールソーシャルワーカー

　公認心理師資格が誕生してから，心理職にはより一層の多職種連携が求められるようになりました。教育機関において外部機関との多職種連携が必要な場合，福祉の専門スタッフであるスクールソーシャルワーカー（以下，SSW）がキーパーソンになります。SCとSSWは背景にある理論や支援方法などに関しては異なる点もありますが，学校内で求められる役割においては問題を抱える児童生徒やその保護者，教職員からの相談受付・助言という点では重なるところもあります。SSWに限らないことですが，他の専門スタッフと連携・協働していくためには，互いの専門性や価値観などを理解し，尊重することが重要です。まず，SCとSSWの専門性や役割の違いを理解するために，公立学校におけるSCとSSWの導入の背景や選考条件，職務内容などについて概観し，次にSCとSSWの連携・協働について紹介します。

（1）スクールカウンセラーとスクールソーシャルワーカー導入の背景と展開

　いじめの深刻化による自殺問題の発生や不登校児童生徒の増加などを受けて，「スクールカウンセラー活用調査研究委託事業」が1995年にはじまりました。当時は臨床心理士や臨床心理学を専門とする大学教員，精神科医師などが，SCとして各学校に派遣されました。2001年度からは国の補助事業として全国の中学校にSCを計画的に配置することを目標とし，その成果と課題などを調査研究

するための「スクールカウンセラー活用事業補助」が開始されました。その後，2016年の学校教育法施行規則の改正によって，SCの職務が法令で明記されるようになりました。

一方，SSWは，「チームとしての学校」時代に求められる他職種連携の必要な事例が増えた背景から，「スクールソーシャルワーカー活用事業」として2008年に配置されました。それ以前にも，様々な形で各都道府県や市町村などに配置されていました。

2013年に成立したいじめ防止対策推進法では，「学校は，当該学校におけるいじめの防止等に関する措置を実効的に行うため，当該学校の複数の教職員，心理，福祉等に関する専門的な知識を有する者その他の関係者により構成されるいじめの防止等の対策のための組織を置くものとする」と明記されています（第22条）。さらに2014年に成立した「子どもの貧困対策の推進に関する法律」（2019年一部改正）を受けて，文部科学省の重点施策のひとつとして「地域に開かれた子供の貧困対策のプラットフォームとしての学校指導・運営体制の構築」を挙げており，その中には教育現場においてSCやSSWが機能する体制づくりについて書かれています。

(2) スクールカウンセラー・スクールソーシャルワーカーの選考条件と役割の違い

SC・SSW共に公立学校で採用されるためには一定の選考条件が定められています。SCになるにはスクールカウンセラー等活用事業実施要領の中で，公認心理師をはじめ，臨床心理士や精神科医などの資格が求められています。

一方，SSWはスクールソーシャルワーカー活用事業実施要領において，「社会福祉士や精神保健福祉士等の福祉に関する専門的な資格を有する者から，実施主体が選考し，スクールソーシャルワーカーとして認めた者とする。ただし，地域や学校の実情に応じて，福祉や教育の分野において，専門的な知識・技術を有する者又は活動経験の実績等がある者であって，次の職務内容を適切に遂行できる者のうちから，実施主体が選考し，スクールソーシャルワーカーとして認めた者も可とする」とされています。その職務内容としては，

・問題を抱える児童生徒が置かれた環境への働きかけ

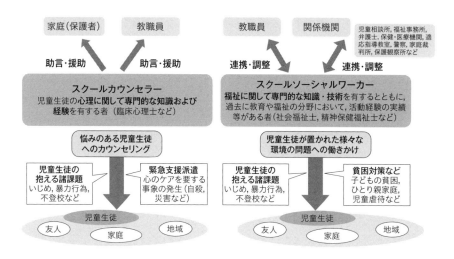

図 10-2　SC と SSW のそれぞれの役割について（内閣府, 2018）

- 関係機関などとのネットワークの構築，連携・調整
- 学校内におけるチーム体制の構築，支援
- 保護者，教職員等の支援・相談受付・情報提供
- 教職員等への研修活動

の 5 つが挙げられています。SC と SSW の役割の違いについては図 10-2 を参考にしてください。SC は児童生徒やその保護者などに対する心の問題に直接，助言・援助していくのに対して，SSW は児童生徒の周辺にある家庭や関係機関などの環境に対する働きかけが主な役割であることがわかると思います。

（3）スクールカウンセラーとスクールソーシャルワーカーの連携・協働

学校は児童生徒にとって家庭以外に多くの時間を過ごす場所です。そのため校内で勤務する SC は児童生徒の問題に関して，直接的かつ多面的に情報を収集することが可能です。情報を収集する際に有効なのが，生物 - 心理 - 社会モデルによる心理アセスメントです（本書序章の図 0-1 を参照）。このモデルは多職種との連携・協働を考えるときにも有効です。たとえば児童生徒の問題に対して，貧困や家族関係などの社会面の影響が想定される場合，SSW との連携・協

働を視野に入れていきます。連携・協働が必要となった際には，SSWが校長の
リーダーシップの下，関係機関とのネットワークづくりを図り，チーム学校の
体制を構築していきます。

①児童虐待に関するケースの場合

　児童相談所における児童虐待の対応件数は年々増加しています。学校内で児
童虐待の疑いが認められる場合，児童相談所や福祉事務所に通告するケースも
少なくありません。また，地域から児童相談所などに通告され，その後，学校
で対応するケースもあります。SCは児童虐待が疑われるケースに校内で気づい
た場合，すぐに管理職に報告する必要があります。通告後，保護者に監護させ
ることが不適当である，または保護者の養育について支援が必要な場合，当該
児童生徒は要保護児童等となります。

　虐待の未然防止や早期発見・早期対応のための地域のネットワーク組織とし
て，要保護児童対策地域協議会（以下，要対協）があります。ここでは要保護
児童等の適切な保護を図るために，関係機関の間で必要な情報共有や役割分担，
支援の方法などについて検討が行われます。学校関係者では管理職や生徒指導
担当職員，SSWなどが要対協の会議に参加します。要対協の構成員となった場
合，職務内容に関する守秘義務が課せられます。要保護児童等が在宅支援の場
合，SSWが他機関とのネットワークを構築しつつ，SCに対して校内における
虐待の未然防止や早期予防・早期対応のための連携・協働を求められることが
あります。

　学校は虐待を発見しやすい場所でもあります。未然防止や早期発見・早期対
応のためには児童虐待のリスク要因や被虐待児の心理症状などについて，SCは
ケース会議や校内研修などで教職員たちに理解を促す必要があります。リスク
要因には貧困や再婚家庭特有の環境，育児の悩み，地域からの孤立感などの家
庭に係る要因や，発達特性など，児童生徒の生まれつきの育てにくさに係る要
因などがあります。

　SC・SSWの連携・協働の例としては，保護者への支援ではSSWが貧困など
の社会的な要因に対して自立相談支援事業や就労準備支援事業などの就労支援
を活用しつつ，SCが地域からの孤立感や育児の悩みなどの心理的な要因に対し
てカウンセリングを行うといったケースが考えられます。

また，被虐待児の支援については心的外傷や愛着障害の知識が必須となります。いずれの問題においても，まずは校内や地域に，児童生徒にとって安全・安心な環境や信頼できるキーパーソンを見出すことが必要です。そのためにはSSWとの連携・協働は欠かせません。被虐待児への心理支援においては様々なアプローチがありますが，子どもは前の面接との連続性を維持することが困難なため，できる限り毎週行えるようにします。

②発達障害の疑いがある児童生徒のケースの場合

　発達障害者支援法では発達障害の早期発見の重要性が謳われています。児童生徒の中には一見すると困っていないように見えても，隠れた特性のため学業や学校生活などで苦戦していることも少なくありません。発達の遅れが顕著でない場合や保護者の障害受容が困難な場合などにおいて，未受診のまま学校生活を送っている児童生徒も存在します。大学生や社会人になってから問題が顕在化する人もいます。特に引きこもりに至るケースは少なくありません。

　校内における発達障害等がある児童生徒への支援のキーパーソンとして特別支援コーディネーターがいます。学校内で教育上特別な支援ニーズがある児童生徒の情報収集を日常的に行い，必要に応じてSCやSSWなどの専門スタッフとつなぐ役割を担ってくれます。発達障害がある児童生徒への校内における支援方針を決める上で，学校生活に参加できるよう社会的障壁の除去や将来の自立に向けた切れ目ない支援などの視点が重要です。

　SC・SSWの連携・協働の例としては，SSWが児童生徒の将来の自立などに向けた支援体制の構築に向けて，保護者への説明・同意のもと，医療機関をはじめ，発達障害者支援センターや障害児相談支援事業所などの福祉サービスと連絡・調整などを行いつつ，SCは教職員の発達特性の不理解やクラスメイトからのいじめなどによる自尊感情の低下や抑うつ感情などの二次障害の発生予防に対応します。

　ケース会議やコンサルテーションの場で，児童生徒の発達特性の理解や発達・知能検査の解釈，基本的な支援方法などについて聞かれることがあります。代表的な支援方法である，「TEACCHプログラム」「ソーシャルスキルトレーニング」「ペアレントトレーニング」などについては説明できるようになっておくとよいでしょう。

第11章 集団心理療法

　集団療法は，一般的には集団を対象とし，グループのメンバー間に生じる相互作用を利用し，メンバーの問題解決や症状改善を目指す心理療法を指します。グループは複数のメンバー（クライエント）とセラピストあるいはファシリテーター（促進者）で構成されます。集団心理療法や集団精神療法といわれる場合もあり，定義も集団で行う活動全般を指すものから，限定的な場合を指すものまで様々なものがあるというのが現状です。本章では，集団心理療法を広義の意味で捉え，その歴史を振り返りながら，医療，職域，福祉領域などで実施される代表的な集団心理療法を簡単にご紹介していきたいと思います。

1　病院や企業，福祉施設等でできる集団心理療法

（1）集団療法の歴史

　集団療法の始まりは，1905 年，ボストンの内科医プラット（Pratt, J. H.）の結核患者学級だといわれています。結核患者のメンバーが週に 1〜2 回，自身で記録した生活記録について話し合う場をもつという心理教育的なグループとして開始され，話し合いを重ねる中で仲間意識が生まれ，情緒的な相互作用が治療効果を高め，患者の孤立感やうつ状態の改善が見られたことが報告されました。1910 年にはモレノ（Moreno, J. L.）が集団療法を始め，その後，心理劇（サイコドラマ）を創始。1930 年代にはスラヴソン（Slavson, S. R.）が集団療法を始め，1942 年にモレノと共にアメリカ集団精神療法学会を創設しました。同時代にはレヴィン（Lewin, K.）がグループ・ダイナミクスに関する研究を行い，Tグループが誕生しています。第二次世界大戦を契機に集団療法はさらに発展し，1960 年代には，ロジャーズ（Rogers, C. R.）を中心に，エンカウン

ター・グループが誕生します。1980 年代以降は，アサーショントレーニング，ソーシャルスキルトレーニングなど，自己主張スキルや対人スキルを集団形式で訓練する集団療法や，リネハン（Linehan, M.）らの弁証法的行動療法，不安症やうつ病者を対象とした集団認知行動療法も発展していきました。

　日本では 1994 年以降，集団精神療法が診療報酬の対象となり，近年は症状の改善を目的とするもの，対人関係の課題を解決することを目的とするものなど，様々な目的・対象に応じた集団療法が実施されています。対象は統合失調症，うつ病，不安症，薬物やアルコール等の依存症，摂食障害，発達障害，がんや難病等の疾患など様々で，実施場所も医療機関だけでなく，福祉や矯正教育，家族会等と多岐にわたります。グループでの対話を通して「自分助け」の方法を探る「当事者研究」（熊谷, 2020）という日本独自のグループ実践も近年注目されるようになってきています。

（2）代表的な集団療法

　集団療法には多くの種類がありますが，本章では代表的なものとして，精神分析的集団精神療法，エンカウンター・グループ，心理劇（サイコドラマ），集団認知行動療法，ソーシャルスキルトレーニングをご紹介します。各技法によって，グループの実施方法やグループの目的，構成人数などが異なります。詳細な理論や実施方法については専門書や研修会などでのトレーニングを通して理解を深めていただきたいと思います。

①精神分析的集団精神療法

　精神分析的集団精神療法とは，精神分析的原理を集団療法に適用したものを指し，①心的決定論，②無意識過程，③力動的目標行動，④漸成的発達展開，⑤自我機能の 5 つの原理が精神分析的集団理論の基盤となります（小谷, 1999）。

　グループに参加するメンバーが自由連想的に思いついたことを話していく形式で進められ，「今，ここ」のグループ内で起きたことを無意識や転移，抵抗などの精神分析の概念から捉えていきます。セラピストは非指示性を基本とし，中立的な態度で関わり，メンバーの相互作用を促していきます。グループの構成（メンバーの人数やメンバーの同質性，異質性などのバランスなど）は目的に応じて異なります。

②エンカウンター・グループ

エンカウンター・グループ（encounter group）は「自分の潜在能力に気づき，他者との出会いを体験し，生きる実感を体得していくことを目的としたグループ」（日本集団精神療法学会, 2003, p. 140）です。ロジャーズが主催するセラピスト養成を目的としたグループを「エンカウンター・グループ」と名づけたことに始まります。ベーシック・エンカウンター・グループと呼ばれることもあります。グループの参加者は，互いに尊重し合い，自由で対等な関係で，あらかじめ話題は決めず，自由な話し合いを中心に「今，ここ」で感じた率直な気持ちを表現していきます。

グループは数人から10数人程度の参加者と，1〜2名のファシリテーター（促進者）と呼ばれるスタッフで構成されます。ファシリテーターは「個人的な表現・感情の探求，コミュニケーションを促進するために，自由な雰囲気をつくるように働きかける」（日本集団精神療法学会, 2003）役割となります。1回3時間程度の話し合いを1日2〜3回設け，数日間の合宿形式で行われることが一般的です。

③心理劇（サイコドラマ）

心理劇（psychodrama）は精神科医のモレノが提唱した即興劇を用いた集団療法です。決められた台本はなく，グループのメンバーが即興的・自発的に役割を演じていきます。役割を演じる中で日常では気づかなかった経験をすること，役割交換をすることで，自分でも気がつかなかった姿を発見し，他者への共感性，自分自身についての気づきを深めることを目的にしています。心理劇は監督，演者（主役，主役以外の役割），補助自我，観客，舞台の5つの要素から構成されます。グループは10〜15人程度のメンバーで構成され，1回のセッションは1〜3時間程度で行われます。セッションはウォーミングアップ（自己紹介や体操や簡単なゲームなどで身体を動かす）を行い，心身の緊張をほぐした後，主役を決め，ドラマ（即興劇を演じる），シェアリング（即興劇を振り返り，そこでの気づきを共有する）の順に進められます（増野, 1999）。

④集団認知行動療法

集団認知行動療法（Cognitive Behavior Group Therapy: CBGT）は「構造化

された枠組みをもち，集団の作用を活用しながら認知・行動に関する知識・方法を獲得することで，最終的に個人の抱えるさまざまな問題・課題の解決をめざす」（中島・奥村, 2011, p. 2）認知行動療法の理論・方法に基づく集団療法です。目的や対象疾患に応じて選択する技法は異なりますが，様々な認知的技法と行動的技法を含むパッケージ化された集団療法で，基本的には「心理教育」「認知的概念化」「認知・行動への介入」「再発予防」から構成されます（北川, 2020）。「心理教育」「認知再構成法（気分のモニタリング，思考記録表など）」「行動活性化」「問題解決技法」などを用い，場合によっては「リラクセーション」や「社会的スキル訓練」を含めて実施されることもあります（北川, 2020）。

　実施形態としては対象者を限定し，固定されたメンバーで行う形式（クローズドグループ），対象者を限定しない形式（オープングループ），対象者は限定するがメンバーの参加時期は比較的自由な形式（セミオープングループ）があります。2名のセラピスト（リーダー，コ・リーダー）と4〜8名のメンバーで構成され，週1回50〜120分の全8〜10回程度のセッションで進められることが多いようです。保健，福祉，司法，教育，矯正，産業・労働など多くの領域で実施されています。

⑤ソーシャルスキルトレーニング

　ソーシャルスキルトレーニング（Social Skills Training：以下，SST）は，1970年代にリバーマン（Liberman, R. P.）が考案した，生活技能を向上させることで困難さを解決しようとする技法です。欧米で開発されたSSTは，統合失調症など成人の精神疾患患者の精神科リハビリテーションの手法として進められてきました。現在は医療領域のみならず，対人コミュニケーションがうまくいかない人や，病気や障害のために専門家の援助が必要な人への介入技法として，多くの領域で，幼児から高齢者まで幅広い年代を対象とし，取り組まれています。

　ソーシャルスキル（social skills）の定義は様々ですが，「対人的な状況において自分の目的を達し，相手から期待した反応を得る能力」（前田, 1999）や「社会生活や対人関係を営んでいくために，必要とされる技能」（上野・岡田, 2006）と定義されています。またWHOはソーシャルスキルの具体例として，「意思決定，問題解決能力，創造力豊かな思考，クリティカルに考えていく力，効果的なコミュニケーション対人関係スキル（自己開示，質問する能力，聴くこと），

表 11-1　児童の集団 SST の実際の流れ（上野・岡田, 2006 をもとに一部改変）

1. 始まりの会（あいさつ，出席確認，近況報告など）
2. ウォーミングアップ（簡単に楽しめる短時間の活動）
3. ソーシャルスキル課題（テーマに沿った学ぶべき課題）
4. 運動遊びや集団遊び（グループで楽しく遊べる活動，スキルを実践できる活動）
5. 終わりの会（クールダウン，振り返り，あいさつ，宿題）

自己意識，共感性，情動への対処，ストレスへの対処」を挙げています。

　SST は，「教示」「モデリング」「リハーサル」「フィードバック」などの手法を組み合わせてプログラムを作成し実施することが基本となります。「教示」ではクライエントがとるべき適切な行動を具体的に伝えていきます。対象者に応じてイラストを利用するなど視覚的手がかりを用いて伝える工夫も重要です。「モデリング」では，支援者がターゲットとなる行動や適切なモデルの見本を見せて対象者に学んでもらいます。また不適切な態度を見せ，何が問題となるかを話し合い，理解を深める機会を設けることもあります。「リハーサル」では，ロールプレイングなどでこれまでに学んだスキルを実際に練習していきます。「フィードバック」では，対象者の行動を振り返り，周囲が本人の適応的な行動を褒めて，適宜修正していきます。低年齢や発達障害の子どもを対象とする場合は，その場で即時に行動を褒める（即時フィードバック），ご褒美シールなどを利用するトークンエコノミー法を用いる場合もあります。行動の修正が必要な際には，禁止や否定的な言葉かけは避け，肯定的かつ具体的にフィードバックをすることが重要です。

　集団 SST では，目的や対象者の特性に応じたプログラム内容を検討していきます。上野・岡田（2006）は，児童を対象とした集団 SST の基本的な流れを表 11-1 のようにまとめています。

　集団 SST を実施する際，セラピストは参加者を個別に見立てることに加えて，グループ全体の見立て（集団力動の見立て）を随時行っていきます。セラピスト自身がグループの動きに合わせて柔軟に対応していくことや，参加者の言動について焦点を当て深めていくタイミングを図ること，グループの力を活かしつつ個人・グループが共に成長できる体験を積めるようにマネジメントしていく力も求められます。

2　集団心理療法における集団力動と気をつけるべき点

（1）個人力動と集団力動

　集団心理療法においては，「①全体としての集団（group-as-a-whole），②集団成員間の相互作用（inter-relationship of group members），③個々のメンバーの心的力動（intra-psychic dynamics of each member）」の 3 つの側面に注目する必要があります（吉松，1999）。集団心理療法においては，「集団を構成している個人の力動が集団力動を動かし，その集団力動が個人力動に作用し，個人プロセスと集団プロセスが相互に作用しながら集団が展開」（山根，2018）していきます。そして，集団内の個人（参加者）の間には「支援，指導，協力，共同，協調，模倣，依存，従属，拒絶，無視，反抗，攻撃，競争」など様々な力動が生まれます（山根，2018）。参加者個人の中で起こる動き（個人力動）と集団と個人の相互作用により引き起こされる集団の動き（集団力動）に注目し（集団外の個人や他の集団との相互作用にも注意），複数の視点から集団と個人の動きを感じ取り，集団を効果的に利用していくことが求められます。

　集団が参加者にポジティブに作用する場合もあれば，ネガティブに作用する場合もあることも知っておく必要があります。山根（2018）は，集団のポジティブな作用を，（a）個人をサポートする（自己確認の機会を与える，自己尊重感を高める），（b）所属欲求を充足する（不安，緊張，ストレスをやわらげ，集団の安心・安全を再保証する），としておりネガティブな作用を（c）斉一性や同調性の圧力が働く（個人の主体性，独自性を損なう，自己喪失不安を引き起こす），（d）退行，行動化を促進する，としています。

①集団心理療法におけるセラピストの役割と効果的な治療要因

　アメリカ集団精神療法学会（American Group Psychotherapy Association: AGPA）の集団精神療法実践ガイドライン（American Group Psychotherapy Association, 2008／日本集団精神療法学会監訳，2014）では，グループを運営するセラピストの基本的な役割として，運営機能（executive function），思いやり（caring），情動的刺激（emotional simulation），意味帰属（meaning attribution）が定義されています（表 11-2）。

表 11-2 セラピストの役割の定義（American Group Psychotherapy Association, 2008／日本集団精神療法学会監訳, 2014, pp. 84–87 をもとに作成）

運営機能（executive function）
ルールや制限を設け，時間を管理し，グループが何らかの逸脱をしたときに調整をすること，バウンダリーの管理
思いやり（caring）
メンバーの幸福感や，メンバーが受けている治療の効果に関心を持つこと
情動的刺激（emotional simulation）
感情，価値，個人の態度の表現を発掘し，促進しようと試みること
意味帰属（meaning attribution）
集団治療の認知的側面で，メンバー自身が人生上の事柄を変えるために何をするかだけでなく，自分自身，お互いのメンバー，グループの外側の人を理解する能力を発展させること

　集団心理療法においては，セラピストがこれらの役割を担いながら，集団内にどのような集団力動が起きているのかを分析し，メンバーの相互作用を促進していくことが求められます。

　次に，集団心理療法において効果的とされる治療要因については，ヤーロム（Yalom, I. D.）が提唱したものが広く知られています（表 11-3）。これらの治療要因の中でも「凝集性」は，効果的な治療的因子であり，他の治療的因子を促進するものとして特に重要視されています。集団心理療法に参加するクライエントには，過去に集団や人間関係の中でつまずきや傷つき体験をした人，社会生活の中に生きづらさを感じている人も少なくありません。そのため，特にグループの初期段階では参加者は集団に対する不安や緊張を抱えています。セラピストにはグループの「凝集性」を高め，様々な背景を持った参加者が安心・信頼して参加できるようグループを運営していくことが求められます（表 11-3）。

②グループの発達段階

　グループの発達段階については様々な用語やモデルが報告されていますが，ここでは AGPA の集団精神療法実践ガイドライン（American Group Psychotherapy Association, 2008／日本集団精神療法学会監訳, 2014）が示す，5段階モデルを紹介します。この5段階モデルではグループの発達段階として「形成期／前親和期」「動乱期／権力・統制期」「活動期／親和期」「遂行期／分化

表 11-3 集団心理療法の治療要因（American Group Psychotherapy Association, 2008／日本集団精神療法学会監訳, 2014, p. 37 をもとに作成）

治療要因	定義
普遍性	他のメンバーも自分と同様の感情，考え，問題を持っていると認識すること
愛他主義	他のメンバーを援助することを通じて自己概念を高めること
希望をもたらすこと	他のメンバーの成功によって，自身の改善を楽観視できると認識すること
情報の伝達	セラピストやメンバーによって提供される教示や助言
原家族経験のやり直し	危機的な家族力動を，グループメンバーとの間で再体験して修正すること
ソーシャルスキルの発達	グループが，適応的で効果的なコミュニケーションを育む環境をメンバーに提供すること
模倣行動	他のメンバーの自己探求，ワーキングスルー，人格成長を観察することを通して，自身の知識や技能を伸ばすこと
凝集性	信頼感，所属感，一体感を体験すること
実存的要因	人生上の決断に対する責任を受け入れること
カタルシス	現在，過去の経験についての強い感情を解放すること
対人学習 - インプット	他のメンバーからのフィードバックを通して，自分の対人的インパクトに関する個人的な洞察を得ること
対人学習 - アウトプット	自分たちがより適応的な方法でやりとりできるような環境を，メンバー自身でつくり出すこと
自己理解	自分の行動や情動的反応の奥にある心理的動機についての洞察を得ること

期」「別離期／分離期」が提唱されています。

「形成期／前親和期」は「依存性と包摂の問題を扱う段階」です。集団の参加者は近しい関わり合いに対して接近 - 回避的行動をとる特徴があります。参加者がグループについての不安を示すことや，リーダーへの依存性が高いという特徴もあります。この時期のグループリーダーとなるセラピストの態度としては，グループの目的，活動や参加者の役割について参加者に教育を行いながら，信頼感をもたらし，参加者間の共通点を見出すことが求められます。

「動乱期／権力・統制期」は「権力と地位の問題およびそれに関連した衝突の解決に関わる段階」です。参加者が情動的に関わり始める時期でもあり，グループの安全感が要求される時期でもあります。参加者の中で上下関係やサブグループができること，参加者が衝突や否定的な感情，敵意感情を表現することがよく見られます。セラピストの態度としては，安全かつ成功裡にこの段階を乗り越えて参加者間によい作業同盟が形成されるよう，グループの目的と参加者の

共通目標が再確認できるように動き，グループの凝集性を高め，対人学習を促すことが求められます。グループの目的と一致しない行動は，個人に特定の役割のレッテルを貼ることや，サブグループを固定視することを避けるよう留意し，必要であれば直面化していきます。

「活動期／親和期」は「信頼感が確立され機能的グループ構造（規範）が成立した段階」です。前段階の衝突をうまく乗り越えられた場合，参加者間の信頼感や関与，協力への動機づけが高まります。リーダーシップ機能が参加者間に分散し，参加者間のより自由なコミュニケーションとフィードバックが生まれ，凝集性と開放性がより高まるという特徴があります。セラピストの態度としては，介入と支持，直面下のバランスを維持しながら，フィードバックや問題解決の作業を促すことが求められます。

「遂行期／分化期」は「成熟し生産的なグループ過程と個人的差異の表現に特徴づけられる段階」です。参加者にとって，グループが「相互援助のための創造的システム」として機能している一方で，グループの強さと限界がより明確になる特徴があります。セラピストの態度としては，参加者の個性の違いを認め，参加者間の共感を促進すること，グループレベルの問題と参加者レベルの問題の両方に焦点を当てる介入をすることが求められます。

「別離期／分離期」は「分離の問題，グループ経験の振り返り，グループを終えることへの準備を行う段階」です。グループの終結期であり，グループの終わりが見えることで，悲しみや不安，怒り，感謝といった感情を参加者が経験し，生産的な作業と防衛的な反応が交互に起こる特徴があります。セラピストの態度としては，参加者の感情表現を助け，グループの経過を体系的に振り返り評価すること，グループ終了後の計画を立てることを促しながら，終結に向けた別れの作業に関与するよう促していくことが求められます。終結が適切に行われない場合，参加者が治療で得たものが失われてしまう可能性もあるため，終結に向けた作業は，極めて重要となります。

（2）集団心理療法において気をつけるべき点

これまで紹介したように，集団心理療法には，参加者の行動や心理的課題の改善，心理的成長を促進することなど，治療を目的としたもの，同じ経験や症状を持つ他者との語り合いや情報交換をすることを目的としたもの，課題解決

を目的とはせず，当事者自身が課題への対処法を見つけることを目的としたものなど，多様な目的とアプローチがあります。技法とその理論，実践方法についてはガイドラインや専門書も多く，各種学会などが主催する研修会も開かれています。知識学習と組み合わせて実際のグループの体験に繰り返し参加し，実践に必要なトレーニングを積み重ね理解を深めるとともに，スーパービジョンを受けながらセラピストとしてのスキルを磨いていくことが大切です。最後に，集団心理療法を行う際にセラピストが気をつけるべき点をいくつかご紹介します。

①セラピスト自身がグループ体験をする

　集団心理療法ではセラピストのありようや力量が集団に大きな影響を与えます。集団心理療法を行う前に，まずはセラピスト自身がグループを体験し，自分の対人特性やコミュニケーションパターンを知り，集団プロセスを理解することが必要です（山根，2018）。グループ体験では，参加者，メインセラピスト（技法によって，ファシリテーターやコンダクター，ディレクターなど呼称や役割に違いがあります），サブセラピストなど，それぞれの立場を体験するとよいでしょう。その中で，それぞれの体験で個人内に生じた感情や考え方の違いに気づき，同じ場を共有した他のメンバーの意見から新たな視点を獲得することは集団力動や集団プロセスを理解する上でも大変重要です。グループの中では様々なことが起こります。その出来事にセラピスト自身が揺れ動かされることもあるでしょう。しかし，その場で引き起こる集団力動に揺り動かされすぎず，柔軟に対応できる力を身につけることがセラピストには求められます。グループ体験を繰り返す中で，グループで展開されるその場の動きや個人内に起こる動きを読み取る技術，その動きを利用して臨機応変に対応できる技術を磨いていくことが求められるでしょう。

②グループの設定

　グループを始める前に，どのような目的で，どのような技法を用いてグループを進めていくのかを決めていきます。その目的や技法に応じて参加者，参加人数（グループサイズ）を設定していきます。

　グループを開始する前の手続きとして，参加者へグループの構造・枠組みを

明確に示す必要があります。具体的には，グループを実施する場所，時間，曜日，定めがある場合はグループの実施期間，グループの人数，禁止事項や欠席・遅刻時の対応，グループをやめる際の手続き，料金の支払い方法などの事項です。これらを書面にし，十分な説明を行い，参加者からインフォームドコンセントを得る必要があります。また，グループの目的に応じて，メンバーの類似性や異質性についても検討し，参加者を決定していきます。

③グループの運営

　実際にグループを開始してからは，グループ設定時に取り決めた，グループの構造や枠組みが維持されているかを確認し，特に「セッションは時間内に終わる」ということを意識すること，個人的な話が出てもそれを「今，ここ」で起こっているグループの体験として扱うことにも留意するようにします。先に述べたように，集団の動きや効果はセラピストの力量によるところも大きいといわれています。メインセラピストにはグループ内で起こることに責任を持って対応し，運営していくことが求められます。セラピストはグループの発達段階に応じた集団内の場の動きを読み取り，見立てながら，参加者が主体的に参加できるようにファシリテートしていきます。

④振り返り（レビュー）

　グループを開始した際は，毎回のセッションを動画などで記録に残し，セッション後，参加したスタッフ同士で振り返り（レビュー）を行います。すべてのセッションがうまくいくとは限りません。実際にグループを進めていくと，セラピスト自身が「グループがうまく機能していないのでは」と違和感を覚えることや，グループの参加者が途中でドロップアウトしてしまう経験をすることもあるかもしれません。グループ内で起こった相互のやりとりを分析し，違和感がどこから生じているのかを振り返り，次のセッションに活かしていくことが重要となります。セラピスト自身の集団に臨む態度や参加者への関わり方のパターンが，時に集団力動に良くも悪くも影響を与えている場合もあります。セラピストはグループ体験の場を積み重ねる中で，適宜その場で自分の介入を修正する柔軟な姿勢を身につけていくことも求められます。セッションがセラピスト視点に偏りすぎた展開になっていないか，「誰のために，何を目的とした」

グループであるかを見失っていないか，参加者が安心・安全に信頼感を持てる
グループかを毎回確認し，セッションを始める，初心を忘れないという心がけ
が大切です。

第12章　治療構造の再考

　カウンセリングは，クライエントにとって「話したいことを自由に話せる場」
ですが，場所も時間も制限なく話せることが必ずしもいいとは限りません。カ
ウンセリングに限らず，「自由すぎること」がかえって自由を奪ってしまうこと
があります。際限のない自由のもとでは，すべてを自分自身で決めなくてはい
けません。たとえば，旅行ひとつとってみても，ある人にとっては完全に自由
な旅行は魅力的ですが，旅行をしたことのない人にとっては，いったいどのよ
うな旅行計画を立てることが最善なのか見当もつかないかもしれません。そこ
に選択肢が与えられることで，「選択する自由」が与えられ，完全な自由よりも
快適に旅行計画を立て，旅行をすることができることにつながる可能性があり
ます。

　カウンセリングにおいては，時間や場所，料金についての基準がない状態で
は，それらのアレンジすらクライエントの負担になってしまったり，クライエ
ントの回復を妨げてしまうことが往々にしてあります。そこで，治療構造はそ
の枠組みをあらかじめ決めておくことによって，セラピストやクライエントが
そのようなあいまいさ，選択の困難さから逃れ，結果的に守られることにつな
がると考えられています。

1　治療構造の意味と考え方

（1）治療構造とは何か

　治療構造とは，小此木啓吾（小此木，1960）がエクスタイン（Ekstein, 1952）
に影響を受けて書いた論考によると（元永，2008），いわゆるカウンセリングを
行う上での決め事，ルールとして治療関係を成立させるための構造のことをい

います。カウンセリングという営みを行う際，その決め事・ルールが何もないのではセラピスト側もクライエント側も不安定な状況に陥りかねません。そこで，双方を守るために必要とされているのが最低限のルールとしての治療構造です。治療構造には，大きく分けて内面的構造（内面的枠組み）と外面的構造（外面的枠組み）の2種類があるとされています。

①内面的構造

内面的構造は，治療契約や治療同盟，秘密保持義務（守秘義務）のことを指します。

治療契約とは，カウンセリングを行う上でセラピストとクライエントとの間で行われる契約のことを呼びます。欧米から輸入された考え方であることからわかるように，カウンセリングとは契約のひとつであり，セラピストは何の要件も（ルールも）ない中でクライエントの話を傾聴し，カウンセリングを進めていくのではなく，あくまで治療契約という名の「契約」に基づいたものであるとされます。治療契約がない場合，クライエントが期待していることと実際のカウンセリングとの乖離は，クライエントを落胆させることにつながる可能性があり，またセラピストとしては無理をしてクライエントの期待希望に合わせることで疲弊してしまう危険性があります。あらかじめセラピスト‐クライエント間で合意を得ておくことで，セラピストもクライエントも無用な争い・不安・落胆などから守られることとなります。このあたりは外面的構造にも関わってきます。

このように，治療契約と呼ばれる契約関係としてカウンセリングを考えることで，セラピスト‐クライエント間の関係性をコンテインし（包含し），守ることにつながります。

治療契約の中では，カウンセリングの進め方やルールなどを決めますが，治療同盟という言葉も同じく使われます。治療同盟とは，同じ治療目標に向かって，セラピストとクライエントとが同盟を結ぶという意味合いです。この治療契約と呼ばれる契約のもとで同盟を結ぶことで，セラピストとクライエントは協働して目標へと向かっていくことができると考えられます。

次に，秘密保持義務（守秘義務）についてです。秘密保持義務とは，カウンセリングの中でクライエントによって話された内容（秘密）については，カウ

ンセリング外では話さない（カウンセリング内に保持する）という義務をセラピストが負うということを示しています。カウンセリングは，セラピストとクライエントの二者関係において（家族関係など三者以上の関係になることもありますが），セラピストがクライエントの話したことについて秘密を守る（守秘する）という前提のもと成り立っています。クライエントは，ほかでは話しにくいことをカウンセリングの中で話すことも多く，「秘密が外に漏れないから話すことができる」ということから，セラピストは秘密を外に漏らさないという約束を治療契約の中で行います。当然，内容によっては「セラピストから家族に伝えてほしい（伝えてもいい）」という場合もありますが，このようにクライエントの許可なしには秘密を外に漏らさないことを秘密保持義務，あるいは守秘義務と呼んでいます。

　ただし，秘密保持義務には例外もあります。自傷他害の危険性，虐待やいじめ，DV（家庭内暴力），自殺企図，法的な逸脱行為，法に従って証言の義務が課せられる場合がそれにあたります。秘密保持義務はクライエントのことを守るために課せられる義務ですが，秘密保持することによって，つまりクライエントの話す内容をそのままセラピストの中で抱え込むことによって，逆にクライエントの不利益につながってしまう場合（自傷や自殺も含む），またクライエント以外の人の健康が害されたり，ケガを負ったり，死んでしまったりすることは，もともとの秘密保持義務の目的から逸脱してしまいます。また，虐待（児童虐待，高齢者虐待，障害者虐待）については，虐待の恐れがある時点で通告しなければいけないという通告義務が，セラピスト・クライエントを含む全国民に課せられており，この通告義務は傷害や生命に関わることであるため，秘密保持義務よりも優先されます。

　集団守秘義務とは，スクールカウンセリングなどで用いられる用語で，秘密保持義務（守秘義務）をセラピスト（カウンセラー）が一人で守って秘密を抱えるのではなく，集団（学校での場合はチーム学校）で秘密を守ることをいいます。

　たとえば，スクールカウンセラーは非常勤が多いため，週1回以下の頻度でしか学校にいない場合が多いでしょう。重大な情報をそのような在校時間の短いスクールカウンセラーのみが持つことはリスクとなりえます。重要な事柄については，秘密を抱え込まず，養護教諭や他の関係する教職員と必要に応じて

共有するという考え方です。

　とはいえ，「誰にも言わない」と秘密を守ると言いながら，養護教諭など他の教職員に話していては，秘密を守っているとはいえません。児童生徒からすれば，「嘘を吐かれた」と思うのは当然でしょう。このような事態を防ぐため，スクールカウンセラーは「秘密を共有する範囲（誰に話して誰に話さないか）」や「どこまで詳細に他の教職員に伝えるか」を常に考える必要があります。どうしても他者に話さなければならない場合，事前に「このことは秘密としておくことはできない」と児童生徒になるべく早く伝えたり，共有する範囲は最小限にとどめておく配慮をし，児童生徒の気持ちを尊重して，最善の選択ができるように気をつけなければなりません。

　以上のように，カウンセリングにおいて秘密保持義務が守られる必要はありますが，時と場合によってはクライエントを守るために，秘密保持義務よりも通告義務が優先されることもあるため，あらかじめ治療契約においてそのことを定め，初回カウンセリング時にクライエントに承諾を得ておくことが重要といえるでしょう。

②外面的構造

　外面的構造は，カウンセリングの料金や時間，場所，あるいは実施頻度などのことを指します。内面的構造のところにあるように，カウンセリングを始める際にあらかじめ治療契約と呼ばれる契約（同意書をとるなど）を行っておくことは欠かせません。当然ながら，緊急支援状況においてはそのような同意書の準備をしておくことは困難だったり，スクールカウンセリングの中であまり仰々しく同意書の説明をすることは現実的ではありませんが，まずは基本として「治療契約」という概念に則って（同意書という書面が難しくても），クライエントから同意を得ておくことが重要です。

　その治療契約の中で具体的に取り決められるものの中に，「料金」「時間」「場所」「実施頻度」などがあります。

カウンセリング料金について

　カウンセリング料金については，行政で行われているもの，スクールカウンセリングなど無料で実施されるものもあれば，EAP（従業員支援プログラム）や保険診療（2023 年 2 月現在でも小児特定疾患カウンセリングについては，公

認心理師でも診療報酬が設定されています）といった，本人が部分的に負担しなくていいものもあります。そして，私設相談（開業）領域におけるカウンセリングのように，原則自費で全額負担の場合もあります。ここでは一例として，一対一のカウンセリング関係において，カウンセリング料金をご本人が全額負担する形を想像してみましょう。

　　Aカウンセリングオフィスでは，料金を1回あたり1万円／50分と定めています。ある日，セラピストはカウンセリングを行う際に料金を受け取ろうとしましたが，クライエントの財布に8,000円しかなく，2,000円足りないことがわかりました。セラピストは，「では，今回は8,000円でいいですよ。次回から1万円をお持ちくださいね」と2,000円引きをして，その日のカウンセリングは終わりました。このようなことが何度かあり，クライエントは定められた料金を持ってこず，セラピストはそれを許容するということを繰り返しているうちに，セラピストは「なんでこちらは真面目にカウンセリングをしているのに，クライエントは決められた額を持ってこないのか」というネガティブな気持ちを強めていきました。ある日，セラピストは，クライエントに対してルール通りに支払ってもらえないか尋ねました。すると，クライエントは「あぁ，私のことをもうどうでもいいと思ってるのですね」と言い，カウンセリングは中断となりました。

　この場合，セラピストにとっては「当初定めていた料金がいただけない」や「クライエントに対するネガティブな感情を抱いてしまう」「カウンセリング関係が継続しない」ということになってしまい，またクライエントにとっては「セラピストに嫌われた」「カウンセリング関係を継続できなかった」ということになり，いずれにとってもよくない結果になってしまいました。
　以上のように，カウンセリング関係において「料金を決める」ということは，セラピスト‐クライエント関係を守ることにつながっていることがわかります。

カウンセリングの時間について

　カウンセリング料金と同じく，時間は治療構造において非常に重要と考えられます。カウンセリングの時間は，1回あたり45分や50分，60分といった1時間程度で設定されることが多いのではないでしょうか。このカウンセリングを行う時間が短すぎると，1回のカウンセリングが不完全燃焼の状態で終わり

やすくなってしまいますし，逆にカウンセリング時間が長くても，カウンセリングに来るたびに長すぎて疲れてしまうということが起きてしまいます。たとえば，デートや旅行などを想像するといいかもしれません。デートや旅行自体は楽しいものであっても，その時間が長すぎると疲れてしまい，せっかくの時間も台なしになってしまうことがあります。筆者はトラウマケアを行ったり，家族などの複数人面接を行うことが少なくありませんので，逆に小一時間ではもの足りず，安全に落ち着いて行うために90分という枠組みで行うことがありますが，一対一のカウンセリングで90分あると少々長く感じるように思えます。このあたりの時間感覚は人それぞれであったり，そのときの話題次第ですが，1回のカウンセリングの時間が1時間程度というのは妥当だと筆者も個人的に思っています。

では，その時間を守ること，あるいはそこから逸脱することについてはいかがでしょうか？　カウンセリング料金と同様，最初に定められた時間を毎回あまりに逸脱してしまうと，セラピストが本来の定められた時間に戻そうとする際，クライエントにとって「前までは長時間話を聞いてくれたのに，短くされるということは嫌われたのではないか」と考えるきっかけになってしまったり，枠組みがない（構造が緩やかである）ことによって，クライエントが自らの感情や行動を制御することを難しくしてしまう可能性があります。

以上のように，「カウンセリングの時間は1時間程度」というような枠組み（構造）の中に身を置くことによって，「基準」をつくることができ，そこから現在行っているカウンセリングが，それを逸脱する方向に動きやすいのかどうかについてもアセスメントすることができるのです。

カウンセリングを行う場所について

カウンセリングは先述のように秘密が保持される中で行われる営みです。そのため，場所はその秘密がセラピストとクライエント（あるいはそこに参加する配偶者など他の参加者）の間で共有されても，他に漏れることのないように，音声について配慮される必要があります。もちろん，誰がどこで相談をしているかということもデリケートな情報ですので，必要に応じてカーテンや衝立などで，窓の外から見られないようにすることも大切です。

また，カウンセリングを行う場所がある程度一定していることも大切です。カウンセリングの場所や雰囲気がコロコロ変わってしまうことは，クライエント

に不要な不安を与えてしまいかねません。いつもの見慣れた場所ということが安定した治療関係をつくる構造として重要なことがわかるでしょう。部屋はできるだけシンプルなほうがいいのではないか，と筆者は考えています。

　たとえば，香水やアロマの匂いで特徴づけられている部屋は，ある人にとっては「リラックスできる素敵な部屋」ですが，またある人にとっては「匂いがキツくて居づらい部屋」かもしれません。

　また，ホテルでカウンセリングを行うセラピストもいるようですが，ホテルという空間は，襲われるのではないかというような不安を惹起したり，不審に思われたりする可能性があるため，お勧めできません。

カウンセリングの実施頻度について

　カウンセリングの頻度については，その学派や領域，状況などによって変わりますが，一般的には週1回程度や2週間に1回程度が推奨されるのではないでしょうか。精神分析は，週4回以上の頻度で行われるものでした。しかし精神分析的心理療法では週1回とされています。精神分析や精神分析的心理療法以外でも，週1回程度が多いかと思われますが，週1回でも料金によっては，あるいはカウンセリング枠の限界から，2週間に1回や3週間に1回などになることもあるでしょう。次回のカウンセリングまでにあまり長い期間が開いてしまうと，前回のカウンセリングでの話題を思い出すことが難しくなることもあるかもしれません。定期的に症状や問題とされていること，生活習慣や人間関係などをチェックするためにも，カウンセリングとカウンセリングの間の期間は長すぎないほうがいいと考えられます。

　カウンセリングの頻度については「どれくらいが最適か」ということを決めづらいところがありますが，上記にあるような物理的・金銭的制約やカウンセリングの目的から，自ずと決まってくるのではないでしょうか。

カウンセリングに伴うその他（例：アウトリーチ，オンラインカウンセリングの有無など）

　カウンセリングをはじめとする心理支援では，伝統的な一対一の密室におけるものから，時代や状況によって様々なバリエーションが出てきました。たとえば，セラピストがカウンセリングルームでクライエントを待つ形だけでなく，セラピストが自らクライエントのもとに赴く「アウトリーチ（訪問支援）」という形も珍しいことではありません。また，コロナ禍で急激に利用されるように

なったのは「(オンライン会議システムを用いた) オンラインカウンセリング」
です。

アウトリーチやオンラインの場合, セラピストの側で場所を調整することが
難しかったり, 治療構造ということを考える上で難しい部分は増えたとも考え
られます。たとえば, アウトリーチ先が必ずしも秘密が守られる部屋とは限り
ませんし, またオンラインカウンセリングでも, クライエントがインターネッ
トにつなぐ場所が, 必ずしも安全で安心できる場とは限りません（クライエン
トとしてはあまり気にしていなくても, その環境が悪影響を与えたり, 騒音に
よって聞き取りにくかったり, Wi-Fiの関係で音声や映像がとぎれとぎれにな
るなど様々な可能性があります）。

このような難しさはあったとしても, 伝統的な治療構造の形式にそぐわない
からといってすぐ諦めてしまうのではなく, 先述したような治療構造で守って
いることについて, セラピスト自らが考え, セラピスト - クライエントの双方
が安全で安心できる環境の中でカウンセリング（あるいはその他の心理支援）
を行えるよう工夫することが求められます。

(2) 治療構造が守っているもの

ここまで, 治療構造として「内的構造」（治療契約, 秘密保持義務など）や
「外的構造」（料金, 時間, 場所, 頻度など）について触れてきました。このよ
うな治療構造のほか, たとえば箱庭療法では, 箱庭の外枠そのものが治療的枠
組みとして作用していると考えられます。外枠があることによって, 箱庭の中
に自分の心を自由に表現できると考えられているのです。また, 中井久夫によ
る風景構成法においても, 風景を描く前に画用紙の周辺に枠線を引く「枠付法」
という方法がとられています。これも同じく枠線を引いて, その中に（心の）
風景を描くことで, 枠の中で守られた状態で自由に表現することを助けます。

(3) 治療構造は本当に必要か？

日常（社会生活）と非日常（カウンセリング）の2つに分けて考えた場合, カ
ウンセリングは非日常であること（非日常性）が重要であるともいわれます。
オープンダイアローグの7原則の1つ目では,「すぐに対応すること」という
ものがありました（第1章2節）が, これは, ここで述べる治療構造の考え方

と矛盾するのでしょうか。

フィンランドで行われているオープンダイアローグでは，90分程度の対話を行った後は，翌日やそのまた翌日など非常に近い日時で，繰り返し対話を重ねていきます（もちろんクライエント・患者が嫌がる場合や不要となった場合には行いません）。危機的状況においては毎日のように行われます。

また先述のように，精神分析は週4回以上行われるものであり，それを実際に継続して行うことの難しさから，週1回で行われる精神分析的心理療法が生まれました。週4回以上や週1回という頻度が正しいわけでも，50分や1時間といった時間の長さが絶対的なわけでもありません。

フロイト（Freud, 1913）が，チェスのルールのようなものとしてセラピーについて述べたように（元永, 2003），セラピーにもルールがあることによって，セラピー内で生じる物事を相対的に見ることができるようになります。ルールとして構造化する（枠組みをつくる）ことによって見えてくるものがあるのです。

ただ，それが絶対的なものではありません。フィンランドのケロプダス病院のように，いつでも相談に乗れる（対話ができる）構造がつくれるのであれば，それに越したことはありません。「1週間に1回，1時間のセラピーとして，我慢してもらうこと」が治療的なわけではありません。危機的状況においては，「早くなんとかしてほしい」「とりあえず話を聞いてほしい」と思うことは自然なことです。それに対して「早くなんとかできる」「話をいつでも聞ける」体制があるならば，クライエントが安心しやすいことは想像にかたくありません。とはいえ，その構造を責任もってつくれるくらいに体制（場所，時間，人材，それらを確実にするためのお金）を確保することは容易ではありません。「いつでも何度でも相談を受けられる」と謳っているにもかかわらず，途中でその約束を違えてしまうと信頼は失われてしまいます。そのような意味では，治療構造はセラピスト側が確保できる責任の範囲と考えることもできます。

クライエントに感情や行動のコントロールをすることの難しさがある場合は，特に治療構造がセラピストやクライエントを守る役割をしてくれます。たとえば，トラウマケアや，弁証法的行動療法のような感情制御困難（DSM-5での境界性パーソナリティ障害）の場合が例として挙げられるでしょう。

2 治療構造が明確でない場合の留意点

治療構造とは単に「ルールをつくって守らせる」ということを指しているわけではありません。あくまで治療促進的に働くことを期待して，限られたリソース，定められた環境の中での治療構造を設定することになります。

スクールカウンセラーによるスクールカウンセリング，外部に出かけていく形（アウトリーチ），被災地支援などの緊急支援などを筆頭に，典型的な治療構造を構築しづらい場合があります。

スクールカウンセリング，オンラインカウンセリング，アウトリーチ，緊急支援などそれぞれの文脈の中で考えるべきことはありますが，ここでは「治療構造が明確でない場合」と括った場合に，どういった点に気をつけねばならないかについて論考を述べたいと思います。

たとえば，治療構造に関わるリスクとしては以下のようなことが考えられます。

- クライエントの逸脱*した行動（いわゆる行動化）による治療関係の悪化
- クライエントの逸脱した行動によるクライエントの症状の悪化
- クライエントの逸脱した行動によるクライエントのコントロールスキル獲得困難
- 構造（ルール）がないか，あいまいなことによるセラピスト・クライエント双方の不安などの惹起
- 構造（ルール）がないか，あいまいなことによるアセスメントのしづらさ
- 構造（ルール）がないか，あいまいなことによる理解の齟齬やそれによる訴訟リスク

上の3つに関しては，「クライエントの逸脱した行動」となっていますが，セラピスト側の逸脱であっても，「クライエント側の逸脱」として捉えられてしまう危険を内包しています。

---

* そもそも構造がなければ，どこから逸脱かということは述べられませんが，この「構造がない」ということが引き起こしうる最悪の状態を，事前に予測して回避する確率を上げておくことが専門家として大切です。

治療構造を明確にできないような現場や状況において心理支援をする場合，ここに挙げたようなことを防ぐためには，どんなことができるでしょうか。

　まず，心理支援においては，安全で安心できる環境や関係性を整えることが優先です。物理的に安全であることはもちろん（被災地でケガを防ぐなど），心理的にも安全で安心できる状態であることが同時に重要です（秘密を話したら，怒られる・殴られるなどがない環境，自分の話が第三者に漏れてしまう可能性がないこと，自分の思いがセラピストその他によって否定されて傷つかないこと，話しているときに誰かに聞かれることがないことなど）。

　治療構造が明確にできない場所では，プライベートな情報を長時間にわたって聞くことや，知能検査や投影法の性格検査，トラウマセラピーなどトラウマに意図的に触れること，侵襲的なことは避けましょう。また，セラピストとクライエント（あるいはその関係者）との関係性がつくれなかったり，悪化したりしないように，また訴訟リスクを高めないように，一対一のカウンセリングではなく，セラピストチームで動くなど，クライエントの秘密を一人で抱え込まないことが懸命かもしれません。

第13章　組織・集団の運営とマネジメントの支援

公認心理師が働く領域として，主要5領域（保健医療，教育，福祉，産業・労働，司法・犯罪）や私設相談（開業）領域が挙げられますが，組織の中で心理支援を行っていく上では，マネジメント（管理）・コーディネーション（調整）に直接的，あるいは間接的に関わることは避けられないでしょう。公認心理師も他の社会人と同じく，地域や社会，施設，企業の構成員であり，人の集まりの中でどのように各人が立ち振る舞うかは，多かれ少なかれ心理支援にも影響を及ぼします。

また，異なる立場の人同士の助言として，コンサルテーションを行ったり，多職種が協働する現場では多職種の間で連携することが，よりよい支援を届けるために重要です。多職種連携については，公認心理師カリキュラムにおいて特に強調されているもののひとつといえるでしょう。

本章では，このような組織・集団における公認心理師の立ち位置と，コンサルテーション・多職種連携といった他者との関係性について考えることができればと思います。

1　自分が属する組織・集団のマネジメント

（1）公認心理師の業務内容

厚生労働省令和2年度障害者総合福祉推進事業「公認心理師の活動状況等に関する調査」報告書によると，公認心理師の「この1年間の活動の主な内容」の調査項目では「心理支援」が82.2％，「『心理支援』に関わるマネジメント（管理）・コーディネーション（調整）業務等」が23.8％となっており，マネジメント・コーディネーションの業務が第2位に挙がっていました（表13-1）。

表 13-1　公認心理師の「この 1 年間の活動の主な内容」（日本公認心理師協会, 2021）

	人	%
「心理支援」	11,256	82.2
「心理支援」に関わるマネジメント（管理）・コーディネーション（調整）業務等	3,251	23.8
心理専門職の養成・教育や「心理支援」に関わる研究等	1,402	10.2
「他の専門性に基づく活動」（医療職・福祉職・教育職等）	2,756	20.1
この 1 年間就労していない	416	3.0

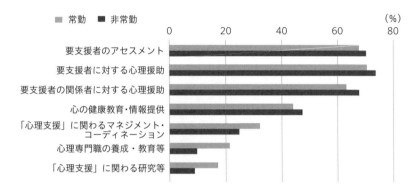

図 13-1　公認心理師の専門性に基づく活動の内容（常勤・非常勤比較）（日本公認心理師協会, 2021）

　また，このマネジメント（管理）・コーディネーション（調整）の業務は常勤職が担うことが多いのが図 13-1 からわかります。

　本報告書では，公認心理師の業務内容が図 13-2 の通り整理されています。左側の基本業務は公認心理師法第 2 条において定められている基本の 4 業務ですが，右側にはその応用編といえる展開業務が示されています。この左右の間に「マネジメント」という業務が位置づけられていますが，マネジメントが基本業務と応用業務をつなぐ存在になっていることがわかります。

　表 13-1 で示される「『心理支援』に関わるマネジメント（管理）・コーディネーション（調整）業務等」のコーディネーションというのは，主に図 13-2 にある「組織内関係者への支援」「組織外関係者への支援」「家族等への支援」を示しており，中心となる関わりはコンサルテーションになると考えられます。コンサルテーションに関わる内容は次項で説明することとして，ここでは特に「マネジメント」について述べていきます。

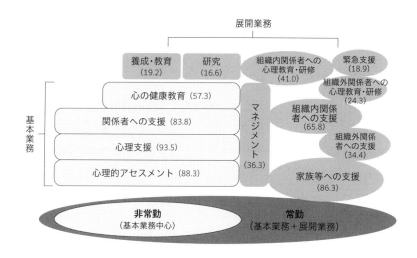

図13-2　**常勤と非常勤の業務内容**（日本公認心理師協会，2021）

(2) マネジメントとは

　マネジメントという言葉を聞いたことがない人は少ないと思います。ただ，公認心理師が行う「マネジメント」がどのような業務内容かは，想像しにくいかもしれません。マネジメントの発明者とされる世界的に有名な経営学者P・F・ドラッカー（Drucker, 1999／上田訳, 1999）は，マネジメントを「組織をして成果を上げさせるための道具，機能，機関がマネジメントである」と述べています。そして，その仕事には基本的なものとして，「目標を設定すること」「組織すること」「チームをつくること」「評価をすること」「自らを含めて人材を育成すること」の5つがあると示しています（Drucker, 1974／上田訳, 2008）。

　皆さんは，アルバイトの経験はありますか？　たとえば，飲食店などで働いたことがある人には，自分の上司にあたる人がいたと思います。お店の規模にもよるでしょうが，アルバイトを統括する「リーダー」，もしくはお店の「店長」が上司だったものと思います。この上司にあたる人が担っていた仕事がマネジメントといえるでしょう。

　自分が初めてアルバイトに採用され，働くようになったプロセスを思い出してみてください。最初に「学生アルバイト紹介システム」などをインターネットで見つけたか，もしくは情報誌などで募集情報を目にしたかもしれません。

めぼしい仕事先が見つかったら，そこに履歴書を書いて送り，その後に採用面接が行われたと思います。採用が決まったら，ドキドキしながら初仕事を迎えたことでしょう。初仕事の場では，リーダーか店長などの立場の人が「9時に出社したら，まずタイムカードを押してね」など教えてくれたはずです。

一通りの説明を受けたら，実際に働く場所で業務内容の説明や，具体的な指導が行われたことでしょう。接客の仕方，注文の受け方，配膳の仕方，レジ打ち，片づけ等々，覚えることがいっぱいだったはずです。優しい上司の場合，「一度に全部は無理だから，健康には気をつけて少しずつ覚えていこうね」なんて優しい声かけがあったかもしれません。

厨房にはちょっと気難しい料理人がいて，「タラタラやってたら，承知しねぇぞ」なんて脅かされて，怖い思いをしたことがあるかもしれません。そういうときも，リーダーが「新人が怖がっているじゃないですか，優しくお願いしますよ」なんてフォローしてくれると安心するものです。

ひとつひとつの業務の流れを説明された後に，「うちのお店は，とにかくお客さんに笑顔で帰ってもらうことを大事にしている」「売上目標は月額300万円が目安なので頑張ろうね」といったお店の方針に関する話を聞いたことがあるかもしれません。

さて，実際に現場でお客さんを迎え入れます。リーダーは，あなたが戸惑っている様子を察すると，「大丈夫？」と声をかけてくれて，とても頼もしく感じることでしょう。閉店時間を迎え，リーダーはレジを締め，一日の売上金額を数えてPCに入力します。「今日はお疲れさま。明日も頑張ろうな」と帰りにあいさつしてくれたリーダーは，あなたが帰った後も仕事をしていたと思います。

(3) マネジメントの実際

先述した事例は，筆者の精神科クリニックでの勤務経験を飲食店に置き換えて描写した内容です。精神科クリニックの心理職だった私は，受付やレジ打ち（お会計）も行いました。尊敬できる上司もいましたし，怖い精神科医もいました。上司は売上額を金庫に移したり，銀行に預けたり，様々なマネジメント業務を行っていました。

先述した通り，ドラッカーは「目標を設定すること」「組織すること」「チームをつくること」「評価をすること」「自らを含めて人材を育成すること」の5

つをマネジメントの基本的な仕事と示していますが，筆者自身の経験も踏まえて，公認心理師のマネジメント業務を「採用」「勤怠管理・シフト管理」「業務指導・教育研修」「人間関係の調整」「健康管理」「理念の浸透」「業務改善」「目標管理」「動機づけ」の9つに整理して，それぞれ具体的な業務を解説していきます。

①採用

　業務量が増えていけば，一人ひとりの負荷が高まると同時に，高いレベルのサービス品質を保つことができなくなります。業務を減らすことができない場合は増員，つまり新たに公認心理師を採用する必要が出てきます。欲しい人材を採用するには，どういう人に来てもらいたいかを適切に表現し，募集をかける必要があります。心理検査が上手にとれる人材なのか，心の健康教育が上手な人材なのか，求める公認心理師像をとりまとめ，実際に採用面接を行う中で見極めていく必要があります。

②シフト管理・勤怠管理

　公認心理師の業務が安定して提供されるためには，一定数の公認心理師が出勤している必要があり，そのためには職員の勤務表を作成して，抜け漏れがないようにシフトを組む必要があります。特定の職員に遅刻や休みが多かったりする場合，ほかの職員がその遅刻のカバーをしないといけません。業務量や休暇の取得なども各職員に極力公平に配分し，突発休が生じた際にはマネジメントの立場の者が肩代わりをする場合も多いといえます。

③業務指導・教育研修

　いくら大学・大学院などで勉強してきたとしても，公認心理師の具体的な業務は，一から教わらないと対応は難しいでしょう。他の機関で長く働いてきた公認心理師であっても，心理相談の予約，相談記録の書き方や管理方法，心理テストの報告フォーマットなど，その組織のやり方を踏まえる必要があります。上司が直接教える場合や，教育係に任せ，報告だけ定期的に受けるようにする場合など，指導の仕方は様々ですが，早く業務に慣れてもらい，能力を発揮してもらうには業務指導が必須となります。

④人間関係の調整

人間関係に不具合があると，業務遂行に支障が生じると同時に，職員のストレスやメンタルヘルス不調へとつながるリスクも高まります。人間関係のストレスの原因は概ねコミュニケーションの問題と言い換えることもでき，上司がコミュニケーションのハブとしての機能を担うことで，円滑な人間関係を構築することができます。公認心理師同士，考え方の違いでいざこざが発生したり，他部門とのトラブルが発生した場合も，大抵の場合はマネジメントの立場の者が調整に入ります。

⑤健康管理

組織には労働契約法という法律によって「安全配慮義務」が課されています。つまり，職員がその生命，身体などの安全を確保しつつ労働することができるように配慮する義務が課せられています。健康状態がよくないと，安定したパフォーマンスを発揮できません。万が一，業務負荷によって職員が深刻な健康状態に陥ってしまった場合は，職員が休職してしまうことで，残された職員にもさらなる業務負荷が発生してしまうことになりかねません。職員がちゃんと健康診断を受診するように促すとともに，普段から職員の業務負荷や健康状態を把握することも大事なマネジメントです。

⑥理念の浸透

公認心理師の業務内容は，その組織から求められることに左右され，かつ組織の職員として，定められた労務を提供することにより，その対価として給与を得ることになります。その組織が公認心理師にやってもらいたい業務の内容は，その組織が目指す未来像・理想像に紐づいています。実現したい未来があるから，公認心理師が採用されているわけです。マネジメントの立場の者は，業務の成果がその理想像に近づいているかを常に確認し，たびたびその理想像を職員に対して示していきます。

⑦業務改善

業務を進めていく中で，運用が非効率的であったり，ルール化する必要性がある課題に直面することがたびたびあります。これまでは紙ベースで行ってい

た心理検査のオーダーを，オンラインでオーダーできるように変更するなど，システム化を図ることで効率化できるような業務も種々あるでしょう。職員や関係者の声を集め，その声をとりまとめて具体的な業務改善につなげていくことも，マネジメントの重要な業務です。

⑧業績管理

　組織を維持していくには，収入が必要です。収入がなければ組織は維持できず，事業を継続することはできません。公的機関の公認心理師の場合，金銭的数値が目標になることは少ないでしょうが，たとえば公認心理師の職員数に比して対応した相談件数が少ない場合は，公認心理師の職員を減らす必要性に迫られるかもしれません。私設のカウンセリングルームであれば，カウンセリングによって得られた売り上げがそのまま組織の収入となります。このように設定された目標達成のためにやりくりしていくことも，マネジメントの役割です。

⑨社員の評価・動機づけ

　1人の公認心理師は1か月に100人の面接をしているのに，もう1人の公認心理師は1か月50人しか面接をしておらず，かつこの2人の給料が同じだった場合，100人面接している職員は不公正だと感じて，離職してしまう可能性が高まるでしょう。実績に見合った評価や報酬を行うこともマネジメントの役割であり，成果を上げるために職員一人ひとりの評価や動機づけを行うことが重要になります。

　マネジメントの業務は，組織によってもポジションによっても異なり，上記の内容だけに限りません。クライエントに対する専門業務とは一味違い，効率よく成果を挙げるための種々雑多な業務が含まれます。公認心理師一人だけの力では，できることは限られます。特に，複数の公認心理師をとりまとめて最大限の力を発揮していくには，クライエントに対する専門業務に精通していることに加え，業務の流れを掴み，かつ経営層や他部門との交渉ができないと務まりません。

　経営学者の佐々木（2013）は，マネジメントは「自分一人ではできないことを成し遂げる」と示しています。自分自身が常に自己研鑽を積んでいくことは公認心理師としての職責ともいえますが，自分だけでなく部下を採用し，部下

の成長を促進し，チームワークを機能させ，皆で成果を挙げることの喜びは，経験してみる価値が高いと思います。

2　組織・集団に対するコンサルテーション

（1）関係者への支援

　前項では，「『心理支援』に関わるマネジメント（管理）・コーディネーション（調整）業務等」について，マネジメント（管理）の説明を行いました。では，コーディネーション（調整）というのは，どのような関わりを指しているのでしょうか。

　コーディネーション（調整）は，前節の図13-2に示される「組織内関係者への支援」「組織外関係者への支援」「家族等への支援」のことを指しているといえます。この「関係者への支援」は，専門的な関わりとしては「コンサルテーション」が中心になると考えられますが，ただコンサルテーションという用語では狭いために，コーディネーションという言葉が使われているといえます。本項では，この「関係者への支援」に関して説明していきます。

　関係者への支援については，コンサルテーション，コラボレーション，コーディネーションなどの関わりが存在します。下山（2012）は，それぞれの概念を表13-2の通り説明しています。それぞれの用語には広義・狭義があり，言葉の使い方が各分野や各現場によっても異なる可能性があるので注意が必要ですが，この中でコンサルテーションという関わりは地域精神医学の世界的指導者であったキャプラン（Caplan, G.）が以下の通り定義をしており，下山の説明もキャプランの定義を踏襲していることがわかります。

> 　コンサルテーションは，2人の専門家（一方をコンサルタントと呼び，他方をコンサルティと呼ぶ）の間の相互作用のひとつの過程である。そして，コンサルタントがコンサルティに対してコンサルティの抱えているクライエントの精神衛生に関係した特定の問題をコンサルティの仕事の中でより効果的に解決できるよう援助する関係をいう。（Caplan, 1961）

　コンサルテーションは，専門的関わりとして位置づいていますが，特に常勤

表 13-2 　関係者への支援の関わり（下山, 2012）

コンサルテーション
ひとりの専門家が，他の分野の専門家が抱えているクライエントの問題をより効果的に解決できるよう，自分の専門知識に沿って情報を提供する関係のこと。
コラボレーション（協働）
立場が違う人々や機関が，共通の目的の達成のために責任と資源を共有し，対等な立場で意見を出し合って会話を重ねながら活動を発展させていく協力体制。
コーディネーション
クライエントを紹介するだけでなく，紹介先の専門家や専門機関と積極的に情報交換を行うことを指す。それにより，クライエントが受けるサービスを調整することができる。

表 13-3 　分野別の多職種連携先（下山, 2012）

保健医療分野における連携
医師，保健師，看護師，助産師，薬剤師，放射線技師，臨床検査技師，理学療法士，作業療法士，言語聴覚士，精神保健福祉士，管理栄養士など
福祉分野における連携
社会福祉士，介護福祉士，児童心理司，児童福祉司，医師，保健師，看護師，薬剤師，理学療法士，作業療法士，管理栄養士など
教育分野における連携
教員，養護教諭，SSW，特別支援コーディネーター
産業・労働分野における連携
産業医，保健師，看護師，衛生管理者，人事労務管理スタッフ，管理監督者

の公認心理師はマネジメントの立場でなくても，日頃から様々な関係者とやりとりをしています。たとえば総合病院の公認心理師は，常に医師，看護師など協働して仕事をしますし，たとえばスクールカウンセラーも，クラス担任の教員や，養護教諭などと連携しています（表 13-3 参照）。つまり，表 13-2 にあるコラボレーションやコーディネーションはいわば日常的な関わりだといえるでしょう。

（2）多職種連携の実際

公認心理師法第 42 条には，「公認心理師は，その業務を行うに当たっては，その担当する者に対し，保健医療，福祉，教育等が密接な連携の下で総合的かつ適切に提供されるよう，これらを提供する者その他の関係者等との連携を保た

なければならない」と定められています。公認心理師にとって，連携は「義務」ともいえます。

　筆者は産業・労働分野を主領域とする外部EAP機関の実務家ですが，EAPでは，部下のことで対応に迷っている管理職のことで対応に迷っている人事担当者からの相談を受けることが多々あります。以下，事例を通して多職種連携の実際を述べていきます。

　　　新入社員のAさんはこのところ浮かない顔をしており，仕事も休みがちです。同僚のBさんが心配して，C係長に「Aさん，具合悪そうにしていますが，大丈夫ですかね？」と相談しました。C係長は「わかった，本人と話をしてみるよ」とAさんと面接を実施しました。話を聞いたところ，Aさんは身体のだるさや不眠などを訴え，メンタルヘルス不調の疑いがありました。C係長は対応方法をD課長に相談します。

　　相談を受けたD課長は，「とりあえずもう少し様子を見よう」と提案しますが，その後もAさんの様子が変わらないため，今度はD課長が自らAさんと面接します。直接話を聞いたところ，状態が思わしくないだけでなく「消えてしまいたい」などの発言もあり，心配になったD課長はE部長に報告します。報告を受けたE部長は「人事部に相談するように」と指示をします。D課長が人事部に相談すると，人事担当Fさんは「次回，産業医が来社するのが2週間後になってしまうので，EAPに意見を聞いてみましょう」とD課長に提案し，人事担当FさんはEAPに連絡をくれました。

　　この後，EAPの働きかけでAさんは無事に精神科を受診してくれました。ただ，医師には職場の背景が十分に見えず，医師が示す見解が職場の実態に沿っていない可能性もあるでしょう。こうしたとき，EAPが本人の同意を踏まえて情報提供書を作成・提供することで，職場で起きている問題，本人の心配な様子，会社として可能な配慮の範囲などをしっかりと主治医に伝えることができ，現実に即した治療を行ってもらえる可能性を高めることができます。

　本事例ではA氏が無事に精神科を受診してくれました。しかし，「私は病気じゃない」と否認して，専門家にコンタクトをとることを拒否する社員もいます。この場合は特に，コンサルテーションの関わりが重要となります。公認心

理師は直属上司と連絡を取り合い，上司の不安を軽減すると同時に対応の方針を定め，その方針を関係者と共有することで，職場全体が振り回される事態を避けることができます。

上司の立場の者や人事担当者に対するコンサルテーションのことを「マネジメント・コンサルテーション」といいますが，マネジメント・コンサルテーションのプロセスは5つのフェーズに整理されています（松本, 2020）。

- **共感的理解**

  上司は専門家にコンタクトをとる際，「自分の管理能力を責められるのでは」と警戒する場合が多いといえる。まずは上司の話を傾聴し，上司のこれまでの苦労を労いつつ，状況の理解を進めていく。

- **説明性担保**

  聴き取った事態・現象を理解し，「職業性ストレスモデル」などの理論的枠組みを活用して，わかりやすく整理・説明をし直していく。生じている事態・現象の背景要因や疾病利得の意味を理解することで，具体的対応につなげる。

- **具体的対応**

  生じている現象の説明が整えば，上司は自らの経験に照らし合わせて自ら動ける場合が多い。上司自身に動いてもらう必要があること，セラピストが行うことを整理し，期限を区切る形で「建設的直面化」を進めていく。

- **エンパワー**

  専門家へのリファーが成功した場合は，上司の対応の効果的だった点をフィードバックして上司自身のノウハウとして蓄積してもらう。上司の自尊心を高め，得られた気づきや知識・スキルを確認し，他の事例への適用につなげていく。

- **内在化促進**

  獲得した気づきやノウハウは，社内の他のリーダーなどとも共有をしていく。具体的対応で得られたノウハウやナレッジが組織全体に蓄積され，専門家がいなくても支え合える組織を目指す。

組織心理学者として高名なシャイン（Schein, E. H.）は「コンサルタントというものは，問題を解決するために，組織のメンバーはこれこれをなすべきである，と具体的に勧告できるほど，その組織の特殊な状況や文化について熟知

していることは決してない。問題を抱えているのは，クライエントだけなのである。また，問題の複雑さを知っているのもクライエントである。さらには，所属する文化において，何がうまくいきそうかを知っているのもクライエントだけである」（Schein, 1999／稲葉・尾川訳, 2002）と述べています。

たとえば，クラスの生徒のことは公認心理師よりもクラス担任の教員のほうがよく知っているでしょう。社員のことは，公認心理師よりも上司のほうがよく知っています。たとえ公認心理師として「発達障害」という概念に精通していたとしても，「自分のほうがクライエントのことをわかっている」という慢心は避け，コンサルテーションを実施しなければなりません。

（3）個人情報への配慮

産業・労働分野では，上司や人事担当者から紹介されて社員が公認心理師につながる形態を「マネジメントリファー」と呼んでいます。一方で，自分で問題を感じ自分で公認心理師にコンタクトをとる自発相談は「セルフリファー」と呼ばれます。特に上司等からの紹介でつながるマネジメントリファーは，情報のやりとりに注意が必要です。公認心理師は国家資格であることから，法令上の守秘義務を負っています。

セルフリファーのケースは，特に職場と連携をとることなく相談が進んでいくことが多いですが，マネジメントリファーでは上司や人事担当者が心配して社員を公認心理師につないでくれているので，上司等から「社員の様子はいかがでしたか？」と質問される場合も多いといえます。ただ，リファーされた社員の情報を上司にフィードバックする際は必ず社員の同意が必要です。マネジメントリファーは，紹介された社員の相談に対するモチベーションが低い場合も多いため，対応に慎重さが求められます。

「社員が実際に相談に行ったか」「社員の様子はどうだったか」などの情報を紹介者である上司等にフィードバックするには当該社員の同意が必要ですが，その手順としては図 13-3 が基本になるでしょう。特に紹介者からの事前連絡がなかった場合や，「カウンセリングに行くよう紹介したので，よろしく」という程度の連絡でリファーがなされた場合，社員に関する事前情報なく相談が行われることになります。

一方，「カウンセラーに相談するよう勧めているんだけど，なかなか行ってく

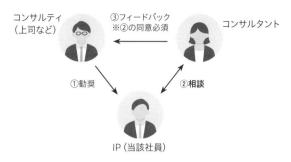

図 13-3　マネジメントリファーの同意確認

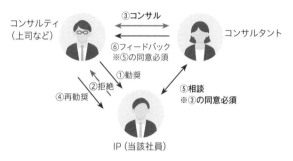

図 13-4　マネジメントリファー拒否時の同意確認

れない」という場合には，上司等と「どうやったら社員がカウンセラーのところに相談に行ってくれるか」という点について作戦を練る相談やりとり（コンサルテーション）が発生することがあります。コンサルテーションでは，上司等から社員に関する様々な情報を知らされることになり，実際に社員と会うことになった際，上司等から事前情報を聞いている旨を社員本人に伝える場合には，上司等の同意が必要となるので注意が必要です（図 13-4 参照）。

　なお，相談内容を紹介者である上司等にフィードバックする必要がある場合は，社員との相談場面の最後に「紹介者である上司の方から『様子はどうでした？』と聞かれる可能性があるのですが，どうしましょう？」と確認しておく必要があります。社員から情報開示の同意が得られた際には，開示する内容をすり合わせて記録用紙に書いておくか，可能であれば同意書にサインをもらっておくのがよいでしょう。

公認心理師は，守秘義務と連携義務の両者を同時に保有する難しい専門職です。特にスクールカウンセラーは，本人の同意なくとも集団守秘義務で関係者と情報共有を行う必要がある場合もあると思います。ただ，その場合もなるべくクライエント本人の同意が得られるよう，丁寧に説明していくことが重要といえます。

文　献

序章

Basseches, M.（1997a）. A developmental perspective on psychotherapy process, psychotherapists' expertise, and "meaning-making conflict" within therapeutic relationships: A two-part series. *Journal of Adult Development, 4*（1）, 17–33.

Basseches, M.（1997b）. A developmental perspective on psychotherapy process, psychotherapists' expertise, and "meaning-making conflict" within therapeutic relationships: Part II. *Journal of Adult Development, 4*（2）, 85–106.

Bergin, A. E.（1971）. The evaluation of therapeutic outcomes. In A. E. Bergin & S. L. Garfield （Eds.）, *Handbook of psychotherapy and behavior change: An empirical analysis*（pp. 217–270）. NewYork: Wiley.

Bergin, A. E., & Lambert, M. J.（1978）. The evaluation of therapeutic outcomes. In S. L. Garfield & A. E. Bergin（Eds.）, *Handbook of psychotherapy and behavior change*（2nd ed.）. New York: Wiley.

Cooper, M.（2008）. *Essential research findings in counselling and psychotherapy: The facts are friendly.* Thousand Oaks, CA: Sage Publications. The Guilford Press.

Damasio, A. R.（1999）. *The feeling of what happens: Body and emotion in the making of consciousness.* New York, NY: Harcourt Brace.（田中三彦（訳）（2003）. 無意識の脳 自己意識の脳―身体と情動と感情の神秘　講談社）

Duncan, B. L., Hubble, M. A., & Miller, S. D.（1997）. *Psychotherapy with "impossible" cases: The efficient treatment of therapy veterans.* New York: W. W. Norton.

Engel, G. L.（1977）. The need for a new medical model: A challenge for biomedicine. *Science, 196* （4286）, 129–136.

Eysenck, H. J.（1952）. The effects of psychotherapy: An evaluation. *Journal of Consulting Psychology, 16*（5）, 319–324.

Freud, S.（1930）. *Das Unbehagen in der Kultur.* Internationaler Psychoanalytischer Verlag Wien.（中山　元（訳）（2007）. 文化への不満　幻想の未来／文化への不満 フロイト文明論集1　光文社）

Gold, J., & Stricker, G.（2006）. Introduction: An overview of psychotherapy integration. In G. Stricker & J. Gold（Eds.）, *A casebook of psychotherapy integration*（pp. 3–16）. Washington: American Psychological Association.

Hardy, G. E., Bishop-Edwards, L., Chambers, E., Connell, J., Dent-Brown, K., Kothari, G., O'hara, R., & Parry, G. D.（2019）. Risk factors for negative experiences during psychotherapy. *Psychotherapy Research, 29*（3）, 403–414.

河合隼雄（1992）. 心理療法序説　岩波書店

Lambert, M. J.（1992）. Psychotherapy outcomes research: Implications for integrative and eclectic therapists. In J. C. Norcross & M. R. Goldfried（Eds.）, *Handbook of psychotherapy integration.* NY: Basic Books.

Linden, D. J.（2007）. *The accidental mind: How brain evolution has given us love, memory, dreams, and god.* Cambridge, MA: Harvard University Press.（夏目　大（訳）（2009）．つぎはぎだらけの脳と心──脳の進化は，いかに愛，記憶，夢，神をもたらしたのか？　インターシフト）

Luborsky, L.（1954）. A note on Eysenck's article "The effects of psychotherapy: An evaluation." *British Journal of Psychology, 45*（2）, 129–131.

前田泰宏（2005）．心理療法実践における折衷的／統合的アプローチ　奈良大学紀要,（33）, 95–108.

Maslow, A. H.（1943）. A theory of human motivation. *Psychological Review, 50*（4）, 370–396.

Nathan, P. E., & Gorman, J. M.（Eds.）.（2002）. *A guide to treatments that work*（2nd ed.）. Oxford University Press.

Norcross, J. C., & Wampold, B. E.（2011）. Evidence-based therapy relationships: Research conclusions and clinical practices. In J. C. Norcross（Ed.）, *Psychotherapy relationships that work: Evidence-based responsiveness*（pp. 423–430）. Oxford University Press.

Rosenzweig, S.（1936）. Some implicit common factors in diverse methods of psychotherapy. *American Journal of Orthopsychiatry, 6*（3）, 412–415.

Rotter, J. B.（1964）. *Clinical psychology.* Prentice-Hall.

齊尾武郎（2013）．統合的心理療法とドードー鳥の裁定──心理療法に優劣はない　臨床評価, *41*（2）, 407–420.

坂本真士・杉山　崇・伊藤絵美（編）（2010）．臨床に活かす基礎心理学　東京大学出版会

Schottenbauer, M. A., Glass, C. R., & Arnkoff, D. B.（2007）. Decision making and psychotherapy integration: Theoretical considerations, preliminary data, and implications for future research. *Journal of Psychotherapy Integration, 17*（3）, 225–250.

Smith, M. L., & Glass, G. V.（1977）. Meta-analysis of psychotherapy outcome studies. *American Psychologist, 32*（9）, 752–760.

杉山　崇（2014a）．臨床心理学における「自己」　心理学評論, *57*（3）, 434–448.

杉山　崇（2014b）．意識と無意識はどこまで明らかになったのか？──意識のワーキング・メモリ理論とA. Damasio説からの心理療法統合への提案　人間科学研究年報, *8*, 5–16.

杉山　崇（2014c）．ふと浮かぶ記憶・思考とのつきあい方　関口貴裕・森田泰介・雨宮有里（編著）　ふと浮かぶ記憶と思考の心理学──無意図的な心的活動の基礎と臨床　北大路書房

杉山　崇（2021）．同化的統合　日本心理療法統合学会（監修）杉原保史・福島哲夫（編）　心理療法統合ハンドブック　誠信書房

杉山　崇・前田泰宏・坂本真士（編）（2007）．これからの心理臨床──基礎心理学と統合・折衷的心理療法のコラボレーション　ナカニシヤ出版

Super, D. E.（1980）. A life-span, life-space approach to career development. *Journal of Vocational Behavior, 16*（3）, 282–298.

第1章

Anderson, H., & Goolishian, H. A.（1988）. Human systems as linguistic systems: Preliminary and evolving ideas about the implications for clinical theory. *Family Process, 27*（4）, 371–393.（野村直樹（著／訳）（2013）．協働するナラティヴ──グーリシャンとアンダーソンによる論文「言語システムとしてのヒューマンシステム」　遠見書房）

浅井伸彦（編著）（2021）．はじめての家族療法──クライエントとその関係者を支援するすべての人へ　北大路書房

村山正治（監修）（2015）．一致──カウンセリングの本質を考える1　ロジャーズの中核三条件　創

元社

岡村裕美子 (2019). 精神分析における治療関係のあり方を概観する　京都大学大学院教育学研究科附属臨床教育実践研究センター紀要, *22*, 55–65.

Olson, M., Seikkula, J., & Ziedonis, D.（2014）. *The key elements of dialogic practice in Open Dialogue*. Worcester, MA: The University of Massachusetts Medical School.

杉山　崇（編著）(2015). 入門！産業社会心理学—仕事も人間関係もうまくいく心理マネジメントの秘訣　北樹出版

Sullivan, H. S.（1953）. *The interpersonal theory of psychiatry*. W. W. Norton.

第 2 章

Breuer, J., & Freud, S.（1895/1995）. Studies on hysteria. In J. Strachey（Ed.）, *The standard edition of the complete psychological works of Sigmund Freud*（Vol. 2, xxxii, pp. 1–335）. London: Hogarth Press.

Erikson, E. H.（1950）. *Child and society*. W. W. Norton.

Gabbard, G. O.（2010）. *Long-term psychodynamic psychotherapy: A basic text*. American Psychiatric Publishing.

Greenberg, L. S., & Elliott, R.（2002）. Emotion-focused therapy. In F. W. Kaslow（Ed.）, *Comprehensive handbook of psychotherapy: Integrative/eclectic*（Vol. 4, pp. 213–240）. John Wiley & Sons.

乾　吉佑・氏原　寛・亀口憲治・成田善弘・東山紘久・山中康裕（編）(2005)．心理療法ハンドブック　創元社

Kohut, H.（1971）. *The analysis of the self: A systematic approach to the psychoanalytic treatment of narcissistic personality disorders*. University of Chicago Press.

Lazarus, R., & Folkman, S.（1984）. *Stress, appraisal, and coping*. New York: Springer.

松山　淳 (2018). 君が生きる意味—人生を劇的に変えるフランクルの教え　ダイヤモンド社

May, R.（1983）. *The Discovery of being: Writings in existential psychology*. W. W. Norton.

Perls, F. S.（1942/1969）. *Ego, hunger and aggression: The beginning of Gestalt therapy*. Random House.

杉山　崇 (2005)．抑うつと対人関係　坂本真士・丹野義彦・大野　裕（編）抑うつの臨床心理学　東京大学出版会

杉山　崇 (2010a)．動機づけ　福田由紀（編著）心理学要論—こころの世界を探る　培風館

杉山　崇 (2010b)．心への支援　福田由紀（編著）心理学要論—こころの世界を探る　培風館

杉山　崇 (2014a)．ふと浮かぶ記憶・思考とのつきあい方　関口貴裕・森田泰介・雨宮有里（編著）ふと浮かぶ記憶と思考の心理学—無意図的な心的活動の基礎と臨床　北大路書房

杉山　崇 (2014b)．臨床心理学における「自己」　心理学評論, *57*（3）, 434–448.

杉山　崇（編）(2022)．カウンセリングの理論と方法　日本キャリア・カウンセリング学会（監修）キャリア・カウンセリング エッセンシャルズ 400　金剛出版

杉山　崇・前田泰宏・坂本真士（編）(2007)．これからの心理臨床—基礎心理学と統合・折衷的心理療法のコラボレーション　ナカニシヤ出版

第 3 章

Beck, A. T., Rush, A. J., Shaw, B. F., & Emery, G.（1979）. *Cognitive therapy of depression*. New York, NY: Guilford Press.（坂野雄二（監訳）(1992)．うつ病の認知療法　岩崎学術出版社）

Bögels, S.（2020）. *Mindful parenting: Finding space to be – in a world of to do*. West Sussex, UK:

Pavilion Publishing and Media.（戸部浩美（訳）(2020)．　忙しいお母さんとお父さんのための
マインドフルペアレンティング―子どもと自分を癒し，絆を強める子育てガイド　北大路書房）

Greenberger, D., & Padesky, C. A.（1995）. *Mind over mood: Change how you feel by changing the way
you think*. New York, NY: Guilford Press.（大野　裕（監訳）(2001)．　うつと不安の認知療法練
習帳　創元社）

井上和臣（2006）．　認知療法への招待［改訂 4 版］　金芳堂

実森正子・中島定彦（2000）．　学習の心理―行動のメカニズムを探る　サイエンス社

Ledley, D. R., Marx, B. P., & Heimberg, R. G.（2005）. *Making cognitive-behavioral therapy work:
Clinical process for new practitioners*. New York, NY: Guilford Press.（井上和臣（監訳）(2007)．
認知行動療法を始める人のために　星和書店）

Neenan, M., & Dryden, W.（2004）. *Cognitive therapy: 100 key points and techniques*. London & New
York: Routledge.（石垣琢麿・丹野義彦（監訳）(2010)．　認知行動療法 100 のポイント　金剛
出版）

奥田健次（2012）．　メリットの法則―行動分析学・実践編　集英社

小野浩一（2005）．　行動の基礎―豊かな人間理解のために　培風館

Teasdale, J., Williams, M., & Segal, Z.（2014）. *The mindful way workbook: An 8-week program to free
yourself from depression and emotional distress*. New York, NY: Guilford Press.（小山秀之・前田
泰宏（監訳）(2018)．　マインドフルネス認知療法ワークブック―うつと感情的苦痛から自由
になる 8 週間プログラム　北大路書房）

Watson, J. B., & Rayner, R.（1920）. Conditioned emotional reactions. *Journal of Experimental
Psychology*, *3*, 1–14.

Westbrook, D., Kennerley, H., & Kirk, J.（2007）. *An introduction to cognitive behaviour therapy: Skills
and applications*. London: SAGE Publications.（下山晴彦（監訳）(2012)．　認知行動療法臨床
ガイド　金剛出版）

第 4 章

Adler, A.（1929）. AAC, Container 1, Lectures 1928–1929. Reports of medical meetings,
"Psychiatrists meeting with Dr. Alfred Adler".

Adler, A.（1969）. *The science of living*. Anchor Books.（Original work published 1929）.（岸見一郎
（訳）(2012)．　個人心理学講義―生きることの科学　アルテ）

Ansbacher, H. L., & Ansbacher, R. R.（Eds.）.（1964）. *The individual psychology of Alfred Adler: A
systematic presentation in selections from his writings*. New York, NY: Harper & Row.（Original
work published 1956）.

東　豊（1993）．　セラピスト入門―システムズアプローチへの招待　日本評論社

東　豊（2012）．　DVDでわかる家族面接のコツ 1―夫婦面接編　遠見書房

東　豊（2013）．　リフレーミングの秘訣　日本評論社

東　豊（2019）．　新版 セラピストの技法―システムズアプローチをマスターする　日本評論社

Dreikurs, R.（1989）. *Fundamentals of Adlerian psychology*. Alfred Adler Institute.（Original work
published 1950）.（宮野　栄（訳）野田俊作（監訳）(1996)．　アドラー心理学の基礎　一光社）

Ehlers, A., & Clark, D. M.（2000）. A cognitive model of posttraumatic stress disorder. *Behavior
Research and Therapy*, *38*(4), 319–345.

藤本昌樹（2019）．　ボディー・コネクト・セラピー―トラウマ対処の新たな可能性　杉山登志郎（編）
発達性トラウマ障害のすべて（こころの科学増刊）(pp. 47–53)　日本評論社

Haley, J.（1973）. *Uncommon therapy: The psychiatric techniques of Milton H. Erickson, M. D.* New York, NY: Norton.（高石　昇・宮田敬一（監訳）（2001）．アンコモンセラピー——ミルトン・エリクソンのひらいた世界　二瓶社）

岸見一郎・古賀史健（2013）．嫌われる勇気　ダイヤモンド社

Klerman, G. L., Dimascio, A., Weissman, M., Prusoff, B., & Paykel, E. S.（1974）. Treatment of depression by drugs and psychotherapy. *American Journal of Psychiatry, 131*（2），186–191.

子安増生・丹野義彦・箱田裕司（監修）（2021）．現代心理学辞典　有斐閣

久持　修（2020）．原因を突き止めなくても問題は解決する!?　竹田伸也・岩宮恵子・金子周平・竹森元彦・久持　修・進藤貴子（著）こころを晴らす55のヒント——臨床心理学者が考える悩みの解消・ストレス対処・気分転換（pp. 60–63）　遠見書房

黒沢幸子（2002）．指導援助に役立つスクールカウンセリング・ワークブック　金子書房

Levine, P. A.（2010）. *In an unspoken voice: How the body releases trauma and restores goodness.* Berkeley, CA: North Atlantic Books.（池島良子・西村もゆ子・福井義一・牧野有可里（訳）（2016）．身体に閉じ込められたトラウマ——ソマティック・エクスペリエンシングによる最新のトラウマ・ケア　星和書店）

Lipsitz, J. D., & Markowitz, J. C.（2013）. Mechanisms of change in interpersonal therapy（IPT）. *Clinical Psychology Review, 33*, 1134–1147.

Manaster, G. J., & Corsini, R. J.（1982）. *Individual psychology: Theory and practice.* New York, NY: F. E. Peacock Publishers.（高尾利数・前田憲一（訳）（1995）．現代アドラー心理学　上巻　春秋社）

森　俊夫（2015）．ブリーフセラピーの極意　ほんの森出版

Neukrug, E. S.（Ed.）.（2015）. *The Sage encyclopedia of theory in counseling and psychotherapy*（Volume 1）. SAGE Publications.

岡　敬（2018）．復職支援に活用する対人関係療法　最新精神医学, *23*（3），191–199.

Resick, P. A., Monson, C. M., & Chard, K. M.（2016）. *Cognitive processing therapy for PTSD: A comprehensive manual.* Guilford Press.（伊藤正哉・堀越　勝（監修）（2019）．トラウマへの認知処理療法——治療者のための包括手引き　創元社）

斎藤　環（2015）．オープンダイアローグとは何か　医学書院

坂本真佐哉（2020）．ブリーフセラピーとは？　日本ブリーフサイコセラピー学会（編）　ブリーフセラピー入門——柔軟で効果的なアプローチに向けて（pp. 13–21）　遠見書房

Schnyder, U., & Cloitre, M.（Eds.）.（2015）. *Evidence based treatments for trauma-related psychological disorders: A practical guide for clinicians.* Springer International Publishing.（前田正治・大江美佐里（監訳）（2017）．トラウマ関連疾患心理療法ガイドブック——事例で見る多様性と共通性　誠信書房）

杉山　崇（2005）．抑うつと対人関係　坂本真士・丹野義彦・大野　裕（編）抑うつの臨床心理学　東京大学出版会

杉山　崇（編著）（2015）．入門！産業社会心理学——仕事も人間関係もうまくいく心理マネジメントの秘訣　北樹出版

杉山　崇（2019）．事例で学ぶ　働く人へのカウンセリングと認知行動療法・対人関係療法　金子書房

杉山登志郎（2019）．発達性トラウマ障害と複雑性PTSDの治療　誠信書房

鈴木義也・八巻　秀・深沢孝之（2015）．アドラー臨床心理学入門　アルテ

田中　究（2021）．心理支援のための臨床コラボレーション入門——システムズアプローチ, ナラティヴ・セラピー, ブリーフセラピーの基礎　遠見書房

van der Kolk, B.（2014）. *The body keeps the score: Brain, mind, and body in the healing of trauma.* Viking.（柴田裕之（訳）（2016）． 身体はトラウマを記録する―脳・心・体のつながりと回復のための手法　紀伊國屋書店）

Weissman, M. M., Markowitz, J. C., & Klerman, G. L.（2000）. *Comprehensive guide to interpersonal psychotherapy.* Basic Books.

八巻　秀（2016）． 学校臨床活動における原点としてのアドラー心理学　子どもの心と学校臨床, *14*, 63–68.

八巻　秀（2017）． 〈ブリーフ〉はどこから来たのか，そして，どこへ向かうのか―〈ブリーフ〉の臨床思想の試案　ブリーフサイコセラピー研究, *26*（1）, 7–20.

八巻　秀（2020）． 臨床心理学において「関係」を重視すること　個人心理学研究, *1*（1）, 9–16.

吉川　悟（1993）． 家族療法―システムズアプローチの〈ものの見方〉　ミネルヴァ書房

吉川　悟・東　豊（2001）． システムズアプローチによる家族療法のすすめ方　ミネルヴァ書房

第5章

De Jong, P., & Berg, I. K.（2012）. *Interviewing for solutions*（4th ed）. New York, NY: Thomson Brooks/Cole.（桐田弘江・住谷祐子・玉真慎子（訳）（2016）． 解決のための面接技法［第4版］―ソリューション・フォーカストアプローチの手引き　金剛出版）

福井義一（2007）． 催眠とEMDRの併用と統合的使用（その1）書痙の訴えから母子関係におけるトラウマの再処理へ移行した事例を通して　臨床催眠学, *8*, 55–64.

福井義一（2013）． 催眠臨床家をどう育てるか―催眠臨床家養成における個人内要因と個人外要因について　臨床催眠学, *14*, 17–22.

福井義一（2014）． ブリーフセラピーの技法と実践―EMDR, TFT, 催眠　こころの科学, （176）, 35–39.

福井義一（2016）． タッピング・タッチの実施においてケアする側にも効果があるか？　甲南大學紀要　文学編, *166*, 137–145.

長谷川明弘（2014）． 臨床心理学の歴史―催眠を基軸として　東洋英和女学院大学心理相談室紀要, *18*, 56–66.

林　紀行・大浦真一・今井田貴裕・柴田由紀子・石井友恵・阪上未紀・坂本淑子・岩田昌美・福井義一・畑　真弘・青木保典・石井良平・岩瀬真生・木村慧心・伊藤壽記（2015）． 外傷後後遺障害に対する統合医療的アプローチ―3年目の報告　日本統合医療学会誌, *8*（1）, 82–88.

Hilgard, E. R.（1975）. Hypnosis. *Annual Review of Psychology, 26*（1）, 19–44.

星野公夫（2002）． スポーツ選手のメンタルトレーニングにおける動作法―身体の自己コントロールとメンタルアクティベイション　日本体育学会大会号, *53*, 93.

今井田貴裕（2022）． トラウマケアにおける安定化の効果の検討―交通事故後に解離症状を呈した女性に対する臨床催眠過程　人間と環境, *17*, 35–48.

Jakubiak, B. K., & Feeney, B. C.（2016）. A sense of security: Touch promotes state attachment security. *Social Psychological and Personality Science, 7*（7）, 745–753.

川原由佳里・奥田清子（2009）． 看護におけるタッチ／マッサージの研究―文献レビュー　日本看護技術学会誌, *8*（3）, 91–100.

Kuhfuß, M., Maldei, T., Hetmanek, A., & Baumann, N.（2021）. Somatic experiencing ― effectiveness and key factors of a body-oriented trauma therapy: A scoping literature review. *European Journal of Psychotraumatology, 12*（1）, 1929023.

桑島隆二・吉川吉美（2020）． ストレスマネジメント技法としての臨床動作法の有用性―子育て

支援サークルにおける効果の検討　心身医学, *60*（8）, 728–735.

Ledochowski, I.（2003）. *The deep trance training manual: Hypnotic skills*. Crown House Pub.（大谷彰（訳）（2009）.　催眠誘導ハンドブック—基礎から高等テクニックまで　金剛出版）

Lindrea, K. B., & Stainton, M. C.（2000）. A case study of infant massage outcomes. *MCN: The American Journal of Maternal/Child Nursing, 25*（2）, 95–99.

Lipchik, E.（1994）. The rush to be brief. *Family Therapy Networker, 18*（2）, 34–39.

松木　繁（2018）.　大会長講演 催眠と心理療法—「催眠トランス空間論」を語る　臨床催眠学, *19*, 3–13.

McNeal, S.（2020）. Hypnotic ego-strengthening: Where we've been and the road ahead. *American Journal of Clinical Hypnosis, 62*（4）, 392–408.

水谷みゆき・大谷洋一・高田みぎわ（2019）.　臨床催眠の倫理と実践　臨床催眠学, *20*, 30–40.

森　俊夫・黒沢幸子（2002）.　解決志向ブリーフセラピー　ほんの森出版

森川綾女（2016）.　思考場療法（TFT）　野呂浩史（企画・編集）　トラウマセラピー・ケースブック—症例にまなぶトラウマケア技法（pp. 307–322）　星和書店

中川一郎（2001）.　タッピング・タッチ（Holistic Health Empowerment Method）の導入によるホリスティック心理療法の試み　日本心理臨床学会第20回大会研究発表集

中川一郎（2009）.　「タッピング・タッチ」によるセロトニン神経活性化と心理的変化の基礎研究　第68回日本公衆衛生学会総会抄録集, *56*, 533.

中川一郎（編著）（2022a）.　〈ふれる〉で拓くケア—タッピングタッチ　北大路書房

中川一郎（2022b）.　タッピングタッチ—ホリスティックケア　池見　陽・浅井伸彦（編）　あたらしい日本の心理療法—臨床知の発見と一般化（pp. 36–62）　遠見書房

中川一郎・大浦真一・坪田祐季・福井義一（2021）.　オンラインによるタッピングタッチのセルフケア・プログラムの効果1—心理的および対人関係上の効果　心身医学, *61*（suppl）, 179.

中川一郎・櫻井しのぶ（2003）.　タッピング・タッチ（心と体の元気付の技法）の自律神経への作用に関する研究　第62回日本公衆衛生学会総会抄録集, *50*, 753.

成瀬悟策（2016）.　臨床動作法—心理療法, 動作訓練, 教育, 健康, スポーツ, 高齢者, 災害に活かす動作法　誠信書房

日本臨床催眠学会（2021）.　日本臨床催眠学会倫理綱領　Retrieved from http://www.hypnosis.jp/rule/moral.htm（2023年2月14日閲覧）

日本催眠医学心理学会（2020）.　日本催眠医学心理学会倫理綱領　Retrieved from http://www.jshypnosis.com/aboutus/ethics.html（2023年2月14日閲覧）

仁木啓介（2020）.　トラウマ治療における臨床催眠　精神療法, *46*（1）, 38–42.

大谷　彰（2005）.　臨床催眠家に求められる特性　臨床催眠学, *6*, 39–46.

大谷　彰（2020）.　催眠とマインドフルネス　精神療法, *46*（1）, 29–32.

Phillips, M., & Frederick, C.（1995）. *Healing the divided self: Clinical and Ericksonian hypnotherapy for post-traumatic and dissociative conditions*. New York, NY: W. W. Norton.

Sakai, C. E., Connolly, S. M., & Oas, P.（2010）. Treatment of PTSD in Rwandan child genocide survivors using though field therapy. *International Journal of Emergency Mental Health, 12*（1）, 41–50.

高石　昇（2003）.　催眠の倫理, 限界, 危険性　臨床催眠学, *4*, 18–24.

高石　昇（2008）.　臨床催眠の原典　臨床催眠学, *9*, 4–9.

高石　昇・大谷　彰（2012）.　現代催眠原論　金剛出版

坪田祐季・大浦真一・中川一郎・福井義一（2021）.　オンラインによるタッピングタッチのセル

フケア・プログラムの効果 2―フォローアップ終了までの継時変化 心身医学, *61*(suppl), 179.

Whitcher, S. J., & Fisher, J. D. (1979). Multidimensional reaction to therapeutic touch in a hospital setting. *Journal of Personality and Social Psychology*, *37*(1), 87–96.

Wolpe, J. (1954). Reciprocal inhibition as the main basis of psychotherapeutic effects. *AMA Archives of Neurology & Psychiatry*, *72*(2), 205–226.

山口　創 (2003).　愛撫・人の心に触れる力　日本放送出版協会

山口　創 (2012).　手の治癒力　草思社

吉永陽一郎・橋本武夫 (2001).　ハイリスク児に対するタッチケア　小児保健研究, *60*(2), 179–180.

第 6 章

Andersen, T. (1991). *The reflecting team: Dialogues and dialogues about the dialogues*. New York, NY: Norton. (鈴木浩二 (監訳) (2015).　リフレクティング・プロセス―会話における会話と会話 [新装版]　金剛出版)

Anderson, H. (1997). *Conversation, language, and possibilities: A postmodern approach to therapy*. New York, NY: Basic Books. (野村直樹・青木義子・吉川　悟 (訳) (2019).　会話・言語・そして可能性―コラボレイティヴとは？　セラピーとは？[新装版]　金剛出版)

Gergen, K. (1999). *An invitation to social construction*. London: Sage Publication. (東村知子 (訳) (2004).　あなたへの社会構成主義　ナカニシヤ出版)

White, M., & Epston, D. (1990). *Narrative means to therapeutic ends*. New York, NY: Norton. (小森康永 (訳) (2017).　物語としての家族[新訳版]　金剛出版)

第 7 章

浅井伸彦 (編著) (2021). はじめての家族療法―クライエントとその関係者を支援するすべての人へ　北大路書房

Baucom, D. H., Porter, L. S., Kirby, J. S., & Hudepohl, J. (2012). Couple-based interventions for medical problems. *Behavior Therapy*, *43*(1), 61–76.

Eriksson, E., & Arnkil, T. E. (2009). *Taking up one's worries: A handbook on early dialogues*. National Institute for Health and Welfare (Finland). (髙橋睦子 (訳) (2018).　あなたの心配ごとを話しましょう―響きあう対話の世界へ　日本評論社)

Gurman, A. S., & Fraenkel, P. (2002). The history of couple therapy: A millennial review. *Family Process*, *41*(2), 199–260.

Gurman, A. S., Lebow, J. L., & Snyder, D. K. (Eds.). (2015). *Clinical handbook of couple therapy* (5th ed.). New York, NY: Guilford Press.

平木典子・中釜洋子・友田尋子 (編著) (2011).　親密な人間関係のための臨床心理学―家族とつながり, 愛し, ケアする力　金子書房

ジェクス (2020).　ジャパン・セックスサーベイ 2020

厚生労働省 (2022).　人口動態統計特殊報告　令和 4 年度「離婚に関する統計」の概況　Retrieved from https://www.mhlw.go.jp/toukei/saikin/hw/jinkou/tokusyu/rikon22/index.html (2023 年 10 月 22 日閲覧)

長沼葉月 (2016).　日本ブリーフサイコセラピー学会第 26 回大会 ワークショップ資料

中釜洋子 (2021).　家族支援の一歩　遠見書房

Olson, M., Seikkula, J., & Ziedonis, D.（2014）. *The key elements of dialogic practice in Open Dialogue*: *Fidelity criteria*. Worcester, MA: The University of Massachusetts Medical School.

Orlinsky, D. E., & Rønnestad, M. H.（2005）. *How psychotherapists develop: A study of therapeutic work and professional growth*. Washington, DC: American Psychological Association.

Seikkula, J., & Arnkil, T. E.（2006）. *Dialogical meetings in social networks*. London & New York: Karnac Books.（高木俊介・岡田　愛（訳）（2016）. オープンダイアローグ　日本評論社）

Seikkula, J., & Arnkil, T. E.（2014）. *Open dialogues and anticipations: Respecting otherness in the present moment*. National Institute for Health and Welfare（Finland）.（斎藤　環（訳）（2019）. 開かれた対話と未来―今この瞬間に他者を思いやる　医学書院）

Snyder, D. K., & Balderrama-Durbin, C. M.（2020）. Current status and challenges in systemic family therapy with couples. In K. Wampler & A. J. Blow（Eds.）, *The handbook of systemic family therapy: Systemic family therapy with couples*（Vol. 3）. Hoboken, NJ: Wiley.

白木孝二（2017）. フィンランドからのもう一つの贈り物―未来語りのダイアローグ　精神療法, *43*（3）, 339–345.

白木孝二（2018）. 未来語りのダイアローグ―もう一つの基本プロセス　精神科治療学, *33*（3）, 297–303.

Watzlawick, P., Bavelas, J. B., & Jackson, D. D.（1967）. *Pragmatics of human communication: A study of interactional patterns, pathologies and paradoxes*. W. W. Norton & Company.（山本和郎（監訳）（2007）. 人間コミュニケーションの語用論―相互作用パターン, 病理とパラドックスの研究　第2版　二瓶社）

Weeks, G. R., & Fife, S. T.（2014）. *Couples in treatment: Techniques and approaches for effective practice*（3rd ed）. Routledge.

山本倫子・伊藤裕子（2012）. 青年期の子どもが認知した夫婦間葛藤と精神的健康との関連　家族心理学研究, *26*（1）, 83–94.

第 8 章

浅井伸彦（編著）（2021）. はじめての家族療法―クライエントとその関係者を支援するすべての人へ　北大路書房

一般財団法人日本心理研修センター（監修）（2019）. 公認心理師現任者講習会テキスト［改訂版］金剛出版

IPSA心理学大学院予備校（編著）（2022）. 公認心理師 試験対策標準テキスト '22〜'23 年版　秀和システム

第 9 章

American Psychiatric Association（2013）. *Diagnostic and statistical manual of mental disorders, fifth edition: DSM-5*. Washington, DC: American Psychiatric Publishing.（日本精神神経学会（監修）髙橋三郎・大野　裕（監訳）（2014）. DSM-5 精神疾患の診断・統計マニュアル　医学書院）

Barak, A., Hen, L., Boniel-Nissim, M., & Shapira, N.（2008）. A comprehensive review and a meta-analysis of the effectiveness of internet-based psychotherapeutic interventions. *Journal of Technology in Human Services*, *26*（2–4）, 109–160.

Foa, E. B., Keane, T. M., Friedman, M. J., & Cohen, J. A.（Eds.）.（2009）. *Effective treatments for PTSD: Practice guidelines from the International Society for Traumatic Stress Studies*（2nd ed.）.

New York, NY: Guilford Press.（飛鳥井　望（監訳）（2013）．　PTSD治療ガイドライン［第2版］
金剛出版）

警察庁（2021）．　第4次犯罪被害者等基本計画　Retrieved from https://www.npa.go.jp/hanzaihigai/
kuwashiku/keikaku/pdf/dai4_basic_plan.pdf（2023年10月26日閲覧）

Lahad, M., Shacham, M., & Ayalon, O.（2013）. *The "BASIC Ph" model of coping and resiliency:
Theory, research and cross-cultural application.* London: Jessica Kingsley Publishers.（佐野信也・
立花正一（監訳）（2017）．　緊急支援のためのBASIC Phアプローチ―レジリエンスを引き出
す6つの対処チャンネル　遠見書房）

Maslow, A. H.（1943）. A theory of human motivation. *Psychological Review, 50*（4）, 370–396.

毛利真弓・藤岡淳子・下郷大輔（2014）．　加害行動の背景にある被虐待体験をどのように扱うか？
―A刑務所内治療共同体の試みから　心理臨床学研究, 31（6）, 960–969.

仲　真紀子（2016）．　子どもへの司法面接―考え方・進め方とトレーニング　有斐閣

National Child Traumatic Stress Network, & National Center for PTSD（2006）. Psychological first
aid: Field operations guide（2nd ed）．　Retrieved from https://www.ptsd.va.gov/professional/
treat/type/PFA/PFA_2ndEditionwithappendices.pdf（2023年11月6日閲覧）（兵庫県こころ
のケアセンター（訳）（2011）．　災害時のこころのケア―サイコロジカル・ファーストエイド
実施の手引き 原書第2版　医学書院）

National Child Traumatic Stress Network, & National Center for PTSD（2010）. Skills for
psychological recovery: Field operations guide.　Retrieved from https://www.ptsd.va.gov/
professional/treat/type/SPR/SPR_Manual.pdf（2023年11月6日閲覧）（兵庫県こころのケア
センター（訳）（2011）．　サイコロジカル・リカバリー・スキル実施の手引き　Retrieved from
https://www.j-hits.org/_files/00127059/spr_complete.pdf（2023年11月6日閲覧））

岡田太陽（2020）．　集団トラウマに対するコミュニティ介入法―サイコロジカル・ファーストエ
イド（PFA）とBASIC Ph®　精神科治療学, 35（6）, 609–614.

大原天青（2022）．　非行少年に対する個人面接と家族合同面接による被害者・加害者意識への対
応　心理臨床学研究, 40（2）, 93–104

大澤智子（2012）．「こころのケア」再考―被災地支援報告　感情心理学研究, 20（1）, 29–32.

杉原保史（監修）（2020）．　SNSカウンセリング・ケースブック　誠信書房

杉原保史・宮田智基（編著）（2019）．　SNSカウンセリング・ハンドブック　誠信書房

津田真人（2019）．「ポリヴェーガル理論」を読む―からだ・こころ・社会　星和書店

World Health Organization, War Trauma Foundation, & World Vision International（2011）.
Psychological first aid: Guide for field workers. Geneva: WHO.（国立精神・神経医療研究セン
ター（監訳）（2012）．　心理的応急処置（サイコロジカル・ファーストエイド：PFA）フィールド・
ガイド　Retrieved from https://saigai-kokoro.ncnp.go.jp/images/upload/files/whopfa_jpn.pdf
（2024年1月10日閲覧））

第10章

中央教育審議会（2015）．　チームとしての学校の在り方と今後の改善方策について（答申）
Retrieved from https://www.mext.go.jp/b_menu/shingi/chukyo/chukyo0/toushin/__icsFiles/
afieldfile/2016/02/05/1365657_00.pdf（2024年1月5日閲覧）

樋口　進（監修）（2017）．　心と体を蝕む「ネット依存」から子どもたちをどう守るのか　ミネルヴァ
書房

一般社団法人日本心理研修センター（監修）（2019）．　公認心理師現任者講習会テキスト［改訂版］

金剛出版

石隈利紀（1999）．学校心理学—教師・スクールカウンセラー・保護者のチームによる心理教育的援助サービス　誠信書房

石隈利紀（編）（2019）．教育・学校心理学　公認心理師の基礎と実践 18　遠見書房

岩壁　茂（編）（2015）．カウンセリングテクニック入門—プロカウンセラーの技法 30（臨床心理学増刊第 7 号）　金剛出版

神村栄一（2019）．不登校・ひきこもりのための行動活性化　金剛出版

金澤ますみ・奥村賢一・郭　理恵・野尻紀恵（編）（2019）．新版スクールソーシャルワーカー実務テキスト　学事出版

厚生労働省（2007）．子ども虐待対応の手引き　Retrieved from https://www.mhlw.go.jp/bunya/kodomo /dv12/00.html（2021 年 6 月 25 日閲覧）

水野治久・串崎真志（編著）（2019）．教育・学校心理学—子どもの学びを支え，学校の課題に向き合う　ミネルヴァ書房

文部科学省（2007a）．スクールカウンセラーについて　Retrieved from https://www.mext.go.jp/b_menu/shingi/chousa/shotou/066/gaiyou/attach/1369846.htm（2021 年 4 月 25 日閲覧）

文部科学省（2007b）．スクールカウンセラーの業務　Retrieved from https://www.mext.go.jp/b_menu/shingi/chousa/shotou/066/shiryo/attach/1369901.htm（2021 年 4 月 3 日閲覧）

文部科学省（2013）．いじめ防止対策推進法　Retrieved from https://www.mext.go.jp/a_menu/shotou/seitoshidou/1406848.htm（2023 年 11 月 10 日閲覧）

文部科学省（2015）．チームとしての学校の在り方と今後の改善方策について（答申）　Retrieved from https://www.mext.go.jp/b_menu/shingi/chukyo/chukyo0/toushin/__icsFiles/afieldfile/2016/02/05/1365657_00.pdf（2021 年 4 月 29 閲覧）

文部科学省（2020a）．児童生徒の心のケアや環境の改善に向けたスクールカウンセラー及びスクールソーシャルワーカーによる支援の促進等について　Retrieved from https://www.mext.go.jp/a_menu/shotou/seitoshidou/20210119-mxt_kouhou02-1.pdf（2021 年 4 月 12 日閲覧）

文部科学省（2020b）．スクールカウンセラー等活用事業に関する Q & A　Retrieved from https://www.mext.go.jp/a_menu/shotou/seitoshidou/20201223-mxt_kouhou02-2.pdf（2021 年 4 月 28 日閲覧）

文部科学省（2021）．令和 2 年度 児童生徒の問題行動・不登校等生徒指導上の諸課題に関する調査 長期欠席の調査方法について　Retrieved from https://www.mext.go.jp/content/20211222-mxt_jidou02-000019655_01.pdf（2023 年 11 月 10 日閲覧）

森岡正芳・増田健太郎・石川悦子・石隈利紀（編）（2015）．これだけは知っておきたい学校・教育領域で働く心理職のスタンダード　臨床心理学, 15 (2).

内閣府（2018）．令和元年版子供・若者白書（全体版）—子供・若者の健康と安心安全の確保　Retrieved from https://www8.cao.go.jp/youth/whitepaper/r01honpen/pdf/b1_02_02_02.pdf（2023 年 11 月 23 日閲覧）

野島一彦（監修）片岡玲子・米田弘枝（編著）（2019）．福祉分野—理論と支援の展開（公認心理師分野別テキスト 2）　創元社

野島一彦（監修）増田健太郎（編著）（2019）．教育分野—理論と支援の展開（公認心理師分野別テキスト 3）　創元社

下山晴彦（編集主幹）伊藤絵美・黒田美保・鈴木伸一・松田　修（編集）（2019）．公認心理師技法ガイド—臨床の場で役立つ実践のすべて　文光堂

下山晴彦・佐藤隆夫・本郷一夫（監修）小野瀬雅人（編著）（2021）．教育・学校心理学（公認心理

師スタンダードテキストシリーズ 18）　ミネルヴァ書房

山野則子・野田正人・半羽利美佳（編著）（2016）．　よくわかるスクールソーシャルワーク［第2版］
　　ミネルヴァ書房

米澤好史（編著）本郷一夫（監修）（2019）．　愛着関係の発達の理論と支援　支援のための発達心
　　理学　金子書房

第 11 章

American Group Psychotherapy Association（2008）. Clinical practice guidelines for group
　　psychotherapy. *International Journal of Group Psychotherapy*, 58（4）, 455–542.（日本集団精神療
　　法学会（監訳）（2014）．　AGPA 集団精神療法実践ガイドライン　創元社）

北川信樹（2020）．　集団認知行動療法の概要　大野　裕・堀越　勝（監修）田島美幸（編）　集団
　　認知行動療法の進め方（pp. 1–26）　培風館

小谷英文（1999）．　分析的集団精神療法　近藤喬一・鈴木純一（編）　集団精神療法ハンドブック
　　（pp. 121–130）　金剛出版

熊谷晋一郎（2020）．　当事者研究―等身大の〈わたし〉の発見と回復　岩波書店

前田ケイ（1999）．　ソーシャル・スキルズ・トレーニング（SST）　近藤喬一・鈴木純一（編）　集
　　団精神療法ハンドブック（pp. 131–139）　金剛出版

増野　肇（1999）．　サイコドラマ　近藤喬一・鈴木純一（編）　集団精神療法ハンドブック
　　（pp. 110–120）　金剛出版

中島美鈴・奥村泰之（編）関東集団認知行動療法研究会（著）（2011）．　集団認知行動療法実践マ
　　ニュアル　星和書店

日本集団精神療法学会（監修）（2003）．　集団精神療法の基礎用語　金剛出版

上野一彦・岡田　智（2006）．　特別支援教育―実践 ソーシャルスキルマニュアル　明治図書出版

山根　寛（2018）．　ひとと集団・場―治療や援助，支援における場と集団のもちい方［新版］　三
　　輪書店

吉松和哉（1999）．　集団精神療法をはじめる前に　近藤喬一・鈴木純一（編）　集団精神療法ハン
　　ドブック（pp. 33–43）　金剛出版

第 12 章

Ekstein, R.（1952）. Structural aspects of psychotherapy. *The Psychoanal Review*, 39, 222–229.

Freud, S.（1913）. On beginning the treatment. In J. Strachey（trans.）（1958）. *The standard edition
　　of the complete psychological works of Sigmund Freud*（Vol. 12, pp. 123–144）. London: Hogarth
　　Press.（小此木啓吾（訳）（1983）．　分析治療の開始について　フロイト著作集 9（pp. 87–107）
　　人文書院）

元永拓郎（2003）. 学校心理臨床における「相談構造」試論―「治療構造」との比較検討　帝京大学
　　心理学紀要, 7, 27–42.　Retrieved from https://appsv.main.teikyo-u.ac.jp/tosho/tmotonaga7.
　　pdf（2023 年 8 月 23 日閲覧）

元永拓郎（2008）. 地域援助における受理面接の構造―伝統的心理療法との比較を通して　帝京大
　　学心理学紀要, 12, 51–58.　Retrieved from https://appsv.main.teikyo-u.ac.jp/tosho/tmotonaga12.
　　pdf（2023 年 8 月 23 日閲覧）

小此木啓吾（1960）．　精神分析療法の操作構造論的研究　精神分析研究, 7（7）, 17–18.

小此木啓吾（1990）. 治療構造論序説　岩崎徹也・相田信男・乾　吉佑・狩野力八郎・北山　修・
　　橋本雅雄・馬場禮子・深津千賀子・皆川邦直（編）　治療構造論（pp. 1–44）　岩崎学術出版

304

社

第 13 章

Caplan, G.（1961）．*An approach to community mental health*. New York, NY: Grune & Stratton.（加藤正明（監修）山本和郎（訳）（1968）．　地域精神衛生の理論と実際　医学書院）

Drucker, P. F.（1974）．*Management: tasks, responsibilities, practices*. Harper & Row.（上田惇生（訳）（2008）．　ドラッカー名著集 14 マネジメント［中］　ダイヤモンド社）

Drucker, P. F.（1999）．*Management challenges for the 21st century*. Harper Business.（上田惇生（訳）（1999）．　明日を支配するもの—21 世紀のマネジメント革命　ダイヤモンド社）

日本公認心理師協会（2021）．　公認心理師の活動状況等に関する調査　令和 2 年度厚生労働省障害者総合福祉推進事業

松本桂樹（2020）．　メンタルヘルス不調者の周囲に対するコンサルテーション　日本キャリア開発協会会報（75）．

佐々木圭吾（2013）．　みんなの経営学—使える実戦教養講座　日本経済新聞出版社

Schein, E. H.（1999）．*Process consultation revisited: Building the helping relationship*. Reading, MA: Addison-Wesley Publishing.（稲葉元吉・尾川丈一（訳）（2002）．　プロセス・コンサルテーション—援助関係を築くこと　白桃書房）

下山晴彦（監修）（2012）．　面白いほどよくわかる！臨床心理学　西東社

Column

鶴　光代（2007）．臨床動作法への招待　金剛出版

人 名 索 引

事 項 索 引

執筆者一覧

杉山　崇	【編者】	序章，第1章4，第2章，第4章4
浅井伸彦	【編者】	第1章1〜3，第6章2，第7章1，第7章3，第8章，第12章
若井貴史	哲学心理研究所／長岡病院	第3章
田中　究	関内カウンセリングオフィス	第4章1
久持　修	やまき心理臨床オフィス	第4章2
藤本昌樹	東京未来大学こども心理学部	第4章3
八巻　秀	駒澤大学文学部心理学科	第4章5
松本健輔	カウンセリングルーム HummingBird	第5章1，第7章2
今井田貴裕	人間環境大学心理学部	第5章2
大浦真一	東海学院大学人間関係学部心理学科	第5章3
木場律志	甲南女子大学人間科学部心理学科	第6章1
白木孝二	Nagoya Connect & Share	第7章4
岡田太陽	カウンセリングルーム Circle of Life	第9章1〜2
井上直美	弘前大学大学院保健学研究科・医学部心理支援科学科	第9章3
杉原保史	京都大学学生総合支援機構学生相談部門	第9章4
小山秀之	特定非営利活動法人 Peer 心理教育サポートネットワーク	第10章
長内綾子	特定非営利活動法人 Peer 心理教育サポートネットワーク	第11章
松本桂樹	株式会社ジャパン EAP システムズ	第13章
伊藤之彦	医療法人灯心会タニムラ病院	コラム1〜3

編著者紹介

浅井伸彦（あさい・のぶひこ）
2008 年　京都教育大学教育学研究科修士課程修了
現　　在　一般社団法人国際心理支援協会 代表理事
〈主著〉
あたらしい日本の心理療法—臨床知の発見と一般化（共編）　遠見書房　2022 年
はじめての家族療法—クライエントとその関係者を支援するすべての人へ（編著）　北大路書房
　2021 年

杉山　崇（すぎやま・たかし）
2002 年　学習院大学人文科学研究科博士後期課程満期退学（心理学修士）
現　　在　神奈川大学人間科学研究科委員長・教授，心理相談センター所長
〈主著・論文〉
記憶心理学と臨床心理学のコラボレーション（編著）　北大路書房　2015 年
臨床心理学における「自己」　心理学評論, 57(3)，434–448．2014 年

公認心理師ハンドブック　心理支援 編

2024 年 7 月 20 日　初版第 1 刷発行

| 編著者 | 浅　井　伸　彦 |
| | 杉　山　　　崇 |

| 発 行 所 | ㈱北大路書房 |

〒603-8303　京都市北区紫野十二坊町 12-8
電話代表　　（075）431-0361
Ｆ Ａ Ｘ　　（075）431-9393
振替口座　　01050-4-2083

ⓒ 2024
装丁／上瀬奈緒子（綴水社）
印刷・製本／亜細亜印刷（株）
Printed in Japan
ISBN978-4-7628-3258-1

落丁・乱丁本はお取り替えいたします。
定価はカバーに表示してあります。

北大路書房の
好評関連書

深掘り！関係行政論 シリーズ

深掘り！関係行政論
教育分野—公認心理師必携—

髙坂康雅（著）A5 判・184 頁・本体価格 2200 円＋税
ISBN978-4-7628-3178-2

働いてからも使える！　心理職の「下地」をつくる法制度入門書，
第 1 弾。学校等の教育分野で求められる法律やガイドラインを，い
じめ，不登校，特別支援教育，災害時の心のケアなどのテーマ別に
解説する。最新データや支援方法の事例も紹介し，学校という固有
の文化で成り立つ場での行動指針を提供。心理実習の学びにも最適。

深掘り！関係行政論
産業・労働分野—公認心理師必携—

髙坂康雅（編著）A5 判・264 頁・本体価格 2700 円＋税
ISBN978-4-7628-3228-4

働いてからも使える！　心理職の「下地」をつくる法制度入門書，
第 2 弾。企業内や外部 EAP 機関等の産業・労働分野で求められる法
律やガイドラインを，労働者のメンタルヘルス，性別を問わない働
き方，ハラスメント，過労死，職場復帰などのテーマ別に解説する。
最新データや支援方法の事例も紹介，心理実習の学びにも最適。

深掘り！関係行政論
保健・医療分野—公認心理師必携—

髙坂康雅（編著）A5 判・200 頁・本体価格 2700 円＋税
ISBN978-4-7628-3243-7

働いてからも使える！　心理職の「下地」をつくる法制度入門書，
第 3 弾。病院・診療所や精神保健福祉センター等の保健・医療分野
で求められる法律やガイドラインを，精神障害者の福祉の増進，ア
ルコール健康障害対策，自殺対策などのテーマ別に解説する。心理
実習の学びにも最適。

順次刊行

深掘り！関係行政論
司法・犯罪分野—公認心理師必携—

深掘り！関係行政論
福祉分野—公認心理師必携—

公認心理師への関係行政論ガイド

下山晴彦・岡田裕子・和田仁孝（編）
A5判・288頁・本体価格2700円＋税
ISBN978-4-7628-3175-1

法律家と心理職のコラボレーションにより，法制度のポイントと，現場で
それを活かすすべを解説する。「公認心理師の職責」の履修内容も網羅。
公認心理師資格試験にも，現場での実践にも役立つ，必携の手引書。

 公認心理師への
関係行政論
ガイド

 ## 臨床心理フロンティアシリーズ

下山晴彦（監修）宮川　純（編集協力）

現代臨床心理学を牽引するエキスパートによる講義を実現。
講義で取り上げた用語やキーワードは「講義メモ」で丁寧に補足し，
内容理解が深まる「確認問題」と「付録」つき。
講義動画と組み合わせて重要なテーマを学べるシリーズ。

公認心理師のための「基礎科目」講義
宮川　純・下山晴彦・原田隆之・金沢吉展（編著）
B5判・224頁・本体価格3000円＋税・ISBN978-4-7628-3097-6

公認心理師のための「心理査定」講義
下山晴彦・宮川　純・松田　修・国里愛彦（編著）
B5判・224頁・本体価格3100円＋税・ISBN978-4-7628-3155-3

 ### 公認心理師のための「発達障害」講義
桑原　斉・田中康雄・稲垣尚子・黒田美保（編著）
B5判・224頁・本体価格3000円＋税・ISBN978-4-7628-3045-7

 ## 心理系公務員試験対策 実践演習問題集
特訓式 試験にでる心理学 シリーズ

髙橋美保・山口陽弘（著）B5判（ブックインブック製本）

過去10年間の国家公務員総合職，家庭裁判所調査官補，法務省専門職員，
東京都，特別区の試験の出題傾向を徹底的に分析，最頻出の重要テーマに絞っ
て〈合格力の基礎〉をつくる良問を厳選したシリーズ。基本知識の定着をね
らって，各領域ごとに「例題」を挙げ，豊富な図表を交え丁寧に解説する。
解きやすさを追求した「問題編」＋「解答・解説編」のブックインブック製本。

1 一般心理学編　髙橋美保・山口陽弘（著）
B5判・180頁＋100頁・本体価格3200円＋税・ISBN978-4-7628-3041-9

2 心理測定・統計編　山口陽弘（著）
B5判・192頁＋56頁・本体価格3400円＋税・ISBN978-4-7628-3071-6

3 社会心理学編　髙橋美保（著）
B5判・192頁＋120頁・本体価格3300円＋税・ISBN978-4-7628-3107-2

4 発達心理学・教育心理学編　髙橋美保・山口陽弘（著）
B5判・232頁＋148頁・本体価格3600円＋税・ISBN978-4-7628-3161-4

5 臨床心理学編　髙橋美保（著）
B5判・164頁＋128頁・本体価格3200円＋税・ISBN978-4-7628-3078-5